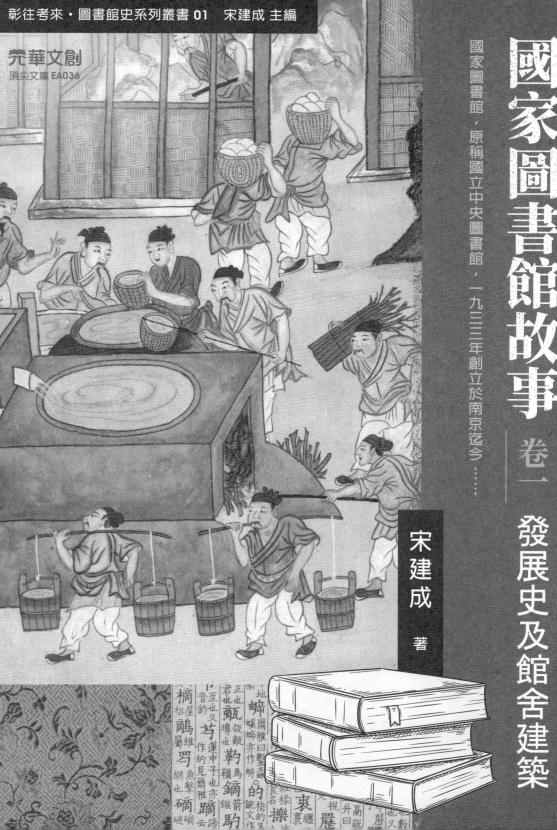

彰往考來・圖書館史系列叢書 01　宋建成 主編

元華文創
頂尖文庫 EA036

The Historical Development of the National Central Library

國家圖書館故事

國家圖書館，原稱國立中央圖書館，一九三三年創立於南京迄今……

卷一

發展史及館舍建築

宋建成 著

叢書序

　　中國的圖書館事業淵遠流長。漢代重視圖書典籍，徵集圖書，並加以整理，官府藏書豐富，有了藏書處所。這個藏書所在，有以官職命名，如太常、太史、博士、御史等，藏書附屬在政府機關內，猶如今日的機關圖書館；有以殿閣稱之，如西漢的蘭臺、石室、石渠閣、天祿閣、麒麟閣、溫室、延閣、廣內、祕室等，東漢有辟雍、東觀、蘭臺、石室、宣明、鴻都等，有如今日的國立圖書館，可謂洋洋大觀。因藏書處所甚多，到了西元 159 年（東漢桓帝延熹 2 年），置祕書監，開始有了專職典掌全國圖書秘籍的機構，正如同今日的國家圖書館。祕書監直至 1380 年（明太祖洪武 13 年）被併入翰林院，歷時 1,222 年之久。期間，雖名稱偶有變易，或稱監，或稱省等，但在歷代中央官制中，已屬常制。祕書監的工作，始終賡續進行，未嘗中斷。

　　北宋時沿襲前代舊制，祕書省仍然肩負典掌全國經籍之責。北宋初，以昭文館、集賢院、史館為三館，作為實際的藏書處所。978 年（太宗太平興國 3 年）新建崇文院，三館移入，並內置特藏書庫「祕閣」，稱「三館祕閣」，祕書省形同虛設。1082 年（神宗元豐 5 年）改革官制，取消崇文院名稱，三館祕閣重歸祕書省統領。1120 年（欽宗宣和 2 年）祕書省新省舍落成。迨 1127 年（欽宗靖康 2 年），金軍攻破京師汴梁（開封府），擄走徽、欽二帝及皇族、后妃、朝臣等 3,000 餘人北去，北宋亡國，此即史稱「靖康之難」。北宋官府藏書，儘被金人劫走，蕩然靡遺。宋室南渡之初，政局混亂，1129 年（南宋高宗建炎 3 年）廢祕書省。1131 年（高宗紹興元年）高宗到了紹興府，時局稍定，復置祕書省。高宗派程俱（1078—1144）為首任朝奉大夫守祕書少監。

　　程俱曾先後出入北宋三館祕閣達 14 年，熟悉館閣業務，瞭解官府藏書對治理國家的功用。根據程氏奏〈進《麟臺故事》申省原狀〉，認為「典籍之府，憲章所由，當有記述，以存一司之守」，於是「輒採摭見聞及方冊所載，法令所該，比次為書，凡 12 篇，列為 5 卷，名曰《麟臺故事》。繕寫成 2 冊，詣通進司投進，如有可採取，以副本藏之祕省，以備討論」。奉聖旨「依奏」。案「麟臺」係指於 685 年（唐武后垂拱元年）將祕書省改稱之名。705 年（唐中宗神龍元年）又恢復原名。「故事」或稱「舊事」、「事實」，為「典章制度」的舊稱。南宋陳振孫《直齋書錄解題》，將〈史錄〉下分 16 類，其中有「典故類」。《麟臺故事》記錄北宋一代祕書省館閣制度及故實。

　　《麟臺故事》傳本散佚。清人從《永樂大典》輯錄，原書已亡 3 篇。究其內容分為 3 大類：1.〈沿革〉、〈省舍〉、〈職掌〉 3 篇，記述了祕書省和館閣的設置、職掌及演變。2.〈選任〉、〈官聯〉、〈恩榮〉、〈祿廩〉4 篇，敘述所置人員的地位、升遷和待遇。3.〈儲藏〉、〈修纂〉2 篇，對官府藏書的營運，如儲藏校讎典籍，修纂國史等，作了有系統的說明。清初《麟臺故事》5 卷輯本，被收入《四庫全書》。1780 年（清高宗乾隆 45 年）紀昀等，為《麟臺故事》重新作序，指出該書「所記者皆宋初館閣之事，典章文物，燦然可觀。蓋紹興元年初復祕書省，皆以俱為少監，故俱作是書，得諸官府舊章，最為詳備。」

　　是書論述國家藏書的重要性，並歸納其職能為 1.資政參考（處理國家政務，需利用官府藏書）；2.養育人才（培養高級文官）；3.利用藏書便於修纂（校勘圖書、編纂圖書），總結了北宋官府藏書的管理制度。

　　由正史的記載，祕書省相當於今日的國家圖書館。《麟臺故事》也就是北宋「國家圖書館故事」。

　　又，（日）德川光圀（1628—1701），江戶時代大名，又稱水戶黃門。水戶藩第 2 代藩主，德川家康之孫。他為進行編纂《大日本史》（原稱《本朝史紀》或《國史》），於 1657 年（後西天皇明曆 3 年）在江戶別邸成立修

史局。其後該局擴移至小石川藩邸（今東京巨蛋球場，後樂園庭園），改稱「彰考館」，取自晉杜預（222－285）《春秋經傳集解·序》「彰往考來」之意。期許在修史的過程中能夠博蒐資料，審慎且客觀地解讀相關內容及朝廷紀錄，還原歷史真相，考察未來。書成於1906年（明治19年）。

本叢書爰以「彰往考來·圖書館史系列叢書」為叢書名，彙集近代各個「圖書館故事」，用來彰顯圖書館員秉持着專業，研發及運用科學的方法，努力於經營圖書館，從事蒐集、整理、保存及製作圖書資訊、服務公眾或特定對象等工作。保存文化、提供資訊，促進學術研究，對國家的教育及文化事業貢獻良多。

盧荷生教授撰《中國圖書館事業史》，敘述中國古代至清代的官府藏書史，每代細說圖籍徵集、藏書處所、編著目錄3事。蓋各代開國君王，以「馬上得天下」，前朝內府藏書，多因兵燹而散佚，立國後修文，「大收篇籍，廣開獻書之路」，由皇帝向民間公開徵求藏書，再度聚書，建藏書殿閣多處，編纂目錄自然隨之而起。歷朝興衰，官府藏書隨之聚散，循環不已。本叢書因而也偏重於館藏發展、館舍建築、圖書整理，尤其重視電腦及網路科技引入圖書的整理和利用。

本叢書首先推出3卷。卷一、卷二為「國家圖書館故事」，旨在回顧中央圖書館1933年至2011年的發展歷史。卷三為「漢學圖書館故事」，敘述外國漢學圖書館對漢學（中國學）研究資料的蒐藏。在中國沿海各地收集善本書等研究資料者，列舉日本及美國。在西北地方收集中國古文獻者有英俄法日等國。惟有了解外國人對漢學資料的蒐藏，始能更進一部體會中央圖書館「搶購」善本書的辛勞，及避免江南藏書被「洗劫一空」的重要性。本叢書以記錄故實為主，內容中有標黑體字體及〔 〕符號者，係筆者的淺見及注解。

本叢書之完稿及付梓，要感謝國家圖書館館長曾淑賢及同人提供閱覽環境和館藏圖書資源。圖書的封面設計係取材國圖古籍善本書影，以緬懷國圖在抗戰最艱困期間（1940－1941）於淪陷區滬港兩地，為國家秘密搶

購散佚珍貴古籍故事。感謝國圖提供數位影像，並同意授權利用。上圖為
（明）文俶女士繪，〈〔煎煮〕海鹽〉，載於：《金石昆蟲草木狀》27 卷 12
冊，1617－1620 年間（明萬曆 45－48 年）彩繪底稿本。左圖係〈書衣〉，
載於：（宋）許棐撰《梅屋詩餘》1 卷、（宋）戴復古撰《石屏長短句》1
卷，明虞山毛氏汲古閣影鈔南宋臨安陳宅書籍舖刊本。右圖則為（宋）陳
彭年等重修《廣韻》5 卷 5 冊，南宋初婺州刊巾箱本，卷 5 葉 47，據澤存
堂本補〔以影印葉〕。並特別感謝元華文創公司慨允出版。

前　言

　　國家圖書館（以下簡稱「國圖」）前身為國立中央圖書館，1933 年創立於南京。未及 5 年抗戰軍興，輾轉播遷至重慶，1940 年結束籌備正式成立。抗戰勝利復員遷回南京，正待恢弘舊制，1949 年渡海遷臺。國家貧弱，典籍顛離。迨政局初告安定，1954 年在臺北市南海學園復館。1986 年在文化建設政策下，國圖新館遷建工程完工並啟用。1996 年改稱現名。國圖歷史悠久，始終以保存文化，弘揚學術，建設現代國家圖書館為職志，奮勵精進。

　　國家圖書館也是圖書館類型之一。依《圖書館法》規定，「圖書館依設立機關（構）、服務對象及設立宗旨」分為國家圖書館、公共圖書館、大專校院圖書館、中小學圖書館及專門圖書館等 5 大類型。「國家圖書館：指由中央主管機關設立，以政府機關（構）、法人、團體及研究人士為主要服務對象，徵集、整理及典藏全國圖書資訊，保存文化、弘揚學術，研究、推動及輔導全國各類圖書館發展之圖書館。」

　　業師王振鵠教授曾在圖書館學理上提出國家圖書館的重要（獨特）功能，為 1.典藏國家圖書文獻; 2.廣徵世界名著; 3.提供目錄服務; 4.推展國際交換; 5.輔導全國圖書館事業; 6.研究改善圖書館技術; 7.訓練專業人員。他主持國立中央圖書館館務，將國圖定位為「本身是國家級的領導圖書館，也是一個學術性研究圖書館，同時又是全國圖書館事業的中心圖書館。」

　　中央圖書館既作為一個國家圖書館，應具備哪些功能?王館長認為應具備 1.文化典藏的責任; 2.國家書目的編製; 3.資訊服務與協助研究; 4.出版品國際交換業務; 5.圖書館事業的研究與輔導。根據這些功能，王館長於 1977 年 2 月定出中央圖書館未來應該做的事，包括 1.加強館藏的發展與管理; 2.

改進國家書目與聯合目錄的編印; 3.提升圖書借閱及參考服務的品質; 4.注意海外漢學研究資料的蒐集; 5.行政支援與配合。中央圖書館的業務,自是確定朝向學術性國家圖書館發展,凝成共識,形成組織文化的一部分。王館長在任內,中央圖書館新館落成啓用,開發中文圖書作業自動化,成立漢學研究中心,推動實施國際標準書號,籌組全國人文社會科學圖書館館際合作組織等新猷陸續推出,為我國圖書館事業奠定基礎。逢 1996 年 1 月 31 日總統明令公布《國立中央圖書館組織條例》,修正為《國家圖書館組織條例》;國立中央圖書館改稱國家圖書館,國家圖書館同人也認為中央圖書館原就在履行國家圖書館的職能,更名後更是信心滿滿,全力以赴。

　　本書第一章「沿革」,依中央圖書館的發展,分為籌備創館、抗戰西遷、勝利還都、遷臺復館、文化建設、網路及自動化應用 6 個時期。除簡述國圖籌備經過外,每時期依時間為序,在組織和人員、館舍建築、館藏發展(包括出版品國際交換、國際標準書號中心)、圖書整理(包括中文圖書自動化作業、全國書目中心)、閱覽服務(包括遠距圖書服務、資訊圖書館)、參考服務、全國圖書館業務的推動發展、漢學研究中心、主要出版刊物等面向,分別歸納國圖的重要發展。

　　第二章「遷臺與聯管處」,主要敘述 1948 年至 1949 年,中央圖書館、故宮博物院、中央博物院籌備處、中研院史語所、外交部等機關(構)所藏圖書文物分 3 批自南京遷來臺灣及其在臺灣的發展情形。遷臺之初,先置楊梅通運公司倉庫,以該倉庫不大,除中研院史語所繼續在楊梅外,其餘機關(構)復遷臺中糖廠倉庫。旋外交部將其條約和檔案運往臺北。後為安全計,再遷置臺中霧峯北溝新闢的庫房。1949 年教育部呈行政院,為適應戰時環境事,節省人力物力,就運臺文物及人員暫時合併為「國立中央博物圖書院館聯合管理處」(「聯管處」)臨時機構,隸屬教育部,依各有業務,分組辦事。每一機構改成一個組,中央圖書館改成中央圖書組。行政院核定《聯管處暫行組織規程》,惟原有各該院館處組織條例或規程仍不廢止,以便於工作人員銓審。聯管處每組人員均係各機關原派押運人員。

各機關與聯管處都造冊辦理了移交手續。因囿於聯管處組織規程及經費，中央圖書組祇能典守運臺圖書，不克展開讀者服務，這可以說是國圖聯管處時代，1954 年國圖復館，始接收聯管處中央圖書組，恢復工作。

第三章「遷徙與館舍建築」主要敘述國圖結束籌備創館後，追隨政府抗戰西遷、復員還都、渡海遷臺時期的各個館舍情事。記臺北教育部南海學園的文化暨教育機構館舍建築，及國圖南海學園館舍、南京和重慶館舍、臺北中山南路館舍的建築設施。圖書館構成的 5 大要素，為組織人員、經費、館藏、館舍建築、服務。建築設備攸關整個圖書館機能的運作與功能的發揮，至為重要。

目　次

叢書序
前　言

第一章　沿　革 1

　一、籌備創館時期（1933 年至 1937 年）..............................1

　　（一）籌備經過 1

　　（二）組織和人員 5

　　（三）經費 6

　　（四）館舍建築 7

　　（五）典藏國家圖書文獻與館藏發展 8

　　（六）圖書整理與目錄編印 12

　　（七）閱覽服務 13

　　（八）主要出版刊物 14

　二、抗戰西遷時期（1938 年至 1945 年）...........................14

　　（一）遷徙 14

　　（二）組織和人員 18

　　（三）經費 18

　　（四）館舍建築 19

　　（五）館藏發展 19

　　（六）出版品國際交換 20

　　（七）搶救善本古籍 22

　　（八）圖書整理 23

　　（九）閱覽服務 24

　　（十）全國圖書館業務的推展 25

（十一）主要出版刊物 28

三、勝利還都時期（1946 年至 1948 年）....................28

（一）還都 28

（二）組織和人員 29

（三）館藏發展 31

（四）出版品國際交換 32

（五）圖書整理 32

（六）閱覽服務 33

（七）主要出版刊物 33

四、遷臺復館時期（1954 年至 1976 年）.....................34

（一）組織和人員 35

（二）經費 37

（三）館舍建築 37

（四）館藏發展 38

（五）圖書整理 40

（六）目錄服務 40

（七）善本圖書縮影化 45

（八）閱覽服務 45

（九）全國圖書館業務的推展 47

（十）主要出版刊物 49

五、文化建設時期（1977 年至 1995 年）.....................49

（一）組織和人員 50

（二）館舍建築 52

（三）館藏發展 53

（四）圖書整理 59

（五）閱覽服務 62

（六）參考服務 63

（七）資訊圖書館 64

（八）遠距圖書服務系統 65

（九）大陸圖書展覽 66

（十）全國圖書館業務的推展...................................67

（十一）漢學研究中心.......................................71

（十二）主要出版刊物.......................................72

六、網路及自動化應用時期（1996 年迄今）...................74

（一）組織和人員..74

（二）館藏發展..75

（三）國際交流與合作......................................76

（四）國際標準號碼..77

（五）古籍分級..78

（六）閱覽服務..78

（七）參考服務..79

（八）SARS 與閱覽服務....................................80

（九）數位圖書館服務......................................81

（十）國內外數位化合作....................................83

（十一）全國圖書館業務的推展..............................86

（十二）主要出版刊物......................................91

（十三）提升聘任人員的學術研究............................92

（十四）南部館籌備處......................................92

（十五）藝術及視聽中心....................................93

（十六）機關檔案管理金檔獎................................93

（十七）服務品質績優獎....................................94

（十八）開創國圖新里程....................................95

第二章　遷臺與聯管處...................................97

前　言..97

一、遷運..102

（一）自京遷臺..102

（二）楊梅倉庫與中研院..................................110

（三）臺中糖廠倉庫......................................113

二、國立聯管處..118

（一）國內政軍形勢...118

（二）聯合管理處...122

（三）故宮中博兩院共同理事會.............................124

（四）霧峯北溝庫房及山洞.................................125

（五）北溝風貌...128

（六）各項文物清點...129

（七）北溝陳列室...133

（八）文物展覽...134

（九）文物攝照...135

（十）文物遭損...135

三、浴火鳳凰...137

（一）臨繪敦煌壁畫及蒐藏捐歸故宮.....................137

（二）教育電影組回教育部.................................138

（三）國圖復館...139

（四）歷史博物館成立...140

（五）大成至聖先師奉祀官府裁撤.........................141

（六）故宮復院...141

四、百廢待興...144

（一）美國援華...144

（二）美援資助...146

五、圖書館事業重建...149

（一）公共圖書館...151

（二）學術圖書館...154

（三）美援僑教計畫與新圖書館教育.....................155

第三章　遷徙與館舍建築...159

前　言...159

一、教育部南海學園...160

（一）國立中央圖書館...161

　　（二）國立歷史文物美術館 161
　　（三）其他教育文化機構 164
　二、南海學園國圖館舍 170
　　（一）日本殖民地建築 170
　　（二）建功神社建築 171
　　（三）國圖館舍 173
　三、南京和重慶館舍 176
　　（一）南京館舍 176
　　（二）重慶館舍 178
　四、臺北中山南路館舍 179
　　（一）文化建設和取得建地 179
　　（二）遷建委員會與遷建計畫書 181
　　（三）新館遷建書 182
　　（四）經費籌編與公開徵圖 182
　　（五）實用及優美 184
　　（六）地上原住戶的搬遷 185
　　（七）招標營建 186
　　（八）設計監造者和施工廠商 187
　　（九）工程管制 188
　　（十）博愛管制區 190
　　（十一）內部規劃及家具設備工程 190
　　（十二）服務環境規劃和設計 192
　　（十三）營運計畫 193
　　（十四）人力規畫 194
　　（十五）籌措水電費及設備操作維護費 195
　　（十六）遷館規畫 195
　　（十七）新館啓用典禮 197
　　（十八）資訊圖書館 199
　五、第二館舍的爭取 199
　　（一）中和積穗館舍 199

（二）藝術暨視聽資料中心...200
（三）南部館籌備服務處 201
（四）南部分館暨聯合典藏中心...203

徵引及參考文獻書目...**209**

第一章　沿　革

　　國家圖書館原稱國立中央圖書館，1996 年 4 月 21 日改稱現名。自 1933
年 4 月在南京籌設至今，歷史悠久。始終以保存文化，建設現代國家圖書
館為職志，奮勵精進。溯及該館的發展，大致可分為籌備創館、抗戰西遷、
勝利還都、遷臺復館、文化建設、網路及自動化應用等 6 個時期。而國家
圖書館也是 5 種圖書館類型中的一類，其主要的功能，可分為 1.典藏國家
圖書文獻；2.廣徵世界名著；3.提供目錄服務；4.開展國際交換；5.輔導全
國圖書館事業；6.研究改善圖書館技術；7.訓練圖書館專業人員等。各個
時期的中央圖書館因為輸入經營條件（客觀環境的）的不同，所以所輸出
的服務，有時使得某項功能表現的特別顯著，推動了中央圖書館的館務往
前邁進，而臻更完善的新境界。

一、籌備創館時期（1933 年至 1937 年）

（一）籌備經過

　　1927 年 4 月 18 日國民政府奠都南京；同年 10 月 1 日成立大學院，為
全國教育行政及研究學術的最高機關，管理全國教育行政及學術事宜。國
立中央圖書館的籌設，肇端於 1928 年 5 月間全國教育會議的決議。

全國教育會議

　　1928 年 5 月 15 日至 28 日大學院在南京中央大學召開第一次「全國教

育會議」，除邀集教育界各省區及機關代表外，並選定專家 18 人，圖書館
專家也在延攬之中；分教育行政及經費組、高等教育組、普通教育組、社
會教育組、出版物組等，討論各項提案。各組都有關於圖書館事業的提案，
其中以高等教育組「籌設中央圖書館」及社會教育組「規定全國圖書館發
展步驟大綱」兩案，最受矚目。

　　高等教育組分組會議，安徽教育廳韓安首提「請大學院籌設國立中央
圖書館案」，適有王雲五（1888－1979）「提議請大學院從速設立中央圖書
館，並以該館負指導全國圖書館之責任案」、南京特別市教育局「請在首都
籌辦國立中央圖書館案」兩提案。三案都各述「理由」和「辦法」，頗為週
詳，遂併分交高等教育組審查。該三提案爰併為「籌備中央圖書館案」乙
案。（國圖館刊編輯會〈館史史料選輯〉）

　　籌設國立中央圖書館案，因正處於中華教育文化基金董事會與北京政
府教育部訂約，合辦國立京師圖書館，旋政府卻以經濟及政局關係，暫緩
實行之際，所以當時全國並沒有國立圖書館的設立。南京已為國民政府新
建設的首都，為展示國家形象和民族精神的需要，宜建一大中央圖書館。
尤有進者，國民政府開始建設首都（艱苦建國的 10 年），相繼建設了一些
教育及學術機構，教育文化界也期盼設立中央圖書館。圖書館界為謀圖書
館事業的發展，保存國家圖書文獻，樹立圖書館經營的模範，更寄望於強
而有力的中央圖書館。

　　高等教育組將本案原案所提「辦法」彙總，以王雲五所提辦法為主，
參酌其他兩提案，整理為下列 5 項辦法：

1. 中央圖書館設於首都。
2. 中央圖書館建築及設備費，定為 100 萬元。
3. 請國民政府撥二五庫券或其他的款 200 萬元為基金，以其利息供常年購
   書費及行政費。
4. 中央圖書館的圖書，依下列各項方法收集之：
   (1) 全國出版物於呈請著作權註冊時，除照《著作權法》規定繳呈部數

外，應加繳兩部，由主管機關繳存於中央圖書館。

(2) 各公共機關的出版物，一律以其兩部繳存於中央圖書館。

(3) 一切公有的古本圖書，於可能範圍內，收集之於中央圖書館。

(4) 徵集國內私人所藏佚本，規定名譽獎勵辦法。

(5) 國際交換的出版品，一律繳存中央圖書館。

(6) 徵集國外學術團體出版物，以本圖書館影印佚本為交換。

(7) 向國外各大圖書館，將我國流傳彼處的孤本攝影或抄錄。

(8) 蒐購國內孤本與國外富有價值的圖書。

5. 中央圖書館於館長及副館長下，設圖書、研究、出版三部，圖書部主本館藏書及公開閱覽事項，研究部主研究圖書管理法及訓練圖書館應用人材，出版部主印行孤本及編印各種目錄及索引。

議決：照審查案通過。（國圖〈館史史料選輯〉）

在這個決議，第 4 項辦法已顯示，中央圖書館將肩負國家圖書館的功能，賦予保存中國傳統文化典籍、接受全國出版物的呈繳、辦理出版物國際交換等主要職能。

另「社會教育組」劉國鈞（1899－1980）提案「請規定全國圖書館發展步驟大綱案」，議決辦法 3 項：培養圖書館人才辦法、完成全國圖書館系統、完成圖書館行政系統。其中全國圖書館系統，首列「成立中央圖書館籌備處，規畫國立圖書館及各地國立圖書館之辦法。」（中華圖書館協會會報）

1928 年 5 月 28 日，全國教育會議閉幕，向國人發表宣言，以明一致主張。於社會教育一項中，特別敘述國立中央圖書館的創設「為各地方圖書館的示範，並為全國最高學術文化的庫藏，就要有中央圖書館的設立。我們希望在最短期間，首都的中央圖書館，得開始籌備。」（中華協會會報）

中華圖書館協會年會

1929 年 1 月 28 日至 2 月 1 日中華圖書館協會在南京金陵大學召開第

一次年會。除會務會議外，分為 6 組討論：行政組、分類編目組、建築組、圖書館教育組、索引檢字組、編纂組。1 月 29 日上午起始舉行分組會議，會場在金陵大學的北大樓。行政組主席公推袁同禮（1895－1965），副主席為柳詒徵（1880－1956），書記為施廷鏞（1893－1983）。以全國教育會議曾經議決籌設中央圖書館，但久未實行，爰有蔣一前「促成中央圖書館早日實現案」、顧天樞「由本會呈請教育部從速籌辦中央圖書館案」、民立中學圖書館「督促政府速設中央圖書館於南京」、陳鍾凡「請撥中華教育文化基金創辦南京圖書館案」等提案，期速設立中央圖書館，促其早日實現。行政組爰合併議決通過「由本會呈請教育部從速籌辦中央圖書館案」。

中央常務會議

　　1929 年 5 月 13 日，中國國民黨中央宣傳部擬具中央圖書館籌備計畫書，提出中央常會討論，結果獲一致通過。並決定由各部各推一人，會同組織籌備委員會。計畫書節略如下：（中國第二歷史檔案館）

1. 由中央常會，指定 3-5 人，組織中央圖書館籌備委員會。籌辦（1）經費的籌措；（2）館址的設計及建築；（3）向海外募捐圖書。
2. 為應急需起見，中央各部處會，所設圖書室的書籍應一併撥歸宣傳部分類整理，俾先成立中央圖書室為圖書館的雛形。
3. 在中央圖書館未正式成立之前，應請中央先撥 2 萬元購置必要圖書；以後每月撥給經常費 1 千元。
4. 中央圖書館肩負特殊使命，與普通圖書館不同。

　　王雲五在 1928 年上開全國教育會議提案稱：「中央圖書館有亟待設立的必要，明知目前財政困難，建設匪易，然圖書館之設置，本非短時間可底於成，欲收效於二三年後，則此時已有亟須籌備之必要矣。」蔣復璁（1898－1990）於 1934 年發表〈國立中央圖書館籌備之經過及進行概況〉乙文，言及：「施政中樞，人文薈萃，中外士賓，觀瞻所繫，各院都會與各學術團

體，尤渴望一完善之圖書館，庋藏中外圖書，以為參考研究之用；需要既如此之殷，籌備自不能從緩。」

（二）組織和人員

1933 年 1 月 22 日，教育部兼部長朱家驊（1932 年 11 月初，擔任交通部部長，兼教育部部長）在行政院會議上提案設立國立圖書館。教育部「派蔣復璁為國立圖書館籌備委員」，3 月 19 日暫借南京山西路國立編譯館編審處辦公，該月呈報「國立中央圖書館籌備處組織大綱」。同年 4 月 8 日教育部「派蔣復璁為國立中央圖書館籌備處主任」，4 月 21 日租定南京沙塘園 7 號新建民房，遷入辦公，正式開始籌備。

國立中央圖書館籌備處的創立，為新圖書館運動開啓了一頁新章，袪除藏書樓之舊，樹立圖書館之基，使我國圖書館事業邁入新的里程。

1933 年 4 月 24 日奉教育部第 3534 號指令核定《國立中央圖書館籌備處組織大綱》（全 7 條），籌備主任下分設總務、圖書兩組。「總務組掌文書、會計、庶務、建築等事宜」，「圖書組掌採訪、編目、纂輯、庋藏、閱覽等事宜」。另設建築及購書兩委員會，由籌備主任延聘專家為委員（名譽職），協助進行工作。

1933 年 4 月 6 日教育部令籌備處接收國學書局（原名江南官書局，係由江南、淮南、江楚 3 官書局合併而成），「計有存書 22,814 部」。9 月 12 日籌備處呈報「整理發展國學書局計畫」。奉核後，11 月 2 日改國學書局為籌備處印刷所，將原書局雕版暫存於朝天宮文廟尊經閣（1936 年 2 月 10 日移儲於文廟東廊）改名為木印部，整理板片，照舊出版官書局圖書。設發行部於蔡巷樓 23 號租用民房。1934 年又接收交通部移贈印刷所機器全部，另設工場於金沙井 34 號國學書局舊址，經營鉛石印刷，「以便印刷目片及書籍等，兼資便利而裕業務」。1935 年 1 月 10 日報奉教育部核定《國

立中央圖書館籌備處印刷所暫行章程》，印刷所分設木印部、鉛印部、發行部。置總幹事 1 人，幹事 1 至 2 人，工務員若干人。自行印製所編館藏官書目錄、期刊目錄等。

1934 年 7 月 1 日籌備處奉教育部令接辦中央研究院的出版品國際交換事務。

1935 年 2 月 18 日增租雙井巷 12 號民房為辦公場所，總務組、圖書組一部分、出版品國際交換處、印刷所發行部均行遷入辦公，其餘部分仍留在沙塘園辦公。

籌備伊始，雖然組織職掌甚詳，但是用人甚少，共有人員 25 人，包括「籌備主任 1 人、事務員 15 人、書記 6 人、練習書記 3 人。」（蔣復璁）其後，隨業務發展，人員稍增，「籌備期間，職員計主任 1 人，高級事務員 4 人，事務員 16 人，助理事務員 5 人，調用人員 2 人，會計員 1 人，書記 7 人，練習書記 4 人」，共 40 人。（國圖〈館史史料選輯〉「國立中央圖書館籌備期間工作總報告」）

籌備處重視館員的培訓事宜，例如正式館員外，「另招練習生 4 人，助理事務」、1937 年 6 月 18 日籌備處派事務員陸華深赴德國圖書館實習。

（三）經費

籌備處成立之初，由於正值「一二八事變」後，政府財政困窘，庫空如洗，教育部無款可撥，也無法提出預算。由教育部提議，經行政院第 95 次會議通過，暫由交通部先以中英庚款董事會歸還基金，按月（1933.03-1933.06）撥助籌備費 2,000 元，並請編具追加概算。經中央政治會議第 369 次會議決議：1932 年度 4 個月准列 8,000 元。1933 年度准列 48,000 元。（國民政府訓令，1933.08.22）自是，每年（1933.07-1937.09）經常費 48,000 元。

案中英庚款董事會（「中英庚款會」）於 1931 年 4 月 8 日在南京成立，

直接隸屬於行政院。國民政府為了保管、分配和監督使用英國退還庚款而特設。由中國國民政府選派中方董事 10 人，及接受英國選派的董事 5 人，共 15 人組成。首屆董事任期為 1 年、2 年、3 年者各占 1/3，以後董事任期均為 3 年。首屆董事為朱家驊（董事長）、王家楨、李書華、宋子良、陳其采、葉恭綽、程振鈞、曾鎔浦、曾養甫、顏德慶（黃漢樑久不到任，改派），英方董事賀耐（William. W. Harnell）、馬錫爾（Robert Caldecott Marshall）、康德黎（K. Cantlie）、卜隆（N. S. Brown）、端納（N. S. Donald）。聘請杭立武為總幹事。

（四）館舍建築

籌備處因藏書日增，館舍不敷使用，亟需興建。1934 年 5 月 30 日中英庚款會通過，准撥 150 萬元為中央圖書館的建築設備費用。適中央研究院新院舍完成，願將舊屋出讓。籌備處乃在中英庚款會補助的中央圖書館建築經費項下，以近 7 萬元（購屋費 65,600 元及稅契費 2,000 元）購置成賢街 48 號中央研究院總辦事處舊址，面積 6 畝餘，院落尚廣。1936 年 2 月 5 日籌備處遷入辦公，院內有西式二層樓房 4 棟，分別作行政辦公室、閱覽室、採訪編目室、書庫，各項業務得以積極展開。

籌備處雖稍具規模，但仍屬權宜，因此積極尋覓館址，籌建新館。1935 年 10 月 17 日建館基地勘定在南京市中心區國府路（今長江路）大滄園 46 畝多土地。1937 年 2 月 1 日教育部公布《國立中央圖書館建築委員會組織規則》，並聘請戴傳賢（委員長）、朱家驊、段錫朋、何廉、錢端升、羅家倫、梁思成、袁同禮、雷震、蔣復璁等 10 人為委員。3 月 9 日國立中央圖書館建築委員會第 1 次委員會議，決議：1.推定梁思成、袁同禮、蔣復璁擬定建築工程大綱；2.公開徵圖期限至 3 月底截止；3.館舍預定是年 8 月 1 日開工。5 月 4 日第 2 次會議，通過「徵選建築圖案章程」（全 29 條），徵求圖樣，收到 30 餘件。然未及興建，7 月 7 日蘆溝橋事變，全面抗戰起。

（五）典藏國家圖書文獻與館藏發展

依全國教育會議決議，在籌設國立中央圖書館辦法，對經費的籌措、圖書的收集、圖書館的組織，可以說是提出了全面的擘畫。特別是在圖書收集的方法裏，已準備賦予該館國家圖書館的職能，籌備處藉由出版圖書繳呈繳存，及收集古本圖書，保存了全國圖書文獻；接收出版品國際交換業務，代表國家執行合約，促進國際知識合作的交流與發展，同時也收集了外國出版物。

出版品呈繳

圖書館購書的經費有限，不可能多所採購，爰通函黨政機關學會與世界各國重要學術團體，徵求出版物，並依教育部 1930 年 3 月 28 日公布的《新出圖書呈繳規程》（全 6 條），函請各出版商呈繳書籍。

籌備處積極推動出版物呈繳制度。依該《規程》規定，凡圖書新出版時，由出版者自發行之日起，兩個月內，呈送出版者所在地的省市教育廳局 4 份，廳局留存 1 份，其餘 3 份轉送教育部，經教育部核收後，其中 1 份發交中央圖書館（中央圖書館未成立以前，暫由教育部圖書館代為保存）。教育部並將書名、出版者姓名及出版年月，登載《教育部公報》。籌備處鑒於出版圖書送部撥交成效未彰，該《規程》又係教育部的單行法，効力僅限與教育部有教科書關係的出版者，沒有教科書的出版者不大理會。教育部長王世杰（1891－1981）以為教育部只要保留教科書審查權，其他圖書沒有必要送部，《出版法》所列呈繳機關，教育部可以改為中央圖書館。1934 年 10 月 1 日教育部准變更圖書呈繳程序，由各出版者將應繳圖書，逕寄中央圖書館。（教育部訓令，1934.10.01）

1935 年蔣復璁代表教育部出席行政院「修改《出版法》審查會」，建議凡出版商所出版書刊，應繳送國立圖書館乙份，否則，可函請內政部予以行政處分，列入《出版法》中，獲得通過。1937 年 7 月 8 日國民政府修

正公布《出版法》（全 54 條），其中第 8 條規定出版品於發行時應由發行人
呈繳國立圖書館乙份，籌備處遂成為全國出版品法定呈繳機關之一。於是，
籌備處加強呈繳工作，商准上海郵局，凡呈繳籌備處的新書，特予付郵，
使上海各出版界的書可逕寄籌備處。凡過去未呈繳圖書，均列清查列單，
分函補徵到館。

出版品國際交換

　　1886 年 3 月 15 日（光緒 12.2.10）在比利時首都布魯塞爾，由比、意、
巴西、西、葡、塞爾維亞、瑞士、美等 8 國締結《國際交換公牘、科學、
文藝出版品公約》（Convention for the International Exchange of Official
Documents, Scientific and Literary Publications）（全 10 條）、《國際快捷交換
官報與議院紀錄及文牘公約》（Convention for the Immediate Exchange of
Official Journals, Public Parlimentary Annals and Documents）（全 3 條），此
即所謂《布魯塞爾公約》（The Brussel Convention），規定各簽約國各成立
一個交換中心，負責處理出版品國際交換事宜。1925 年 8 月 6 日北京政府
國務會議議決加入《布魯塞爾公約》，教育部遂決定組織「出版品國際交換
局」（Bureau of International Exchange of Publications），9 月 1 日臨時執政
令公布《出版品國際交換局官制》，9 月 11 日發布首任局長張奚若（1889
－1973），9 月 14 日國務會議議決該局經費每月暫定 3,000 元，但以政費
無著，至 11 月 5 日始告成立。旋由教育部轉咨外交部（駐比公使王景岐）
通知比國政府及國際聯盟（League of Nations）。1926 年 1 月 28 日比國轉
知其他簽約國，報告中國已加入公約。

　　因《公約》規定，「各國所設立之交換局，應將各出版品編印目錄，以
便締約國選擇備用。該目錄應每年修補完竣，並依期送致各締約國之交換
局」，1926 年 5 月起教育部出版品國際交換局乃委請北京圖書館為接受外
國出版品機關，凡交換局收到的出版品，均由該館編目整理，供眾閱覽；
北京圖書館成立官書部，專司其事。交換局先後委託北京大學、北京圖書
館將該館所藏官書編一總目，以替代當時缺乏出版官書目錄專書的需要。

此即《國立北京大學圖書部所藏政府出版品目錄》（1926，55 頁）、《北京圖書館現藏中國政府出版品目錄》第 1 輯（1928，85 頁，收錄 838 種）、第 2 輯，胡英、金裕洲編《國立北平圖書館現藏中國官書目錄》（1932，90 頁，收錄 997 種）。

　　1928 年 8 月 24 日國民政府大學院令出版品國際交換業務移交國立中央研究院（「中研院」）辦理。同年 10 月中研院於上海成立出版品國際交換處。正逢全國統一，實行訓政，1929 年 4 月中研院交換處開始調查政府出版品，將分中央黨部及省市黨部、中央政府及附屬機關、各省市政府、大學、學術機構等 5 部分編製目錄（蘇精），於 1930 年先刊行中央黨部及省市黨部部分；及《中國政府機關刊物目錄》（南京，1930，66 頁）。

　　籌備處成立後，中研院以《公約》規定交換所得的書刊應公開閱覽，各國頗多由國立圖書館兼辦為由，函商教育部，移交籌備處辦理。1934 年 7 月 1 日籌備處奉教育部令接辦中央研究院的出版品國際交換事務，9 月 3 日定名為教育部出版品國際交換處，1936 年 6 月修正公布其組織章程，明定其任務為履行國際交換公約，其重要事項：1.代表我國政府接受各協約國政府公報，編目庋藏，以供眾覽；2.搜集我國政府出版品，分送各協約國，以為我國政府與各協約國政府交換之需；3.轉遞國內外學術團體互相交換的書件。籌備處即日起，開始兼辦國際交換業務，以謀播通文化，及充裕館藏外文圖書和外國政府出版品。籌備處接收後，派事務員 1 名專掌交換業務，其他文書、庶務、會計及收藏外國政府公報，均由籌備處職員兼辦。

　　籌備處接辦國學書局，即以其存書與英美德法等國學術機關，函商交換。另者將國學書局原存書板，經整理後可印書籍尚有 150 餘種，並選印故宮博物院存滬文淵閣本《四庫全書》，以便與國外交換。

影印四庫全書珍本

　　民國建立以來，影印《四庫全書》的呼聲不絕如耳，都以卷帙浩繁，所費不貲和各方利益之爭而未成。蔣復璁說「我奉命赴北平搬運教育部檔

案圖書〔作為籌備處館藏〕，事先曾向朱先生〔朱家驊部長〕建議影印《四庫全書》。因為北京政府影印《四庫全書》4 次不成，甚失國內外之望，應乘中央圖書館的成立辦成此事。今日物力艱難，先印未刊珍本，逐步完成。朱先生贊成我建議，命我藉便在北京察看《四庫全書》。當時正是長城血戰、北平感受威脅，政府為預防安全起見，運送古物南下，文淵閣《四庫全書》隨同南遷，所以我回京報告，建議用文淵閣全書，在滬影印，朱先生贊成，及命赴滬與出版商洽議，上海商務印書館願意承印。」蔣復璁之議自再次引發學界爭議與筆戰，國立北平圖書館更力陳「以善本替代庫本，再則每書皆須文淵與文津互校以定優劣，無非阻撓而已。教部不為所動，令飭照舊進行。」（蔣復璁）教育部以影印《四庫》本子，學術界與教育部意見頗有異同，1933 年 8 月 15 日，爰組織「四庫全書未刊珍本目錄委員會」，聘請陳垣、傅增湘、李盛鐸、袁同禮、徐鴻寶、趙萬里、張允亮、張元濟、董康、劉承幹、徐乃明、傅斯年、顧頡剛、柳詒徵、張宗祥、葉恭綽、馬衡 17 人為委員，期以集思廣益之效（中國第二歷史檔案館），就文淵閣《四庫》本，編就選印目錄，精選孤本罕傳書，定名為《四庫全書珍本初集》；教育部呈請行政院通過，令籌備處與上海商務印書館訂約，辦理影印事宜。依雙方所立合同（全 14 條）首條開宗明義載：「行政院令委教育部及故宮博物院，將文淵閣四庫未刊珍本縮成小六開本影印發行，教育部受故宮博物院之委託，令國立中央圖書館籌備處與上海商務印書館訂立合同。」商務於 1933 年 11 月 17 日上午在滬開攝（故宮博物院上海儲藏處），依合同規定「攝影時間至多不得超過 6 個月」，「全書於攝影之日起，兩年內將書出齊」，「印刷一切費用由印書館自行負擔，盈虧與政府無涉」。商務乃分 4 次（1934.07、1934.11.17、1935.03、1937.07）出版，凡 231 種、1,960 冊；籌備處將所得 150 部（依合同商務印書館按印數贈十分之一與政府，故宮除自留兩部參考外，願將應得之書全數贈與圖書館，專供交換之用，可由印書館直接交付〔籌備處〕），以 100 部備供向國外交換西書，其餘 50 部分贈國內重要學術機關。

影印出版《四庫全書》珍本古籍，洵屬 20 世紀 30 年代中國文化和出版界的一大盛事。這樣，籌備處依據《出版法》為全國出版品法定呈繳機關，完整保存國家圖書文獻；根據《布魯塞爾公約》代表國家進行出版品國際交換，一個代表國家的國家圖書館便初具規模。

館藏發展

籌備處在籌設之初，只有由教育部撥存在北平檔案保管處的圖書 4 萬 6 千冊，滿蒙藏文書 500 冊，清順治至光緒年間歷代殿試策卷 1 千餘本，這些圖書作為館藏基本藏書。多為清代以及民國刊印本，「其中可以稱得上善本的，只有一部明代刻本《大明仁孝皇后勸善書》」。1934 年 1 月 27 日籌備處以交通部所撥籌備費 2,000 元購下天津孟繼塤（1840－？；治卿、志青）所藏舊拓金石拓片 1,478 種、11,139 件，其中孟氏親撰題記者近 150 種，是為收藏金石拓片的始基。

經過多方的徵集與交換，到 1936 年 9 月 1 日，館藏中文書籍已達 96,864 冊，滿蒙藏文書 500 冊，西文書 4,659 冊，日文書 551 冊，金石拓片 2,901 幅，地圖 427 冊，雜誌 15,480 冊，其他圖書包括小冊子共 6,550 冊。到了 1937 年 12 月 31 日，館藏圖書已遞增到 183,023 冊，期刊報紙 611 種。

（六）圖書整理與目錄編印

蔣復璁於 1923 年、1926 年先後供職於松坡圖書館、北京圖書館、國立北平圖書館，從事西文、中文圖書編目。籌備處採用的中文編目法，即 1936 年 5 月 5 日編訂的《暫行中文圖書編目規則》（全 216 條），係「將劉國鈞與蔣復璁在北平商議合編的圖書編目規則，再重經蔣復璁與陸華深 3 人會商決定」（蔣復璁）。該《規則》於《學觚》上先行發表，俾供圖書館界參考和應用。

另蔣氏在 1928 年曾以〈關於中文編目之通訊〉為題，發表對圖書分類

的意見（載《北京圖書館月刊》1 卷 3 號），認為中文圖書分類「四部既不宜，十進亦不合，而主張略仿美國國會圖書分類法，將典籍依學科區分為 32 類。」所以籌備處圖書分類法即予以「斟酌情形，參合各家分類法，略加改訂」另立分類法，「但分類法始終沒有編成」（蔣復璁）。西文圖書則按英美圖書館協會合編的編目條例（規則）及美國國會圖書館的分類法。

籌備處依照美國國會圖書館之例，自 1936 年 9 月 1 日起，編印藏書目錄片（卡片目錄，以書名為主），先從舊籍和官書開始，逐漸推及晚近坊間出版的圖書。本項中文目錄片是自印並且出售，由于震寰主持。1936 年 8 月 17 日編印藏書目錄片第 1 組出版；印售目錄片以 500 種（每種一張）為 1 組，至 1937 年 6 月 20 日，共發行 7 組。每組定價（預約）國幣 5 圓（已預約者的零星添購以為副片等用，其價仍照每張 1 分計）。

1936 年 4 月 1 日訂定《國立中央圖書館期刊編目條例》，詳列新聞紙、雜誌、叢刊等分期繼續刊行的出版品，有關書名項（期刊書名，即今之刊名）、卷數項（記明起迄的卷數期數年度號數等）、編者項、出版項、稽核項、附註項（存缺；刊期；書名的變更；編輯者；出版的變易；分合變遷；內容如提示索引、目錄學專欄、專號、特刊）的著錄規定及目片格式。

（七）閱覽服務

1936 年 9 月 6 日開放閱覽，自上午 9-12 時，下午 1-6 時為開放時間，共分參考、報章、期刊、普通 4 部分閱覽；1937 年 7 月抗戰軍興，8 月 13 日淞滬戰起，8 月 15 日日機空襲南京，被迫停止閱覽。自開放至停止適值一年，總共來館閱覽者有 70,108 人；圖書出納計中文 51,355 冊，西文 3,082 冊，共 54,437 冊。同年 8 月 31 日將重要圖書裝箱封存 262 箱，疏散運送朝天宮故宮博物院新建庫房妥藏；1937 年 9 月 9 日籌備處也暫時遷到城北所租中央路高門樓 32 號之 2 民房辦公，以策安全。

（八）主要出版刊物

籌備處於 1935 年 2 月 16 日在《中央時事週報》（4 卷 5 期）起開闢〈學瓠〉（比喻學識像瓠子一樣逐漸長大）專欄，每週六出刊，由中央圖書館主編。本欄以促進文化事業，介紹圖書與學術界消息，供各界的研討為目的。專欄分論評、事載、書訊、談餘 4 類。直到 1936 年 2 月 15 日（5 卷 5 期）結束，共出 50 期。

1935 年 2 月 15 日籌備處創刊《國立中央圖書館藏呈繳書目錄》，月刊。緣起于籌備處自 1933 年 4 月 21 日成立之日起，至 1934 年 12 月 31 日止彙編是項書目乙冊。自 1935 年 1 月起，改為按月編印乙冊，封面係林森題簽，至 1936 年 1 月停刊，共發行 12 期。1936 年 2 月起《呈繳書目》併入《學瓠》，不另刊行。

1936 年 2 月 18 日《學瓠》創刊號出版，月刊。1937 年 7 月因抗戰而停刊，發行第 1 卷 1-12 期，第 2 卷 1-6 期。內容分論著、譯作、圖書館界消息、館藏呈繳書目、官書目錄、期刊目錄等欄目。

1934 年 6 月籌備處創編《國立中央圖書館藏期刊目錄》和《國立中央圖書館藏官書目錄》各乙種。輯錄籌備處成立日起至 1933 年 12 月底止所收雜誌、新聞紙和黨、政各機關及一切附屬團體所出版書籍，以昭公信。1936 年 6 月各又發行第 2 輯。

二、抗戰西遷時期（1938 年至 1945 年）

（一）遷徙

1937 年 7 月 7 日蘆溝橋事變，中日戰爭全面爆發，籌備處為因應時局，

8月3日擬定《非常時期內本處服務計畫書綱要》，提供宣傳時事防空等知識，報告軍情，編製中日關係論文的書目和提要服務，10月8日籌備處即依該《綱要》編印《戰時國民知識書目》（油墨印）第1期，至1939年8月17日停刊，共出27期。本目錄重在實用，與專門目錄不同。內容主要為軍事相關知識及其問題，每期以一問題為主題，編製簡目，期引起民眾閱讀抗戰圖書的興趣，供給知識給民眾，動員民眾。先後在南京、武昌、岳陽、長沙、宜昌、萬縣、重慶等地，攜帶油印機隨時編行。9月25日採巡迴文庫，服務傷病軍醫院，訂定《傷兵醫院流動書櫥辦法》，11月1日編印《傷兵醫院流動書櫥圖書目錄》，與新生活運動促進會等團體合作，創辦流動書櫥10個，於11月8日起分送南京各傷兵醫院，輪流閱覽，俾受傷將士益智遣懷。

1937年9月7日蔣方震（百里）奉　委員長蔣中正命赴歐，擔任歐洲經濟考察團團長；薛光前、蔣復璁分任祕書，同行赴歐，籌備處處務暫由事務員岳良木代行。

1937年11月16日國民政府下令中央黨、政各機關與南京市政府各機構、南京各國營工廠以及各大、中學校撤離南京。國民政府主席林森一行乘坐「永綏」艦離南京，於11月19日到達武漢，26日抵重慶。

1937年11月18日籌備處突然奉令西遷漢口，以事急時促，艙位有限，是夜自所置朝天宮262箱中擇要提取130箱，包括中西文書10,955冊、輿圖729種、金石拓片1,277種等，運往下關輪埠。翌晨乘江順輪離京，溯長江往上游行。隨行人員14人（職員12人，工役2人）。12月13日南京淪陷，籌備處所遺存在南京的財產全部損失，包括未移運的中西圖書158,246冊、輿圖358種、金石拓片3,666種、版片74,707塊及雜誌圖畫多冊。特別是國學書局整批書版中仍有150餘種可印書籍用，以版片笨重，倉促間無法運出，遂遭散佚；交通部所贈鉛印機機件及鉛字等，隨南京淪陷而被日人運走。

1937年11月20日國民政府正式對外發布宣告，即日移都重慶。各國

駐南京的外交使節在 11 月 21 日決定撤離南京，暫遷漢口。1937 年 11 月
23 日籌備處抵武昌，立即存圖書於武昌文華圖書館專科學校寄存，另設辦
事處於積玉橋正街聖安得烈堂。12 月 15 日奉命遷到長沙，12 月 28 日到達
岳陽。1938 年 1 月 3 日籌備處又奉命改遷四川，1 月 8 日乃重新改雇小火
輪新國民輪由岳陽直駛宜昌，借白衣庵街 27 號聖公會為辦事處，並儲書箱
於傳教堂內。此時的宜昌，聚集了華北、華東、華中等地大量的機關、學
校、實業、工廠的人員和物資，等待從宜昌經三峽到重慶大後方，又逢宜
昌以上長江的枯水期，祇能航行木船和小輪船，運量有限，籌備處被迫停
滯在宜昌等待運輸工具進入四川。茲以國立中央博物院籌備處為例，依據
1938 年 1 月 12 日該處分函宜昌警備司令部、宜昌縣政府：（國立中央博物
院籌備處，1938.01.12）

> 逕啟者：本處遵　委員長諭及行政院議決遷運古物赴渝辦公，到宜昌已
> 經多日候輪無着，祇得聯合故宮博物院、中央圖書館等機關雇用帆船 30
> 艘，裝運人員物品，前往重慶安置辦公，以重功令，而免稽遲。相應函
> 達。即煩　查照予以照料並希轉陳　專員公署為荷。此致
> 宜昌縣政府

因船舶缺乏，多方設法，竟想雇用帆船，凸顯陷入難以入川的窘境。

復依 1938 年 1 月 14 日中央博物院籌備處發文：（國立中央博物院籌備處，
1938.01.14）

> 逕啟者：本處頃奉重慶　委員長行營賀主任來電文曰：「中央博物院蔡理
> 事長、裘主任佳電，敬悉。現運輸辦法改變，關於統制船隻及疏運等事
> 宜，均由漢口軍委會水道運輸管理處統籌辦理。已電該處盧主任作孚轉
> 飭宜昌轉口辦事處迅予派輪運渝。請逕與洽辦賀國光，（中略）。」現在

既經賀主任將運輸事宜移歸貴處辦理，即希　查照迅予撥船啟運，以重文物，而免稽延，無任公感之至。此致
軍事委員會水道運輸處宜昌轉口辦事處

中央博物院籌備處因船舶缺乏滯留二旬。因船運擁擠，特選出最重要的古物 42 箱（計 12 噸）及人員 12 人作為第 1 批，經請宜昌轉口辦事處設法提前運輸，1938 年 1 月 22 日始搭乘三北公司富華輪航赴萬縣，再由萬縣轉換昌興小輪，於 1 月 27 日開抵重慶。尚有 77 相件由怡和輪船公司分批啟運，歷時三月，直至 4 月初始行運齊。

1938 年 1 月 13 日蔣復璁在歐任務完畢回國，抵達漢口，向委員長報告後，即趕赴宜昌，接手負責西遷工作。「蔣復璁與同人擬先抵重慶，書運宜賓。」（蔣復璁）同人與圖書分途。1 月 26 日教育部令籌備處應即遷往成都，聯合在成都各大學及文化機關辦理圖書事宜。另電國立四川大學撥借房屋，及電四川省教育廳協助進行。籌備處奉令後即向軍事委員會水道運輸管理處宜昌轉口辦事處接洽運送書籍事宜。籌備處主任蔣復璁與同人於 1938 年 2 月 4 日起由宜昌入川，2 月 12 日先抵重慶。2 月 13 日租定重慶市上清寺聚興村丙 3 號民房為總務組及出版品國際交換處辦事處（樓上有房 1 大間及 2 小間，蔣主任、徐覺住兩小間，另一大間供來訪貴賓之用）。2 月 17 日籌備處派員押運圖書，登上民生公司輪船由宜昌起運入川，以中途擱淺修理，延至 3 月 1 日始抵達宜賓。因奉令駐成都，故書籍由水道直接上運。嗣經奉准留渝工作，乃將部分書籍 86 箱暫存宜賓，借商會天星橋倉庫派員保管。

1938 年 2 月 20 日商借重慶市川東師範學校大禮堂樓上為辦事處（圖書組）；3 月 20 日租定江津縣白沙鎮上松林溜馬崗鄧家大院為疏散辦公地點，另租該鎮傍三重堂王姓民房存放原有裝箱的圖書。籌備處自京西遷，乃暫告全部遷竣。

（二）組織和人員

　　1940 年 7 月 31 日籌備處事務奉令結束；8 月 1 日正式成立國立中央圖書館（「國圖」），國民政府任命蔣復璁為首任館長。10 月 16 日國民政府公布《國立中央圖書館組織條例》（全 13 條）。「此項條例的頒布，誠屬一件大事。蓋自清末季興學以來，圖書館之有法規，除部頒公布外，並無以中央政府名義公布者，有之則自此《條例》始，蓋所以重視國立圖書館事業在政府施政中所處的地位，而便利其設施。」（蔣復璁）

　　依該《組織條例》規定，國立中央圖書館隸屬於教育部，掌理關於圖書的蒐集、編藏、考訂、展覽及全國圖書館事業的輔導事宜。置館長 1 人綜理館務，下置總務、採訪、編目、閱覽、特藏等 5 組。編制員額為「館長 1 人（簡任）、組主任 5 人（薦任），編纂 14-20 人（內 6 人聘任，餘委任），幹事 20-30 人（委任）」，「會計員 1 人」，並「得酌用雇員」。國立中央圖書館得聘請中外圖書館及目錄學專家為顧問。

　　籌備處得在各地設立分館。此外，國圖兼辦教育部出版品國際交換處事宜；並設圖書館事業輔導委員會，承教育部之命研討及實施全國圖書館事業輔導事宜。1942 年 3 月 17 日《國立中央圖書館辦事細則》（全 12 條）報奉教育部令准施行。其中規定：「普通圖書到館後，先由採訪組登錄，移送編目組編目後，再送閱覽組典藏出納。其善本金石拓片及一切特種圖書之採徵編目典藏概由特藏組辦理。」

　　1939 年 8 月 21 日派職員于震寰赴美為哈佛大學漢和圖書館整理圖書。

（三）經費

　　1937 年 10 月至 1938 年 1 月，依財政部中央各機預算及緊縮通案停發籌備處經費，由教育部民眾教育費項下勻撥維持。祇撥給維持費每月 1,500元；自 2 月起，每月增至 2,000 元；1939 年 1 月起，每月增至 3,900 元。

另由中英庚款會借撥 1 萬元，為運輸及補充藏書閱覽設備等項之用。

　　1939 年 3 月 22 日國防最高委員會函稱，就教育部請恢復中央圖書館預算案，「請以按 1937 年度舊預算之七成數，核定經常費為 47,600 元」（國民政府訓令，1939.03.29）1941 年 11 月 13 日國圖追加重慶分館經常費 1941 年度概算，經國防最高委員會審查核定為 45,200 元。（國民政府訓令，1941.11.13）

　　依據年度經常費支出計，「1937 年為 40,500 元，1938 年 24,000 元，1939 年 47,600 元，1940 年 79,600 元，1941 年 174,788 元，1942 年 234,347 元，1943 年 636,977 元，1944 年 1,387,740 元，1945 年 3,849,100 元，1946 年 15,399,000 元，1947 年 25,400,000 元。」（中國第二歷史檔案館）

（四）館舍建築

　　1938 年 4 月 10 日籌備處以中央政府移駐重慶，亦為西南文化薈萃之地，而尚無規模完備的普通圖書館，因即計畫建立重慶分館，經呈准教育部，動用中英庚款會補助建築經費的部分款項籌建。5 月 14 日，籌備處和教育部、重慶市政府，勘定重慶市兩浮支路新市街第一苗圃，作為國立中央圖書館重慶分館建築基地。10 月 1 日重慶分館工程開工，1941 年 1 月館舍落成。新廈呈丁字形，前面 3 層為閱覽及辦公之用，後面 5 層為書庫。因抗戰期間各機關在渝舉行展覽及會議都借重慶分館舉行，當時有「文化之宮」的美譽。

（五）館藏發展

　　1938 年 4 月 1 日在武漢召開的中國國民黨臨時全國代表大會通過《抗戰建國綱領》（全 32 條），號召全國民眾團結抗戰。其中「己、民眾運動」項下，列有「發動全國民眾（中略）為爭取民族生存之抗戰而動員」、「加

強民眾的國家意識」等兩條。籌備處除持續編印《戰時國民知識書目》外，並徵集抗戰資料。因為遷渝所攜圖書多為西文，為閱覽起見，又補購各種中文參考用書。

1938 年 4 月 20 日因國立山東大學自青島淪陷即行停辦。該校圖書在事變之前，預遷萬縣，得免同淪於敵手。惟於鐵路運輸之時，適逢日機來襲，竟被轟炸，損失不少。教育部依其所訂《國立山東大學校產保管辦法》，圖書部分交籌備處保管使用，計收書籍 76 箱，以西文書籍為多，中文書約占 1/3，尚有若干善本。6 月 1 日教育部自京攜渝方志等圖書 31 箱、745 種、2,973 冊寄存籌備處。10 月 8 日教育部令籌備處接收省立鎮江圖書館，在抗戰以後運至湖南益陽的善本書 40 箱。

依據 1938 年 12 月 31 日統計，由京移出藏書 12,961 冊，接收書籍 15,482 冊。及至 1943 年的藏書統計，有中文書 63,347 冊、西文書 22,013 冊、拓片 6,581 幅又 133 冊又 418 頁、中文小冊 5,056 冊，西文小冊 8,971 冊、中文圖片 2,161 張、中文輿圖 602 幅、中文圖片 2,161 張、西文輿圖 23 幅、西文圖片 624 張、中文期刊 3,629 種、西文期刊 1,435 種。

1940 年教育部向吳興許氏購得善本書 70 餘種交國圖珍藏。1942 年國圖購入番禺商承祚(1902－1991)所藏一批金文全形連銘拓片 700 餘種，「十九皆是金谿周希丁（1891－1961；康元）親手拓製，間有容庚、吳重熹等人題記。」（張圍東）

（六）出版品國際交換

1938 年 2 月 13 日起籌備處兼辦出版品國際交換處在重慶辦公，時有交換關係 39 國。各國以中國雖處在抗戰，而文化工作迄未停頓，頗表同情，故書件仍照常寄來。惟以經費拮据，商請中英庚款會補助，承允自 1938 年 3 月–1939 年終，月助 2,000 元，該處工作賴以維繫。因華北及東南沿海盡被敵人佔領，交換書件改由海防與仰光進口，經昆明而運至重慶，需費

過鉅，乃於 1938 年 9 月 4 日分設辦事處於昆明，以便就近接收、登記、分發，稍感便利。於是，昆明辦事處負責國外出版品的收入與分轉；而重慶辦事處則為國內出版品的徵集與分寄國外。1939 年 3 月日機空襲重慶，籌備處奉命疏散，交換處仍留重慶。1940 年 11 月 7 日因日軍空襲昆明，辦事處撤往重慶。

　　因自日本侵略以來，圖書館被燬無數，圖書損失重大，全國各學術機關為徵集圖書協助被燬各文化機關從事復興工作，擬聯合成立戰時徵集圖書委員會，向各國作大規模地宣傳與徵集。1938 年 12 月 6 日假川師教員休息室舉行發起人會議。有代表機關團體 21 個共 23 人出席。教育部郭有守報告發起經過，會中通過「戰時徵集圖書委員會組織章程」（全 9 條），英文名稱 Chinese Campaign Committee for Books and Periodicals，推定執行委員由中央宣傳部、教育部、外交部、中英庚款會、籌備處出版品國際交換處、中華圖書館協會（「中華協會」）各派代表 1 人及及學術團體代表張伯苓等擔任。（教育部戰時徵集圖書委員會發起人會議，1938.12.06）1938 年 12 月 6 日下午 5 時舉行第 1 次執委會會議，江康黎（中宣部）、郭有守、李迪俊（外交部）、杭立武（中英庚款會）、蔣復璁、張伯苓出席。討論本會工作方針、經費及推定張伯苓、郭有守為正副主任委員。幹事 1 人請教育部派充。1939 年 1 月 14 日舉行第 2 次執委會會議，張伯苓、郭有守、杭立武、蔣復璁、袁同禮（沈祖榮代，中華協會）出席。會中袁同禮委員代表沈祖榮報告中華協會向美國圖書館協會徵集圖書情形。決議：本會英文名稱為 China's Culture Emergency Committee for the Solicitation Books and Periodicals；凡在本會未成立以前已向國外徵集圖書的團體，均請集中本會由教育部作最後的分配，由本會向中華協會袁同禮解釋明白；加推吳俊升、樓光來為本會執行委員等案。1939 年 3 月 7 日舉行第 4 次執委會會議，張伯苓、郭有守、李迪俊、杭立武、蔣復璁、袁同禮、吳俊升出席。決議：今後本會在美徵書事宜，全權委託中華協會辦理，該會募得的書籍，統由教育部分配；英國所捐書籍到海防後，由籌備處出版品國際交換處負

責運往內地，美國所捐書籍到香港後，由北平圖書館辦事處負責運往內地；
各學校團體送來各該學校團體所需的圖書目錄，推舉袁同禮、蔣復璁、沈
祖榮為審查書目委員等案（教育部戰時徵集圖書委員會執行委員會會議紀
錄，1938.12.06-1940.04.13）。

　　「戰時徵集圖書委員會」分向國外徵集圖書以補救各大學館藏被敵所
毀損者。徵得英國所捐圖書 62 箱、美國 210 箱及法國、德國、波蘭、匈牙
利等國贈書。其中關於徵得書籍的提取及收轉事宜，由籌備處交換處承辦。
分配辦法，則由該會規定，以分布在戰時五大學術中心地，即重慶、昆明、
貴陽、成都、城固的各專科以上學校為對象。1939 年 6 月 21 日籌備處編
訂《國立各大學各學院書目》函送英美等國徵集圖書。將徵得圖書，分配
給各院校使用。

（七）搶救善本古籍

　　1940 年抗戰正酣之際，江南淪陷區的文獻故家，以生活日漸艱困，所
藏珍本古籍，無力世守，紛紛出售，許多珍貴文物都流入上海書肆，日本、
偽滿、美國都派人挾款大量採購。此時的上海成了南方最大的古籍聚散市
場，許多秘籍頻頻出現在上海書肆。在上海的一些有心人士建議政府籌款
收購以免散佚。教育部乃令籌備處運用中英庚款會原所撥補助建築費搜購
古籍；成立「文獻保存同志會」，自 1940 年年初至 1941 年年底分別在滬港
兩地進行搶購。這是國立中央圖書館最大規模，也是最富意義的蒐購行動。
結果，江南主要大藏書家的舊藏珍籍，如吳興劉氏嘉業堂、張氏適園、南
京鄧氏羣碧樓、番禺沈氏等珍本秘笈，幾盡入藏；其他久負盛名的藏書樓
所散出圖書，亦網羅不少。適時購置「善本古籍 4,864 部，48,000 餘冊」，
包括宋元本 300 餘部；「普通本線裝書 11,000 多部」。（蘇精）所購善本古
籍，無論量與質同樣驚人，成績可觀。惜因戰事，該批部分善本運抵香港，
待轉運寄存美國國會圖書館時，被日本掠奪。幸抗戰勝利，自東京追回，

歸還國圖。

（八）圖書整理

國圖雖處戰時，但仍重視於分類編目事業，茲列舉數端如下：

1. 編訂分類編目規範。籌備處自 1935 年起著手編製編目規則，1936 年編訂《暫行中文圖書編目規則》，遞經改訂，1940 年 5 月 25 日修正《中文圖書編目規則》，補充善本書編目規則，並另訂輿地圖冊、金石拓片等特種編目。另者，1940 年開始編纂分類表的工作，參酌美國國會圖書館分類法，兼採歐美各家之長，並仍儘量保存圖書分類固有的系統，全表分 40 大類，各類均邀全國學者專家審定（國立中央圖書館，1935）。1943 年又編中日文圖書著者號碼表乙種。

2. 擬訂抗戰文獻分類表。籌備處鑒於「抗戰軍興後，圖書小冊論述甚眾，普通圖書分類表，僅能添立一目，不免龐雜，乃條分縷析」，於 1938 年 10 月 25 日訂立抗戰文獻分類詳表，凡細目 600 餘條，「各館藏書，依此部勒，戰時刊物，厘然井然。」1939 年 5 月 8 日編印《抗戰期刊索引》，收集抗戰期間雜誌公報中的參考資料 138 種，製作卡片 3,000 餘張。

3. 印刷目錄卡片。1939 年 1 月 21 日恢復印刷目錄卡片工作，約印 5,000 種。

4. 編印西南問題聯合書目。1939 年 9 月編印《重慶各圖書館所藏西南問題聯合書目》（石印本，73 頁）。著錄重慶 22 處藏書。所載之書，以四川居多，他如廣西雲南貴州均為數有限。分 29 類編排。

5. 籌編圖書總目。1940 年 5 月 2 日奉令編輯「全國圖書總目」，10 月 1 日籌備處訂定中西文書目體例及樣片兩種，分寄各圖書館，作為填覆其出版品書目的參考。

6. 1940 年 11 月 25 日訂定《國立中央圖書館登錄規則》（全 12 章 100 條），詳訂作業規章。

（九）閱覽服務

　　籌備處初奉令遷漢口，復奉命遷長沙、成都，又呈准在重慶展開工作。1938 年 5 月 1 日籌備處假川東師範成立參考閱覽室，除將中西文參考書籍自敘運渝外，另增購重要參考書籍及新出版關於抗戰方面的圖書，特設抗戰文庫，而雜誌報章也盡量陳列，公開閱覽；9 月 28 日訂定《國立中央圖書館機關團體出借書籍暫行規定》（全 9 條）；12 月 10 日擬訂《重慶市各圖書館互借圖書規則》；及至 1939 年 3 月 1 日，因重慶頻遭日機侵襲，籌備處奉令疏散至市郊各鄉鎮，而告停止開放，閱覽人數凡 17,601 人。

　　1938 年 12 月 8 日籌備處派員往屏山、江津兩處覓訪合於儲藏圖書的屋宇，1939 年 1 月 25 日覓定金沙江上游距宜賓 20 餘里的天池壩四川省宜賓高級農業職業學校，將其中西文圖書運往妥藏，以策安全。

　　1939 年 3 月 12 日籌備處疏散至重慶上游江津縣白沙鎮上松林鄧家大院民屋辦公。8 月 17 日籌備處與四川平民教育促進會江津實驗區在白沙鎮大觀山房屋合作成立國圖白沙民眾閱覽室（內附兒童閱覽室）啓用，為「工」字型小樓兩層，背山面江，有城市山林之勝。入藏以中文圖書為限。分 1 樓閱報室（24 份日報）、圖表室、兒童閱覽室及其書庫（可容小讀者 50 餘人，藏兒童書籍 15,000 餘冊），2 樓普通閱覽室、雜誌閱覽室（160 種）。（彭道真）民眾閱覽室及兒童閱覽室自 1939 年 8 月至 1940 年 7 月閱覽人數，成人 27,813 人，兒童 21,429 人；出納圖書冊數，成人 6,509 冊，兒童 45,248 冊。12 月 14 日又於上松林設立西文參考閱覽室，陳列西文圖書 1,200 冊、西文雜誌 160 種、西文報紙 10 份。1940 年 6 月訂定《國圖上松林書庫圖書庋藏及出借辦法》。

　　1942 年 2 月白沙兒童閱覽室移重慶分館開放閱覽。7 月 10 日白沙民眾閱覽室因館舍被平教會收回，遷至中興路 78 號繼續開放閱覽。1943 年 2 月 1 日在白沙租借刁羣鶴樓房兩幢，作為辦公及職員宿舍。1944 年 3 月 20 日因房租劇增而告關閉。籌備處自遷至後方，每到一地覓屋辦公後，立即

設法開闢閱覽室，對外開放，服務讀者，不曾間斷。

　　四川省江津縣近鄰陪都重慶，以地處長江要津得名，時被確定為疏散區，接納伴隨文教機關內遷或新建而來的眾多文化教育界人士及師生員工，頓時境內學府林立，人才薈萃。白沙鎮因地理位置，也稱白沙壩。抗戰期間，重慶沙坪壩、北碚夏壩、江津白沙壩，被稱為重慶培都三大文化區，加上成都華西壩，合稱四川文化四壩。「壩」字，在西南地區稱小的空曠平地或平原；「壩」主要分布於丘陵間的盆地、河谷沿岸及山麓地帶。白沙壩也是赫赫有名的川東文化重鎮，在 237 平方公里的土地，擁有大中小等各類學校 37 所，在校人數超過萬人，被稱為「學生城」。

　　1940 年 8 月 1 日國圖正式成立，1941 年 2 月 1 日起重慶分館日夜開放閱覽。設有普通閱覽室、特列展覽室、報章閱覽室，應需要曾增闢兒童閱覽室、中文與西文參考室、圖片影片室、三民主義研究室等，另備展覽室及書庫等。並於 1942 年 4 月分設新橋閱覽室於國立女子師範學院。每月閱覽人數，重慶方面平均 1 萬餘人，白沙方面為 7 千餘人。都隨時舉辦各種展覽會如期刊、善本、拓片展覽會（1941 年）、錢幣展覽（1943 年）等及讀書比賽、演講比賽等推廣活動。

（十）全國圖書館業務的推展

　　抗戰期間有關圖書館的立法，有一項新猷，即圖書館輔導。教育部 1939 年公布的《修正圖書館規程》，規定了各級圖書館縱的隸屬關係及橫的輔導關係。如在省市立圖館設置「研究輔導部　調查、統計、研究、實驗、視察、輔導、圖書館工作人員的進修與訓練及各項推廣事業等屬之。」依該《規程》的規定訂定了《圖書館工作大綱》，在〈施教準則〉章中，規定「圖書館之施教任務，除辦理本館一切事宜外，應負輔導或協助本區內各社會教育機關及各級學校有關圖書館事項之責」；在〈工作要項〉章中，於省市立圖書館「研究輔導部」具體的臚列 11 項工作要項。另依該《規程》及《大

綱》訂定了《圖書館輔導各地社會教育機關圖書教育辦法大綱》，規定省市
立、縣市立圖書館應輔導各省市、各縣市該區內圖書館及其他社會教育機
關關於圖書教育之責；各地社會教育機關關於圖書教育設施，均須接受本
區內圖書館的輔導。也分別臚列省市立、縣市立圖書館應行輔導的工作要
項。這樣，省市立、縣市立圖書館對於各本區內圖書館管理的技術方面負
責指導，經常可以派員出勤，視察各縣，並就地指導，或調訓館員，俾資
進修。建構了圖書館輔導體系及工作大綱，輔助了各級行政機關的行政指
導，以求圖書館的施教，能普及於全體民眾。

依《國圖組織條例》，國圖設圖書館事業輔導委員會，由館長（主席）、
各組主任及由館長所聘請的館外專家（1-5 人）組成，承教育部之命，研
討及實施全國圖書館事業輔導事宜。國圖因而開始推動輔導功能，茲列舉
業務數端如下：

草擬圖書館法令

1939 年籌備處奉令先後草擬，並由教育部頒布者 1939 年 7 月 22 日，
《修正圖書館規程》（全 33 條）；1939 年 7 月 24 日，《圖書館工作大綱》（全
4 章 18 條）；1939 年 11 月 4 日，《圖書館輔導各地社會教育機關圖書教育
辦法大綱》（全 15 條）；1944 年 3 月 10 日，《圖書館工作實施辦法》（全 11
條）。

這上開 4 項法令若能逐步推進，必有助於圖書館事業的發展，關係重
大。除上開圖書館輔導外，蔣復璁提到：「《修正圖書館規程》較 1930 年《圖
書館規程》實為顯著的進步，其重大成就，有（1）規定各級圖書館館長、
主任及館員等在公務上及社會上的地位及其資格；（2）規定各級圖書館分
組辦事，省立圖書館分 5 組，縣立圖書館得分 4 組，並各為制定工作大綱，
羅列工作要項，俾便遵循；（3）縣市立圖書館設置推廣組，並得設立分館、
巡迴文庫、圖書站及代辦處，使圖書館服務範圍擴充及於館址以外，實為
公共圖書館另闢蹊徑。」

教育部另於 1940 年 4 月公布《社會教育機關服務人員養老金及卹金條

例》（全 22 條）。其目的在對包括圖書館從業人員在內的社會教育工作者一種生活上的保障。上開立法，皆可見政府在戰時對圖書館事業的重視，並力求其進步。

1939 年 2 月 1 日為教育部編訂《縣市立民眾教育館設備標準》，包括應備的參考書、民眾讀物、掛圖等目錄。1940 年 3 月 1 日又為四川各縣民眾教育館暨圖書館編製應備書基礎書目，臚列圖書 140 種。

輔導圖書館

1938-1940 年，籌備處先後派員協助中央政治委員會圖書室、中央訓練團圖書室、中央黨部執行委員會祕書處圖書室、教育部大學先修班圖書館、四川省立圖書館（成都）的籌備成立。

1938 年 8 月 14 日籌備處派鍾靜夫赴貴陽視察浙江省立圖書館運往寄藏的文瀾閣《四庫全書》，並協助辦理移置山洞保管。1940 年 4 月教育部令籌備處派員視察四川省第三行政督察區所屬 10 縣及重慶市民眾教育館圖書室，及縣區立圖書館。

圖書館教育

國圖於 1942 年 6 月奉教育部指示籌辦圖書館學補習學校，用謀圖書館事業的發展及便利有志青年進修。7 月 5-12 日報名，課程分圖書館學通論、編目學、分類法、圖書參考、圖書徵購、目錄學及專題演講，為期 10 週。7 月 15 日開學，學生 35 人。9 月 20 日結束，修業期滿成績及格者計 17 人。

國圖因典藏豐富，專業人員較多，服務完善，為全國示範的圖書館，肩負有規畫、協調、聯繫及輔導全國圖書館事業發展的責任；並為有志於從事圖書館工作的人士，提供訓練的機會用謀全國圖書館業務的推展。

（十一）主要出版刊物

　　1941 年 1 月 17 日，創刊《圖書月刊》。由金公亮、彭道真、陸華深為編輯委員會委員，左景權兼充《月刊》編輯，康岩兼充助理編輯。設有論著、出版介紹、文化界新著彙報、書評輯目等欄。1944 年 9 月 5 日因印刷困難停刊。

三、勝利還都時期（1946 年至 1948 年）

（一）還都

　　1945 年 8 月 14 日，日本宣布無條件投降。9 月 2 日，日本簽定投降書，戰事結束。政府宣布復員，教育部派蔣復璁任教育部京滬特派員，兼教育部滬區教育輔導委員會主任委員，轄有蘇浙贛閩皖 5 省，由渝飛京轉滬，專門負責接收京滬地區敵偽各級教育文化機構學校。蔣氏採取中央、地方分權處理的方法，中央級文化學術機構由蔣氏處理，地方教育則一概交由省市教育廳局辦理。節約了大量時間，接收工作，僅 3 個月就結束了，為政府各機關特派員中速度最快者。南京遭到 8 年浩劫，已是滿目蒼夷，亟待修葺。其間，9 月 15 日，察看成賢街舊有館舍，房屋雖未遭全燬，但磚牆門窗被拆損很多，原存閱覽設備及辦公桌椅等，均已無存。9 月 17 日接收封存位於南京山西路偽政府陳羣私人收藏的澤存文庫。9 月 28 日接收封存的成賢街舊有館舍。

　　1945 年 12 月行政院及所屬各部會決定，派一部分人員先行回南京辦公，12 月 8 日正式拉開還都的序幕。此時，面臨交通和房屋兩大問題。據 1946 年 2 月份統計，重慶中央各機關軍公教人員及家屬，尚有 43 萬人待

還都；已還都的人員要房子辦公和住宿，由於南京房屋極度缺乏，故各機關到南京後辦公用房及辦公經費均得自行解決。1946 年 5 月 1 日起教育部等 6 個部已在南京辦公。

「1945 年 12 月年底，蔣館長派屈萬里、蘇瑩輝、儲連甲、王省吾等 8 人回南京成賢街原國圖，辦理接收日人在地質研究所及澤存文庫所藏中日文圖書。接收完畢，即進行編目。」（王省吾）1946 年 5 月國圖正式復員還都；5 月 15 日通函各機關（構），國圖「於 6 月 1 日將渝館改為辦事處〔國圖重慶辦事處，辦理復員未竟事宜及館舍移交國立羅斯福圖書館籌備處〕，並同日起在京正式辦公。」（國立中央圖書館，〔1946〕.05.15）

1946 年 10 月 20 日國圖將重慶分館的館舍設備，包括「1.兩浮支路館廈乙棟。前部 3 層（最上層為閣樓），後部書庫 5 層，只有兩層安裝書架；2.職員宿舍 2 棟；3.進大門右首的三民主義叢書編纂委員會辦公樓房 1 座；4.國府路（今人民路）范莊對面中研院總辦事處房屋 1 所（係借重慶銀行地皮所建，戰後歸地主收回」（嚴文郁）及部分中文書刊計「書籍 12,083 冊，報紙 946 種」（唐潤明）移交給羅斯福圖書館籌備處。國圖派閱覽組主任兼重慶辦事處主任陸華深辦理移贈交接事宜，並派鍾靜夫、毛宗蔭、黃祝貴會同辦理。

（二）組織和人員

1945 年 10 月 27 日國民政府公布《修正國立中央圖書館組織條例》（全 14 條）。依該《組織條例》，修正的部分主要有四：1.擴大編制，「置館長 1 人（簡任），組主任 5 人、編纂 14 人、編輯 15-25 人（均聘任），幹事 25-40 人（委任）」，「會計主任 1 人（薦任），佐理員 2 人（委任）」，「人事管理員 1 人，佐理員 1 人（委任）」。「得酌用雇員 40-50 人」。編制人員定為 105-140 人。2.「館長綜理館務，各組主任，編纂，編輯承長官之命，分掌各組事務。幹事承各組主任編纂之命，辦理所任事務。」3.國圖設出版品國際交

換處，不再是兼辦出版品國際交換事宜。4.設圖書事業研究委員會，依 1947 年 2 月 25 日訂定的《國立中央圖書館圖書事業研究委員會組織章程》（全 8 條），由館長、各組主任及由館長聘請館外的專家 3 人至 7 人（無給職）組織之，研討全國圖書館事業發展事宜。本會由蔣復璁、于振寰、彭道真、孫永齡、屈萬里、繆鎮藩組織成立，同時由館聘請圖書館專家袁同禮、沈祖榮、劉國鈞、陳禮江、洪有豐、嚴文郁、陸華深為委員，呂紹虞為祕書。

1946 年 7 月 12 日行政院核定公布《國圖出版品國際交換處組織規程》（全 6 條）。依該《組織規程》，該處設國內、國外兩組，置主任 1 人（聘任），組長 2 人（聘任），幹事 4-6 人（委任），並得用雇員 4-6 人。國圖的編制人員遂為 116-155 人。

1947 年 12 月 9 日和 24 日考試院、行政院共同頒行《國立中央圖書館聘任人員遴聘規則》（全 9 條），為該館擁有高素質的館員提供了制度保障。1947 年時任職國圖的主任為總務組主任繆鎮藩、採訪組主任于振寰、編目組主任彭道真、閱覽組主任孫永齡、特藏組主任屈萬里、出版品國際交換處主任鍾靜夫；編纂為鄭振鐸（1898－1958）、錢鍾書（1910－1998）、王兆麟、呂紹虞（1907－1979）；顧問徐鴻寶、葉恭綽。當時藍乾章（1915－1991）任編輯（1949 年初任職臺灣省立工學院圖書館）。

1947 年 8 月 28 日保送職員滕留寅、引修武至武昌文華圖書館學專科學校深造。

1949 年 4 月蔣復璁應聯合國教育科學文化組織（「聯教組織」；UNESCO）的邀請，赴歐洲研究圖書館事業，先後考察法、英、丹麥、西德、瑞士等國，歷時半載。並於 1949 年 9 月奉教育部令派任我國代表，出席巴黎聯教組織第 5 屆會議。「10 月蔣氏自巴黎束裝返國，時廣州已淪陷，教育部在臺灣霧峯成立國立中央博物圖書院館聯合管理處，國圖被併入為該處中央圖書組，遂暫止香港，以教書為生。1951 年 4 月蔣氏自港來臺，應臺灣大學之聘，講授國文。」（昌彼得）

（三）館藏發展

　　復員抵京，國圖業務重心在整理及徵購圖書，依〈國圖復員以來工作述要（1947年9月）〉（國圖〈館史史料選輯〉）載：「國圖為徵集、購置、受贈、編目、展覽、交換、接收等各類圖書之處理及統計，提綱挈領，撮取具體而真實的資料，則不僅足供本館工作上之檢討，並可為以供國圖業務，及關心國圖事業進展者的參考。」當時入館書刊量，如下：

1. 中日圖書 896,108 冊，包括在京徵購圖書 6,100 冊、在滬採購圖書 92,659 冊、採購金石拓片 1,125 冊、接收東亞同文書院圖書 240,207 冊、接受近代科學圖書館圖書 28,901 冊、接收偽中央圖書館圖書 50,456 冊、接收澤存書庫圖書 371,507 冊、接收汪逆精衛圖書 5,400 冊、收回國圖舊藏圖書 26,757 冊、日本歸還〔善本〕圖書 34,970 冊、重慶復員圖書 38,026 冊。

2. 西文圖書 41,751 冊，包括在京徵購圖書 4,763 冊、接收東亞同文書院圖書 20,821 冊、接收偽中央圖書館圖書 883 冊、接收汪逆精衛圖書 478 冊、接收陳逆羣圖書 866 冊、重慶復員圖書 13,584 冊、復員影片圖書 356 捲。

3. 中文期刊 4,017 種，包括在京徵集官報 479 種、在京徵集雜誌 1,102 種、接收東亞同文書院裝訂期刊 335 種、接收偽中央圖書館期刊 103 種、重慶復員期刊 1,998 種。

4. 西文期刊 2,740 種，包括在京徵購期刊 1,017 種、接收東亞同文書院期刊 94 種、重慶復員期刊 1,432 種、教育部撥發期刊 197 種。

5. 報紙 1,134 種，包括在京徵集報紙 1,011 種、接收中文宣傳部報紙 105 種，其他文字報紙 18 種。

　　就上開統計，已完成圖書登錄者少，待登錄、待編目者多，國圖全力投入，圖書整理業務量鉅大。

　　1947 年 1 月 4 日葉恭綽經手在香港所購的佛經書籍，除六朝寫佛名經、大方等集經、唐寫梵網經 3 種遺失外，其餘均交還國圖。1947 年 8 月

19 日國圖「文獻保存同志會」搶購，在港為日本劫奪的善本古籍歸還該館，計有 34,970 冊。這些善本古籍，是國圖今日善本館藏的骨幹。

　　1948 年冬，國圖擁有中外書刊 852,745 冊，其中善本書〔及普通本線裝書〕153,414 冊、普通圖書 602,942 冊、西文圖書 21,867 冊、日文圖書 74,164 冊、金石拓本 7,568 幅又 358 冊。

（四）出版品國際交換

　　國圖還都，出版品國際交換處（「交換處」）改隸國圖，不再是兼辦性質。1946 年 7 月，國圖成立交換處於南京，分設辦事處於上海。交換處分函各國政府辦理出版品交換的機關，恢復交換關係，總計有 63 國。12 月 21 日國圖函知駐各國使領館如有圖書垂詢及委辦事項可逕向該館辦理。1947 年 1 月 29 日行政院核定《國立中央圖書館辦理出版品國際交換事項辦法》（全 19 條）。（臺灣省政府，1947.06.11）

　　依 1949 年 4 月《國立中央圖書館員工清冊》，上海辦事處辦公人員 13 人，有編纂錢鍾書、顧廷龍，編輯章克標、孫家晉、查介眉，幹事吳新澄、潘世和、潘應咸、宋名瓊，佐理員陳潔，工友李雲章、顧正華、張文榮等。

（五）圖書整理

　　「1946 年 5 月王省吾任中文編目股股長，中文編目人員有劉純甫、商倩若、俞靜之、紀維周、何其武、趙德全、胡德馨、童藥山等」（張圍東）。

　　1946 年 9 月，編訂《國立中央圖書館中文圖書編目規則》，由上海商務印書館印行，俾工作人員有所遵循。本規則分訂甲乙兩編，甲編適用於通行版本中文圖書，乙編適用於善本圖書、期刊雜誌、輿地圖冊、金石拓片。大多於條文後附舉例證說明，並於編末臚列卡片樣式，備供參考。

（六）閱覽服務

　　1946 年 6 月 24 日南京成賢街總館閱覽室正式開放，設有普通閱覽室、參考室、期刊室、日報處及出納處；新闢中區閱覽室（1946 年 5 月 10 日與社會服務處合辦新街口閱覽室，1947 年 5 月 5 日停辦）、北城閱覽室（原頤和路澤存書庫，1946 年 5 月 18 日成立）。並開辦與政府機關或學術團體間互借圖書服務，如中央大學、政治大學、空軍司令部傘兵總隊等圖書館。

　　1946 年 10 月 31 日國圖選出宋元等珍善本 165 部，參加中央研究院及教育部合辦勝利後首屆文物展覽會。

　　1948 年 2 月，教育部「為闡揚我國優越文化起見，決定在臺灣舉行『文物展覽會』由中央圖書館、中央博物院、故宮博物院參加，內容以表現我國文化之優良文物，包括臺灣省者在內，並組織『文物展覽會籌備委員會』負責籌劃一切進行工作。」（教育部，1948.02.），並邀滬市藏書家參加。參展「品類有圖書、瓷器、陶器、銅器、銀器、俑及善本書，計 661 件。」運赴臺灣，舉辦文物展覽及學術講座。因為故宮文物並沒有來臺展出，所以本次展覽以書畫佔大部分，又多半是上海私人收藏家的珍品。教育部特組織文化宣慰團，派蔣復璁為團長。昌彼得為隨行的團員之一。3 月 24 日起，文物展覽假臺灣省立博物館/臺灣省立圖書館舉行，由教育部次長田培林主持開幕，為期 3 週後返南京；文物展覽學術講座自 3 月 30 日至 4 月 2 日假臺灣大學法學院舉行，共 7 場，先後由向達、李玄伯、王振鐸、莊尚嚴、錢鍾書、屈萬里、蔣復璁主講。（林耀椿）

（七）主要出版刊物

　　1946 年 6 月，*Philobiblon，A Quarterly Review of Chinese Publications*（英文版《書林季刊》）創刊，1948 年 9 月（第 2 卷第 3 期）而止，前後出了 7 期，為一學術雜誌，其內容不限於圖書館專業文章，還涉及哲學、

語言、文學、歷史等方面。由錢鍾書主編，同時他也在該刊寫稿。主要欄目包括論著（Articles）、書評（Critical）、書刊簡介（Abstracts）及選輯新書選目（並附提要）。錢鍾書任職國圖期間，1946 年 2 月，他的長篇小說《圍城》在鄭振鐸主編的《文藝復興》雜誌上連載，1947 年 5 月由上海晨光出版公司發行了該書單行本。（張翔、方曙）。

　　1947 年 3 月，《國立中央圖書館館刊》復刊第 1 號出版，半年刊，由顧廷龍（1904－1998）主編，上海開明書店發行，共出版 4 期，同年 12 月停刊。

　　1948 年秋季，徐蚌會戰後，首都感受威脅，國圖奉令精選珍藏文物裝箱運臺；分別於 1948 年 12 月 26 日、1949 年 1 月 9 日、1949 年 2 月 22 日分 3 批抵達基隆，共計 644 箱；「此次運臺雖未能如數運出，但善本已全部運出，計有 121,368 冊，金石拓片也有 5,599 種，其他尚有甲骨殘片、銅陶瓷器、漢簡、寫本經卷、報紙雜誌等。重要珍藏都已來臺，所缺者為一般圖書及期刊」。

　　運臺善本圖書文物先存臺中糖廠的倉庫，1949 年 8 月政府成立「國立中央博物圖書院館聯合管理處」（「聯管處」），國圖縮減為該處的中央圖書組；1950 年 4 月再移藏臺中縣霧峯鄉北溝庫房。其間，1949 年聯管處中央圖書組奉教育部令，將運臺的普通本線裝書 125 箱自霧峯移運臺北，暫借臺灣省立臺北圖書館及臺灣大學圖書館閱覽利用。

四、遷臺復館時期（1954 年至 1976 年）

　　1954 年 8 月 1 日教育部令蔣復璁籌備恢復國立中央圖書館，9 月正式恢復設置，10 月設辦事處於教育部旁，開始辦公。1955 年 9 月 18 日奉令遷入臺北市南海路植物園原臺灣省國語推行委員會舊址，修建房屋，展開工作。

（一）組織和人員

　　國圖組織與職掌仍循 1945 年 10 月修訂公布的《組織條例》舊制，分設採訪、編目、閱覽、特藏、總務 5 組及出版品國際交換處。

　　1954 年 12 月 16 日教育部核定，復於 1958 年 5 月 1 日修訂《國圖圖書館事業研究委員會組織規程》（全 8 條）。依《規程》研究委員會的任務：1.規劃全國圖書館輔導事項；2.規劃國民圖書教育推行事項；3.規劃圖書館人員養成事項；4.其他由館長交議事項。該會分由當然委員和聘任委員組成，館長為當然主席。當然委員由國圖各組主任兼任，聘任委員 3-7 人，由館長聘請專家擔任，先後聘請毛子水、蘇薌雨、屈萬里、沈寶環、王省吾、藍乾章、嚴文郁等專家為委員。該會曾數度開會，通過要案多起，如臺灣省立師範大學增設圖書館組及舉辦圖書館人員暑期訓練班等。

　　1957 年 8 月 20 日教育部核定公布《國立中央圖書館辦事細則》（全 20 條）。國圖為應實際需要，分股辦事。如採訪組分採訪、期刊及官書 3 股；閱覽組分出納、參考及各圖書室；總務組附設出版中心、縮影室。

　　1966 年 7 月 30 日考試院修正頒行《國立中央圖書館聘任人員遴聘規則》。1973 年 7 月 20 日教育部訂定發布《國立中央圖書館聘任人員遴聘辦法》（全 15 條）。明定組主任、編纂、編輯資格要項。

　　蔣復璁先生自 1933 年 4 月 8 日起至 1940 年 7 月 31 日止擔任國圖籌備處主任。籌備處奉令結束，1940 年 8 月 1 日至 1949 年 8 月 31 日續為國圖館長。1954 年 10 月 23 日復職為國圖館長。1965 年 9 月 20 行政院任命蔣復璁為故宮博物院院長，仍暫兼原職。

　　蔣復璁在館服務，前後達 30 年之久，投注於館務的心力，實可謂篳路藍縷，創業維艱。

　　1965 年教育部派屈萬里繼任國圖第 2 任館長（任職起迄 1966.09.21－1968.03.01）。其後，第 3 任館長包遵彭（1968.03.02—1970.02.20）。第 4

任館長李志鍾（1970.08.15─1973.04.10）。第 5 任館長諸家駿（1973.04.11
─1977.03.30）。本時期國圖的困難，「最重要的是購書費不足、書庫不敷
及編制的員額太少」。

國圖的編制員額為 155 人，但復館之初，「僅設置員額 15 人，連同聯
管處撥來原有國圖員額 5 人，共為 20 人。然而工作之繁，實非此 20 人可
作」。先後聘特藏組主任昌彼得，總務組主任儲連甲，編目組主任任簡，交
換處主任兼代採訪組主任顧華，閱覽組主任沈寶環，並聘請專家錢穆、孔
德成、蔣穀孫為國圖顧問（無給職）。

沈寶環主任於 1955 年 5 月歸國任職，因國圖還未及開放閱覽，適蔣館
長兼臺灣省立臺北圖書館館長，爰聘請沈主任為省北研究員但仍領國圖
薪，代館長處理省北館務。1955 年 7 月 1 日沈氏出任東海大學圖書館主任
（1958 年擴編，改稱館長）。

1959 年經蔣館長推薦，並得到美國國際合作總署駐華共同安全分署教
育組圖書館顧問費士卓（William Ambrose FitzGerald，1906─1989）與美
國新聞處施金納（Emma K. Skinner）的支持，王省吾被選為美國國務院外
國圖書館員計畫（Foreign Librarian Program）1959-1966 得獎人之一。王氏
在 1959 年 5 月至 1960 年 6 月考察美國圖書館事業共 1 年零 1 個月。在克
里夫蘭公共圖書館（Cleveland Public Library）實習，並在西方儲備大學
（Western Reserve University）圖書館學院選課，其餘 1 個月訪問各重要大
學圖書館及公共圖書館。（王省吾）

屈館長蒞事時，國圖的預算員額包括館長在內只有 35 名，因之不得不
用多量的額外人員，佔用了本來就很緊的業務經費。到了 1973 年，依該年
度統計，預算員額 65 人，額外臨時人員 33 人，合計 98 人。另技工 8 人，
工友 5 人。

1967 年 7 月 1 日臺北市升格為直轄市，1973 年臺灣省立臺北圖書館改
制為國立中央圖書館臺灣分館。10 月 22 日上午假該館辦理交接，由雙方
代表省北館長袁金書移交國圖館長諸家駿，教育部社教司司長謝又華、臺

灣省政府教育廳主秘聶鍾杉監交。首屆臺灣分館館長由國圖採訪組主任胡安彝接掌。胡館長先後自國圖調用編輯章以鼎、鄭恒雄、宋建成擔任閱覽組、採編組、參考諮詢組組主任。

（二）經費

國圖復館，沒有開辦費，除了用人費係按實有員工向教育部支領外，僅由部按月撥發業務費新臺幣 1 萬元。1958 年 7 月，始得正式列入國家政府預算。1965 年時，年購書費為新臺幣 48,000 元及美金 6,000 元，新臺幣用以採購線裝書舊書，或買新書辦理國際交換。美金主要用來訂購外國雜誌報紙，所餘的一小部分則採購有限的外文圖書。西文書及線裝書舊書價都比較高昂，可購入的館藏不多。館藏數量的成長，端賴出版品送繳及國際交換。

（三）館舍建築

復館首要的問題，館舍原是日本時代建功神社舊址，而非圖書館建築。遷入南海路之初，館舍僅是一座殘舊的廳堂，兩列木造房屋，一座鉛質活動房屋而已。開始先驅逐白蟻，徐圖發展。

舊有的房屋既多殘破，亦過狹隘，不能容納日益遞增的圖書，及配合閱覽交換工作的開展。自 1956 年始即從事館廈的重建，因經費籌措不易，爰擬具了一套重建計畫，採取循序漸進的原則，在不影響各單位業務的情形下，按實際的需要，分年擴建。經修葺、添建、改造擴充，迄 1964 年全部完成。「將一所破舊，不連貫、不調和的建築，修造成一個實用而有園池之勝的圖書館」。

（四）館藏發展

國圖遷臺，館藏雖不能如數運出，但善本書已全數運出，計有善本書 11,162 部、121,368 冊，普通本線裝書 20,196 冊，金石拓片 5,599 種，甲骨殘片 747 塊，銅陶瓷器 29 件，漢簡 30 枚，寫本卷子 153 卷，名賢手札墨蹟 8 冊又 45 軸，普通書 20,196 冊，西文書 1,410 冊，雜誌公報 2,068 冊，西文雜誌 3,886 卷又 258 冊，報紙 44 種、463 冊，圖 132 函，地圖 16 幅，藍圖 16 幅。

1954 年 9 月，國圖奉教育部令接收聯管處中央圖書組保管的圖書文物，1955 年 2 月復接收該組代管的前國立北平圖書館輿圖 18 箱。「國圖運來善本，足見珍藏之富，但普通書刊僅運來 2 萬餘冊。國圖開放閱覽，對於普通中文書籍的供應，最感困難，閱者不少，書實無多，如加採購，則既不易，價復奇貴，無法購置」。爰依據《出版法》（1952 年 4 月 9 日公布），所規定的新聞紙雜誌及書籍等出版品於發行時，應寄送國圖一份，開始向各出版業徵集出版圖書。

經過 12 年來的徵購交換，迄 1966 年底，館藏總數已增加到 34 萬冊。其中包括 1962 年 7 月 9 日蒙行政院撥款新臺幣 20 萬元，收購張溥泉遺書圖書碑帖 245 種、1,722 冊（件），包括宋元明刻及名家手稿等善本數十種；及 1965 年 11 月自美運回由教育部委託國圖保管的原北平圖書館所藏善本圖書 102 箱，20,738 冊。

館藏發展重點

館長屈萬里（1909－1979）主政，經衡量財力和人力，確定了館藏發展重點。屈館長稱：「一個國家圖書館的職責，是收藏本國和外國的文獻以及各科的圖書，不應有所偏廢。但是國圖購書經費太少，與其兼收並蓄而一無所長，不如作重點的發展，使之成為一某方面的圖書重鎮。」鑒於「我國研究數理科學和自然科學的人士，都集中在各大學和研究院所，其圖書

設備，本已具有基礎；加以近年國家長期發展科學委員會的補助，重要書刊，多已應有盡有。國圖也不必以有限的財力，去複購這類圖書」。爰以「大量補充人文科學和社會科學圖書」為採訪書刊的重點，「以既有的 14 萬多冊善本圖書為基礎，再增購人文學和社會科學的圖書，期使國圖成為全世界研究漢學的中心」。因此，「大量收購我國清代、民國初年的出版品與日本、歐、美各國有關漢學的著作，實為刻不容緩之事。」國圖確定以人文學和社會科學領域為館藏發展重點迄今。

大陸學術出版物

1967 年元月 12 日屈館長親筆寫信給教育部長，請求撥款 200 萬元充實相關圖書，一為大量補充與漢學有關的圖書，一為儘量收購中國大陸出版的學術性書刊。教育部爰撥 100 萬元用以收購所缺；並經各有關單位會商，在國圖設一特藏室，置大陸出版學術性書刊，國圖派妥人員負責管理，凡真正從事研究工作的學人，需要參考此項書刊者，經過申請及保證手續後，可以入室閱覽。

出版品國際交換

第二次世界大戰結束後，國際關係變化甚大，《布魯塞爾公約》有不適用的情況。1958 年 12 月 3 日在巴黎召開的第 10 屆聯教組織大會通過《出版品國際交換公約》（全 21 條）（Convention Concerning the International Exchange of Publications）和《官方出版品與公牘國際交換公約》（全 22 條）（Convention Concerning the Exchange of Official Publications and Government Documents Between States）。該兩項《公約》分別於 1961 年 11 月 23 日和 1961 年 5 月 30 日正式生效。

國圖依該《公約》，及與國圖訂有專約國家的國家圖書館及著名大學圖書館或公立圖書館進行書刊交換。1955 年初，恢復與外國出版品交換，復館後首批贈送國外書刊 116 箱；「美國國會圖書館得知國圖復館，乃將 1948 年至 1954 年歷年所積存，應送我國的交換圖書 99 箱陸續運臺」。聯合國的

文件及出版品經國圖圖書館事業委員會委員嚴文郁與聯合國總部交涉，恢復國圖在 1949 年以前受贈書刊的權利。（嚴文郁）

當時國圖採購交換期刊及國際書展經費都列在教育部國際文教處和社會教育司下，每年都需申請，有時教育部直接訂購交國圖付郵寄出，業務實有困擾。1968 年經館長包遵彭（1916－1970）爭取，社教司司長謝又華在會議中決議此項經費應列國圖概算內。1969 年教育部將 20 萬交換經費開始列入國圖預算。

國圖為合作處理美國贈書，特製《國圖處理美國贈書簡則》（全 9 條）和《國圖處理美國贈書程序》（全 3 條），自 1969 年 10 月起施行。兩方分由美國駐華大使館新聞處及國圖交換處負責。

（五）圖書整理

國圖中日韓文圖書分類法，係採用金陵大學圖書館（劉國鈞）的《中國圖書分類法》，但類目不夠，亦參考賴永祥《中國圖書分類法》增訂 2 版。西文圖書則採用《美國國會圖書館分類法》（*Library of Congress Classification Scheme*）。中日韓文圖書編目，係採用國圖 1959 年 7 月出版的《國立中央圖書館中文圖書編目規則》增訂修正版，西文圖書則採用《美國圖書館協會編目規則》（*A.L.A Cataloging Rules for Author and Title Entries*）及《美國國會圖書館編目規則》（*Library of Congress Rules for Descriptive Cataloging*）。（黃淵泉）其後，中日韓文圖書改用賴永祥《中國圖書分類法》。

（六）目錄服務

國圖復館，館長包遵彭尤其重視提供「目錄服務」，編製各種目錄，介紹臺灣各館館藏和出版品，以利圖書的利用和學術研究。此項服務包括編

印國家（出版）書目、聯合目錄、專題書目、特種書目，以及設置國家目錄中心，傳布目錄訊息等項。

國家書目

國圖館藏依《出版法》送繳而永遠保存，日積月累，漸形豐富，而成為國家總書庫；同時必然將予以分類編目，組織整理，編製國家總書目。

採訪組自 1960 年 9 月，創刊中英文《新書簡報》（月刊），著錄依《出版法》送繳入藏的書刊，兼具報導書訊的作用，1967 年 6 月停刊。1966年 3 月起，打字油印《國立中央圖書館送繳到館書目》（月刊），繼之，1967年 10 月更名為《國立中央圖書館新到圖書目錄》，1968 年 7 月再改名《國立中央圖書館新書目錄》，1969 年 11 月停刊。1970 年 1 月編目組創刊《中華民國出版圖書目錄》（月刊，1992 年起改為季刊），按卡片形式排印，每年發行年度彙編本，每 5 年編印 5 年彙編本。

溯自 1956 年 2 月至 1959 年，編目組即陸續將自 1949-1958 年送繳入藏書刊編成《中華民國出版圖書目錄》，交由中華文化出版事業委員會印行，共 4 輯，每年出版乙輯 1 冊，納入《現代國民基本知識叢書》，按照《中國圖書分類法》的次序排列，依目錄卡片形式排印。第 5 輯著錄1958-1960 年送繳入藏者，於 1961 年 8 月由國圖自行印行，2 冊。

1971 年 2 月起，開始出版年度彙編本，除了 1969 年度本、1970 年度本係委中華叢書編審委員會印行之外，1971 年度本（1972 年 2 月出版）起，由國圖每年編印，並自 1990 年度本（1991 年 6 月出版）起為 2 冊。

另自 1964 年 9 月至 1995 年 4 月，國圖編印《中華民國出版圖書目錄彙編》，共 7 輯，共著錄了 1949-1993.12 送繳入藏書刊，是為 5 年彙編本。每輯發行冊數，也由最初的 2 冊（續輯、3 輯）、3 冊（4 輯、5 輯），到了5 冊。

聯合目錄

1954 年 3 月編目組編，〈臺灣公藏黑格爾著述及其研究批評聯合目

錄〉，載於《學術季刊》4 卷 3 期。1955 年 1 月、3 月先後由特藏組、昌彼得編印《臺灣公藏宋元本聯合書目》、《臺灣公藏高麗本聯合目錄》。1956-1957 年特藏組編，〈臺灣公藏方志聯合目錄〉，分別載於《學術季刊》4 卷 4 期、5 卷 3 期，及 *Chinese Culture* 3 卷 1-2 期，1960 年 8 月特藏組徐玉虎再予重編，另由正中書局出單行本（1981 年 10 月國圖編印增訂本）。1969 年 7 月昌彼得編，《臺灣公藏族譜解題》，國圖印行。

　　1967 年 12 月 30 日起，國圖受中研院中美人文社會科學合作委員會的委託，邀集國內各大圖書館合作，包括國圖、故宮（僅參加善本及普通本線裝書項目）、中研院史語所、臺大、省立臺北圖書館、國防研究院、臺師大、東海大學等 8 所圖書館館藏，從事「臺灣地區公藏中文人文社會科學聯合目錄」的編輯工作，包括中文善本書聯合目錄、中文人文社會科學官書聯合目錄、中文人文社會科學期刊聯合目錄、中文普通本線裝書聯合目錄及中華民國出版圖書目錄彙編續輯，以利中外學人查閱。

　　1970 年 5 月、6 月，分由採訪組期刊股、官書股編竣付梓了《中華民國臺灣區公藏中文人文社會科學期刊聯合目錄》、《中華民國臺灣區中文社會科學官書聯合目錄》。1971 年 6 月、1972 年 8 月特藏組編竣出版《臺灣公藏善本書目書名索引》2 冊及《臺灣公藏善本書目人名索引》。1980 年 1 月、1982 年又出版了《臺灣公藏普通本線裝書人名索引》、《臺灣公藏普通本線裝書書名索引》。

國家聯合目錄

　　1971 年 5 月 1 日國圖開始置「國家聯合目錄」，依國圖 1971 年 5 月 1 日公布《編製「國家聯合目錄」辦法》（全 4 條），參加圖書館就該年 5 月 1 日起入藏的中文圖書，增製編目卡片 1 張，每週彙寄國圖編目組。國圖收到編目卡片後，即在其聯合目錄，加註藏書處所記號。國圖負責國家聯合目錄的編排與管理（依書名編排），必要時，得予印行成冊。參加單位由初為 15 所，增至 20 所。

　　上項目錄卡片自 1977 年 8 月-1989 年 6 月，每 3 年出版《中華民國圖

書聯合目錄》，先後出版 4 輯，分別著錄 1974-1976（1977.08 出版）、1977-1979（1980.12 出版，4 冊）、1980-1982（1984.07 出版，4 冊）、1983-1987 年（1989.06 出版，6 冊）間出版新書。第 4 輯（1989 年版）首次以電腦建檔及排印。及至 1993 年 12 月底因圖書館中文圖書編目自動化及網路傳播，始告停辦。

專題書目

專題書目方面的編輯，大多為編目組所編者。除了 1955 年出版的《中國飲食資料目錄》之外，1955-1958 年，先後編《中國關於韓國著述目錄》（載於：《中韓文化論集》第 2 冊）、《中國關於越南著述目錄》（載於：《中越文化論集》附錄）、《中國關於土耳其著述目錄》（載於：《中土文化論集》附錄）、《中國關於泰國著述目錄》（載於《中泰文化論集》）。

特種書目

國圖自 1957 年起，與中華叢書委員會合作。由國圖（特藏組，昌彼得）編竣，交由該委員會印刷及出版，如《國立中央圖書館善本書目》3 冊，（1957.08、1958.01、1958.02）、《宋本圖錄》（1958.07）、《金元本圖錄》（1961.08）、《書目舉要》（1964）等。後者，係因國圖原藏有豐富的各種古籍書目，但多未帶來臺灣，館中需用書目，只得去臺大、中研院史語所查閱，而文史界學人，也需要這一方面的資料，國圖有意從他館印回來。於是由昌彼得開據書單，喬衍琯撰寫提要，後來雖書未印成，但出版了提要。（喬衍琯）

1965 年 1 月特藏組編印《明人傳記資料索引》2 冊。1967 年 12 月續編印《國立中央圖書館善本書目》4 冊，包括南京運臺舊藏、教育部委託代管北平圖書館（「北圖」）運臺善本圖書和輿圖、東北大學善本及國圖在臺購置善本的考訂和編目，約收錄 14,300 冊。

《國圖目錄叢刊》

1969 年 3 月 10 日國圖復與國立編譯館中華叢書編審委員會簽約，編

印《國立中央圖書館目錄叢刊》第 1 輯 12 種。先後出版下列目錄：

1. 《中華民國出版期刊指南》（採訪組期刊股，張錦郎、鄭恒雄，1969.12）。
2. 《國立中央圖書館館藏西文漢學書目》（編目組，1970.09）。
3. 《中華民國博士碩士論文目錄》（編目組，林愛芳、黃端儀、黃淵泉、
　　梁津南，1970）。
4. 《中華民國學術機構錄》（第 3 版）（交換處，1970.09）。
5. 《中華民國出版圖書目錄》（1969 年度）（編目組，1971.02）。
6. 《中華民國當代文藝作家名錄》（採訪組採訪股，1970.07）。
7. 《現存宋人著述目略》（閱覽組，梁子涵 1971.11）。
8. 《國立中央圖書館墓誌拓片目錄》（特藏組，1972.10）。
　　《國立中央圖書館墓誌拓片目錄附索引》（特藏組，1982.03）。
9. 《中文報紙文史哲論文分類索引（1936-1949》（採訪組期刊股，
　　1971.11）。
10.《中華民國出版圖書目錄》（1970 年度）（編目組，1972.02）。
11.《中譯外文圖書目錄》（特藏組，1972.04）。
12.《中國近代人物傳記資料索引》（閱覽組，唐潤鈿，1973.05）。

期刊論文篇目目錄

　　國圖採訪組期刊股、張錦郎編，《中國近二十年文史哲論文分類索引》
（臺北：正中書局，1970.11）。收錄國圖所藏臺灣 1948-1968 年刊行期刊
261 種，論文集 36 種，凡篇目 23,626 篇。嗣後，1968 年以後出版論文索
引，陸續附載於《書目季刊》。

國家目錄中心

　　經包館長倡議，1969 年元月 3 日正式開放「國家目錄中心」（1971 年
7 月 9 日易名遵彭室），先將館藏各種目錄、索引、書評、研究指南等集中
陳列外，並將採訪、購置各國著名圖書館的藏書目錄、專題目錄、國內外
學術論文索引及研究工作的最新資料等。他認為該中心應全力蒐集，將來

藉此來推動國內「館際借書」工作，供應學術界以最新科學研究情況資料，且能使國圖逐漸發展成一「圖書館之圖書館」。

國家圖書館承擔的功能之一是編印該國國家書目、聯合目錄及專題書目等，備供全國圖書館書目資源共享及學術研究之用。復館之初特別重視編印書目和索引的基本工作，為國圖日後目錄服務奠基。

（七）善本圖書縮影化

1967 年 7 月 1 日成立縮影室，攝影館藏的善本書，以應各研究機構與讀者的需求。1968 年 2 月 19 日報奉教育部核定《國立中央圖書館善本圖書申請影印及攝製管理辦法》（全 12 條），自 3 月起施行，俾供臺灣各出版社影印古籍，發揚中華文化，使館藏善本圖書廣為流傳。1973 年擬訂「本館現藏善本及重要線裝書攝製微捲計畫」，預定 5 年內完成。經教育部核准後，1973 年 7 月 16 日開始全面攝製館藏善本微縮膠捲。直至 1979 年 9 月，完成館藏善本及重要線裝書攝製，共計拍攝 13,105 部，完成負片 6,460,175 頁（幅），組合成 12,213 捲。

（八）閱覽服務

國圖於 1956 年 2 月 20 日正式開放閱覽；先後開放西文閱覽室、中文閱覽室（旋中西文閱覽室合併）、青年閱覽室、參考室、期刊閱覽室。1 年內，從 1 間閱覽室僅有座位 75 席，擴展到共 4 間閱覽室 300 席。並且辦理參考服務。

1956 年 6 月 25 日取消領木牌入閱覽室的辦法，改用閱覽證；8 月 20 日開始出借圖書，限館內閱覽。

當時因義務教育的普及，中學人數激增，採二部制，教室整天上課，中學圖書館容量不夠，於是中學生都前往公共圖書館，使其成為中學生的

自修室。國圖在館舍建築初步改善後，自 1962 年度起，限制閱覽人年齡需滿 20 歲，方能進館。因為中學生減去，於是成年人增加，利用館藏，從事研究，因而達到了國家圖書館設立的宗旨。

1964 年完成建築改善，時國圖閱覽室及參考室，計分：一般參考、人文科學、社會科學、自然及應用科學、期刊、善本、官書、音樂、美術、法學、東方語言及輿圖室等。尤其國圖設立音樂、美術、法學、輿圖等專門學科閱覽室，一則便利讀者使用，一則使專科閱覽室得以發展，這使國內圖書館事業邁進了一步，不再是只有書庫及普通閱覽室。特別是美術和音樂兩室，不但提供美術畫片的欣賞及圖書的閱讀，還有唱片的欣賞、音樂的演奏（置琴房備鋼琴）及幻燈的介紹，每週六晚間必有一個活動，促進讀者對音樂與美術的瞭解。

善本閱覽

國圖遷臺後，聯管處偏處中部鄉間，善本閱覽工作被迫停頓。乃將所攜出普通本線裝書寄存省立臺北圖書館，供讀者借閱。1954 年復館後，特藏組仍留中部，以典守善本。在臺北國圖設有善本閱覽室，掌理善本閱覽工作。初期因往還取書不便，館舍空間狹小，善本閱覽的申請，限於學術研究所必需者。1956 年 12 月國圖編竣該館善本圖書總目裝箱號索引，以便檢索。1958 年元月特藏閱覽室正式開放，專供閱覽善本書、輿圖地圖、金石拓片及美術圖籍之用。1960 年 5 月，國圖興建門廳大樓落成，並在善本閱覽室後附設特藏書庫，飭由特藏組主任昌彼得自臺中北溝書庫選提善本書複本 1 萬 6 千餘冊，運存臺北，原寄存省立臺北圖書館線裝舊籍萬餘冊撥回，7 月開放讀者來館取閱。1961 年善本圖書始捨箱式，改用櫥式放置，以使圖書提取便利，並易於典藏。

1966 年 3 月國圖北溝所存善本書，悉數運回臺北南海路；併北圖運臺善本置展覽室及講堂，以原輿圖室為特藏組辦公室。

自復館以來至善本書從霧峯北溝全部運到臺北館舍為止，長達 12 年，當臺北特藏組有讀者要利用善本書時，就由呂起森（1916－1998）擔任運

送古籍的工作。他是 1948 年底自南京隨船護送善本書到臺灣落腳北溝的老同事。在北溝，平均每兩週往還霧峯、臺北之間乙次，每次將古書裝在一牢固的皮箱，搭臺糖小火車（八七水災後改乘公路班車）到臺中，再轉搭火車到臺北，隔晨再將閱畢古籍及新開提書單攜回霧峯，從未閃失，其敬業精神，深受全館同人推崇敬重。

　　喬衍琯於 1957 年至 1960 年就讀師範大學國文研究所目錄學組，有一年暑假被安排到霧峯善本書庫中「做學徒」。「當時書都放在木箱中，封存堆集起來，需要時才從書目中查箱號，再找出箱子的位置。如果堆在下面，還得把上面和兩旁的箱子搬開，再開箱找書。找出後，將箱釘好。所以在臺北申請看善本的人開上一張書單，書庫便得大索天下。還書時又是一番搬動。1959 年間，喬衍琯調到特藏組工作，在臺北擔任善本閱覽工作。為了提書還書，不時前去霧峯善本書庫，並做三、五天以至一兩星期的停留。」（喬衍琯）

善本圖書海外展覽

　　1964 年紐約世界博覽會（New York World's Fair 1964/1965）假法拉盛可樂娜公園（Flushing Meadows－Corona Park）舉行，展期分為 1964.04.22－10.18 和 1965.04.21－10.17 兩梯次。國圖也提選善本書 25 部、27 冊及輿圖 2 軸參加。國圖編輯喬衍琯於 1964 年 3 月 22 日在舊金山迎候美葛菲號運輸艦護送展品轉運紐約展場。1965 年 4 月 19 日派總務組主任張東哲前往接替喬衍琯。1965 年 11 月 23 日國圖展出善本書隨著原北圖寄存美國國會圖書館善本書 102 箱運回國圖。

（九）全國圖書館業務的推展

第一次全國圖書館業務會議

　　稍早，教育部依《圖書館事業研究委員會組織規程》，聘請王雲五、毛

子水、袁同禮、蘇薌雨、嚴文郁、屈萬里、吳光清為委員（無給職），以研
究圖書館的改進事宜。1960 年 3 月 12 日中國圖書館學會會址遷入國圖。
1971 年 7 月 15-16 日配合國際圖書年，舉辦了「第一次全國圖書館業務會
議」，有 1 百餘名各館代表參加，提出論文 22 篇、提案 13 件、臨時動議 5
件。（辜瑞蘭）

圖書館專業教育

　　1957 年國圖與省立師範大學國文研究所合辦目錄學組碩士班。經費由
教育部補助，修學 3 年，以專攻目錄版本和圖書館學為主，並在國圖實習。
惜僅辦理一屆，旋告停辦。畢業者有盧荷生、周駿富、喬衍琯、劉清、張
朋園、皮述民、陳幼睿等人。除國圖留用 3 名外，洽請臺師大圖書館、政
大圖書館、國防研究院圖書館各任用 1 名。

　　1971 年 10 月 4 日在亞洲基金會贊助下，國圖設「圖書館學研究班」，
招大學非圖書館學系畢業生 16 名，施予 9 個月訓練，1972 年 7 月結業。「其
課程相當於大學部圖書館學系課程」。

　　「同年政治大學與國圖合作在該校成立中國文學研究所目錄學組，於
1972 年 6 月增招 5 名研究生〔李健祥、孔建國、許文淵、唐明敏、王國良〕，
從事目錄版本研究，課程重點在目錄學、版本及中國古籍的研究整理。亦
僅辦一屆。」（王梅玲）

館際合作

　　1968 年 12 月 7 日及 1969 年 12 月 30 日《中華民國公共圖書館館際圖
書互借合作辦法》（全 13 條）、《中華民國大學圖書館館際圖書互借合作辦
法》（全 13 條）先後在國圖分別簽約。國圖自願負起聯繫各館之責。

　　1971 年 9 月 1 日與出版社聯絡，推行「新書附印編目片」（至 1990 年
2 月停止），在新出版的書中刊印，以減少各館編目上的困難。

（十）主要出版刊物

1966 年 2 月，開始編印《每月新到官書目錄》。

1967 年 7 月 20 日，《國立中央圖書館館刊》（季刊）復刊，由國圖編輯，交由臺灣學生書局印行。第 2 卷闢有「玄覽堂秘籍選粹」，陸續影印陸游著《家世舊聞》、《敦交集》、《楊鐵崖先生外紀》、徐晟撰《徐陶園存友札小引》。第 3 卷第 1、2 期改由正中書局印行。自 3、4 期合刊起由國圖印行。1974 年第 7 卷 1 期起改為半年刊。1996 年 6 月，改刊名為《國家圖書館館刊》（半年刊）。

1967 年 7 月 17 日，開始在《大華晚報》〈讀書人〉週刊，特闢「國立中央圖書館每週新到西文要籍簡介」專欄，每期介紹 6-8 種。

1969 年 3 月 25 日，英文通訊《National Central Library Newsletter》（季刊）創刊。

1970 年 1 月，創刊及出版《中華民國期刊論文索引》創刊（月刊），每年編彙編本及《中華民國出版圖書目錄》，按卡片形式排印，每年編彙編本。1972 年 1 月，創刊《中華民國政府公報索引》，由韋魯生主編。

上開索引目錄刊物的編印，為今日國家圖書館書目資訊服務奠定了基礎。

五、文化建設時期（1977 年至 1995 年）

1977 年 3 月 31 日教育部借調王振鵠（1924－2019）擔任國圖第 6 任館長。1982 年 6 月復聘為第一任兼任漢學研究資料及服務中心（1987 年 5 月 5 日改稱漢學研究中心）主任。嗣後，國圖館長、代理館長兼中心主任已屬通例。1989 年 8 月 1 日楊崇森接掌國圖，為第 7 任館長，1992 年 4

月 1 日楊館長榮調經濟部中央標準局局長。1992 年 5 月 5 日曾濟羣接任館
長，為第 8 任館長。

（一）組織和人員

國家圖書館組織條例

　　國圖組織條例自 1945 年 10 月修正公布以還，50 年未予修改。「在臺
復館，國圖奉核撥預算員額僅 65 人。」（余東卿）當 1982 年 6 月時，由於
國圖業務繁劇，人力實在無法有效推展館務活動，「歷年來，因業務實際需
要雇用額外人員 39 人。目前在館服務人員，除館長及主任外，現有編纂 3
人，編輯 25 人，幹事 13 人，雇員 8 人；額外人員包括額外幹事 5 人，助
理員 27 人，管理員 8 人；約聘人員 10 人；此外，技工、工友、工讀生等，
總共服務人員 133 人」。

　　1985 年 5 月 1 日政府制定頒布《教育人員任用條例》，1986 年 7 月 3
日教育部訂定發布《教育人員任用條例施行細則》；國圖聘任人員係《條例》
中規範的「社會教育機構專業人員」，本適用該《條例》，而不再援引適行
《國立中央圖書館聘任人員遴聘辦法》。教育部於 1996 年 12 月 30 日始廢
止該《遴聘辦法》。

　　1983 年 4 月 30 日國圖報請教育部恢復國圖法定員額編制案，9 月 6
日教育部派員到國圖組織員額評鑑。1984 年 1 月 27 日國圖圖書館事業研
究委員會會議研討「國圖組織條例」修訂事宜，9 月 19 日教育部召集會議，
討論國圖組織編制修訂事宜；為配合 1986 年新館落成啓用，業務更形繁複
而多元，同意先由國圖報請增加預算員額，迨修改組織條例再詳予研究。

　　1988 年 11 月 1 日，行政院審查「國立中央圖書館組織條例修正草案」，
王館長出席報告，行政院為提升國圖的服務品質及因應未來業務的發展，
乃通過將國圖組織條例修正草案函送立法院審議。館長楊崇森主政時，1991
年 12 月立法院教育、法制委員會聯席會議，立法委員吳梓、林鈺祥等，認

為可仿美國國會圖書館制，經會議通過將國圖的位階提升至「隸屬於行政院」，總員額增至 80 名並提高各職稱人員的職等，增置副館長、主任祕書等職位與增設參考組、資訊組、輔導組和研究組。審查的決議與行政院原提案不符，教育部長毛高文致函行政院，表明「該館仍以隸屬教育部為宜」。因此，本草案乃被立法院擱置，以俟他日的協商。

　　1995 年 7 月 5 日教育部部務會議，館長曾濟羣提出國圖組織法修正草案亟需完成立法程序，部長郭為藩裁示：請國圖再檢討其適切性，加強與立院相關委員會聯繫溝通，適時完成立法程序，以應需要。經國圖各方溝通，立法委員丁守中提出將修正草案優先列入院會討論議程。1995 年 12 月 29 日立院程序委員會將修正草案列入討論事項第 4 案。1996 年 1 月 5 日及 9 日進行二、三讀會。在二讀會首由教育委員會洪秀柱領銜提出修正案，擬建議修正國圖恢復隸屬於教育部，並配合修正相關條文。經溝通、協調、折衷，最後通過「《國立中央圖書館組織條例》，修正為《國國家圖書館組織條例》」；總統於 1 月 31 日令公布。除國立中央圖書館改稱國家圖書館外，繼續原有國圖組織架構中的採訪、編目、閱覽、特藏組，並將原行政院核定任務編組的國際標準書號中心與書目資訊中心予以法制化，正式稱為中心。出版品國際交換處納入新組織法。新增 4 個業務組，即參考、資訊、輔導、研究組。「職員預算員額為 100 人。另約聘雇人員預算員額為 43 人，駐衛警預算員額為 7 人，技工工友預算員額為 16 人。」（余東卿）本組織法（全 14 條）的通過，也代表國圖邁向資訊時代的新紀元。

漢學研究中心計畫

　　學術界很早就希望將臺灣發展成為一個漢學研究的重鎮。行政院院長孫運璿於 1979 年 6 月巡視教育部業務時，指示教育部應將漢學研究，及加強國內外學者的學術性服務，列為施政的一項重點。國圖遵照教育部部長朱匯森指示，於 1980 年 3 月研擬「籌設漢學研究資料暨服務中心計畫」報部。1980 年 4 月 22 日教育部函轉行政院修正核定。依該核定本，漢學研究資料及服務中心，置主任 1 人，由教育部部長聘任，副主任 1 人；資料

組、聯絡組，各置組長 1 人，幹事 3-5 人，均由國圖人員兼任；並得於國
外置聯絡員；並得聘顧問。另設漢學研究資料及服務中心指導委員會，由
教育部部長聘委員 13-17 人，主任委員由委員互選，至少每半年開會一次，
研訂重要改革方針。該中心及其指導委員會均暫設於國圖。由國圖兼辦籌
備業務。1987 年 5 月 5 日更名為「漢學研究中心」。

館員海外研習

美國俄亥俄大學圖書館館長李華偉，向香港校友邵公權募集 25 萬美
金，成立了「國際圖書館員培訓計畫」（Inrernational Librarian Intership），
使得每年都可以多資助 5 位亞洲圖書館館員，到俄大圖書館接受 3-6 個月
的在職訓練。自 1981-1999 年，凡 19 年。國圖協調該館會計、人事單位，
選派同人以留職帶薪，前往短期研習 3 個月。先後有 1984 年 5 月採訪組王
錫璋與編目組江綉瑛、1985 年 8 月下旬祕書室薛吉雄、1987 年 3 月 29 日
採訪組林呈潢、1989 年 8 月 15 日漢學研究中心顧力仁奉派前往。

另 1987 年 3 月 15 日派漢學研究資料及服務中心編纂蘇精赴美華盛頓
大學東亞圖書館交換訪問 3 個月。

（二）館舍建築

1977 年 9 月政府宣布推動文化建設，國圖乃積極規劃並爭取新館籌建
事宜。1978 年 10 月行政院通過國圖遷建案。其後經過 3 年的努力，辦理
土地徵收、地上物拆遷、徵圖、設計、招標等項工作；新館於 1982 年 10
月 12 日動土興工，迄 1986 年 9 月 28 日落成啓用。國圖自籌備處以來，50
餘年一直企盼有一所自己的館舍，至此終能實現。遷建工程奠定了國圖發
展過程中的基礎，自此伊始，各種服務一一展開。

其間，原有館舍於 1978 年 6 月完成全館閱覽室空調計劃，總計裝箱型
冷氣 66 噸及窗型冷氣大小共 33 部。特藏組善本書庫及閱覽室置氣冷式中
央系統空調。用以改善讀者閱覽及圖書資料的典藏環境。

（三）館藏發展

　　1982 年 9 月 1 日館務會議決定，自本日起所有入館資料，全部先由採訪組登錄後再分送各單位處理。1985 年 2 月 4 日決定遷新館後業務依「統一採訪、集中編目」的原則處理。1981 年漢學研究中心成立，經行政院核定為特種資料典藏單位，仍得以蒐藏中國大陸出版書刊。

　　1984 年時國圖購書費 500 萬，1985 年為配合遷建新館，行政院正式核備國圖所提「充實圖書資料專案計畫」，特增撥新臺幣 1 億 2 千萬元，分年購增館藏，而國圖的年購書經費即自 1989 年度起，擴增為 2 千 5 百萬元。「但這數目不但較先進國家相去甚遠，即與臺大圖書館、中科院相比，亦瞠乎其後。」（楊崇森）

　　新館落成啟用，積極蒐集各類型資料，充實館藏，建立館藏特色，至 1987 年館藏圖書數量已突破 100 萬冊。至 1995 年底，館藏各類型資料量，已超過 200 萬冊（件）。

館藏發展政策

　　國圖於 1987 年 10 月首次訂定《國圖館藏發展政策》，俾供有系統有計畫的建立館藏。其後為「配合國圖的任務與未來發展，因應全球性數位出版與數位閱讀的發展趨勢，為館藏徵集提供工作準則」，歷經 1994、1996、2001、2012 年的修訂。2018 年 7 月第 6 版修訂完成。主要內容仍分〈前言〉、〈任務與服務對象〉、〈館藏發展政策〉、〈附錄〉4 部分。在〈館藏發展政策〉分為 11 個次單元，首為「通則」、次依「圖書資訊類型」、殿以「南部分館」。依據「通則」就各類型圖書資訊分項進一步說明館藏發展的原則，包括蒐藏範圍、館藏概況、徵集政策、徵集工具、採訪分級、館藏評鑑與維護。〈附錄〉臚列相關法規 4 種、國圖作業要點 6 種、國圖與國外學術機構及圖書館簽署合作協議一覽表（2005.03-2018.5，共 56 個）。

中國國際圖書館

1993 年 9 月 23 日，教育部將南美烏拉圭共和國的中國國際圖書館所藏圖書，全部運抵國內贈予臺北國圖。這是國圖在臺灣復館以來較大的一次入藏圖書，填補了國圖所缺在大陸時期於 1912 年至 1949 年出版中文圖書的館藏。

中國國際圖書館（Bibliotheque Sino-International）為李石曾集合國內外名流所創辦。宗旨有四：1.介紹中國數千年的文化於世界，以期各國多數人士對於中國有正確的認識；2.以中國出版及繕寫的種種材料，供國際機關的諮詢與參考；3.供中西學者關於中國國際間學術的研究，期得溝通中西文化較大的效率；4.以國際機關或他項刊物供中國人士的閱覽與研究。計劃確定於 1932 年。總館設在瑞士，稱日內瓦中國國際圖書館，成立於 1933 年，7 月 1 日正式開放，館長胡天石（1901 - . ；祥麟）。

1934 年上海中國國際圖書館成立，是為分館，係就世界社原有圖書館改組而成，主任馮陳祖怡，人員有靳鴻、董希白、Douglas Atcheson、周煜及助理練習生等 15 人。（馮陳祖怡）1934 年 10 月、1937 年 4 月分別舉辦「世界圖書館展覽會」和「世界百科全書展覽會」。

自 1932 年 5 月籌備時期起，教育部即每月補助經費 4,000 元，並將該館全年補助費列入預算，年度 48,000 元。據程硯秋（本姓承，滿洲正黃旗，四大名旦之一）《程硯秋日記》載：「程永江曾回憶：『該館主要收藏是胡天石家藏和其外祖父家藏書 4,000 冊，李石曾家藏書 2,000 餘冊，南通張謇季直先生藏書 5,000 冊，中國銀行總裁盛朗齋的 12 個楠木櫃藏《圖書集成》全部。4 家藏書作為基礎興辦起來這家圖書館』」（雷強、湯更生）。程永江（1932 - 2014）為程硯秋之子；1934 年創刊《東西文化》（*Orient et Occident*），至 1936 年終共發行兩卷 24 期。「1935 年 1 月 5 日上海圖書館學校陳樹茂、劉崇仁、蕭喧宗、齊濟儕等 4 位學生在中國國際圖書館上海之部負責人馮陳祖怡的帶領下，抵達日內瓦，開始在館中工作。該校學生游保良、孫永齡 2 人已任職於此。」（雷強、湯更生）。〔此處「學生」係指

「畢業生」。〕

　　劉崇仁（1914－1983）任該館編目部主任，1947 年回國任國立山東圖書館採編部主任。來臺後，1947 年任省立臺東圖書館採編部主任。1952年應李石曾之邀，遠赴法國李昂籌辦中國國際圖書館。1956 年返國任省立臺北圖書館南方資料研究室研究員。1961 年轉任國圖閱覽組主任，直到1981 年元月退休，由編輯張錦郎暫代並真除主任乙職。1963 學年度創設世界新聞專科學校圖書資料科，並任科主任，迄 1983 年 10 月 3 日逝世。

　　1949 年中國大陸易手。1950 年，李石曾經何篤修（Hugo Feuando Artuccio）的引介，獲得烏拉圭文教部長同意，爰出資美元 2 萬，於 1953年 6 月 19 日由蕭瑜（1894－1976；原名蕭子昇）夫婦將該館館藏悉數裝箱，自日內瓦押運抵孟都（Montevideo，Uruguay），置放烏拉圭國家圖書館 2樓，惟館務一度陷於停頓。1981 年 8 月，經我駐烏大使夏功權發起，始再度開箱上架。

　　1983 年 1 月 16 日教育部應大使夏功權的要求，派國圖編輯黃淵泉、故宮王福壽赴烏編目，歷時半年，完成中文舊籍考訂工作，黃淵泉 8 月 8日回國上班；並於 1984 年 6 月由國圖出版《中國國際圖書館中文舊籍目錄》乙冊。

　　1993 年春，臺烏雙方達成協議，由我教育部提供美元 30 萬贈與烏國國家圖書館作為圖書館自動化設備經費，世界社開具授權書，教育部即於1993 年 6 月派國圖編纂黃淵泉專程赴烏辦理藏書運回事宜。1993 年 9 月23 日入藏國圖，1994 年 5 月 19 日起在國圖開放閱覽。

　　這批入藏國圖書刊，線裝書有 1,610 部、39,297 冊（48%），舊平裝書15,722 冊，期刊、公報及統計 641 種、10,732 冊，西文圖書 6,600 冊。其中線裝書包括明刊本 16 種、433 冊，清刊本 748 種、22,423 冊。清刊本依年分，乾隆以前版本 85 種、2,903 冊，嘉慶、同治、咸豐朝版本 215 種、4,790 冊，光緒朝出版者 420 種、14,374 冊；民國時期出版者 15,029 冊；日本刊本 18 種和高麗刊本 5 種，共計 208 冊。（陳德漢）

出版品國際交換

　　1977 年 5 月 11 日國圖縮影業務由總務組移交換處辦理。1981 年 1 月 5 日館務會議決議國際書展由閱覽組改由交換處接辦。

　　1983 年 7 月 1 日起開始實施「國內報紙縮影攝製計畫」,先行縮攝 1974-1983 年所出版《聯合報》、《臺灣新生報》、《中華日報》、《中國時報》、*China News* 5 種。

　　1988 年 4 月 26 日交換處進行業務自動化規劃。

　　1993 年行政院研考會委託國圖辦理政府出版品海外寄存業務,經長時間多次書信往還,洽得國外圖書館同意,1994 年確定 25 個優先寄存圖書館、17 個部分寄存圖書館。並自 1994 年 3 月起,交換處「出版品國際交換管理系統」連線官書股《中華民國政府出版品目錄線上系統》的公用目錄查詢,擷取所需書目資料並下載交換處管理系統,再由交換處發函徵集。增強了政府出版品的交換作業。經交換所得外國政府出版品,主要來自各國國家圖書館,依來書穩定性與數量排名,前 10 大者為日、美、德、俄羅斯、澳洲、英、智利、星加波、法、加等國。(李筱眉)

臺北國際書展

　　為增進國際出版界與我國出版界的交流,激起全民讀書風氣,推展「書香運動」,1987 年 12 月 15 日至 21 日由行政院新聞局、國圖、幼獅公司聯合舉辦「中華民國臺北第 1 屆國際書展」(Taipei International Book Exhibition;TIBE)假國圖舉行。本屆主題為「從知識中尋求智慧──在傳統中開創新局」。國圖交換處主任汪雁秋辦理國際館國外聯繫籌備工作。共有包括我國在內來自 12 個國家及地區,計 67 家出版社,85 個展覽攤位。書展期間並舉辦多項專題演講會與座談會。本書展初為每兩年舉辦乙次。國圖共辦理了前 4 屆。第 2 屆(1990.01.13-01.17)起,固定在臺北世界貿易中心舉行。第 5 屆(1996.01.19-01.24)起,交民間辦理,由出版公協會接手,規模越來越大。第 8 屆(2000.02.16-02.21)起按年辦理。第 13 屆

（2005.02.15-02.20）起，改由書展基金會主導，之後，持續舉辦迄今未輟。

國際標準書號

國際標準書號（International Standard Book Number；ISBN，ISO2709-1972）是 1966 年 11 月在柏林舉行的第 3 次世界圖書市場研究和交易會議中的建議。當時很多出版家和書商希望利用電腦來加速出版發行訊息的傳遞，及處理圖書訂購工作，以簡化手續，所以建議用一組號碼代表每種新出版品。這個號碼要被各國共同接受，於是產生了國際標準書號制度。「這一制度對於圖書館的圖書採訪和管理也有些幫助，而最重要的是便利了出版業的營運發行。」（王振鵠）

王館長鑑於「世界各國出版資料數量激增，以及研究工作對資料急切需求，各國圖書館界多與出版界合作共同解決有關的問題，其中如：目錄控制的方法、資料傳佈技術、優良讀物推薦，以及參考工具書的編印等，其目的無非在即時而有效的提供讀者更完善的服務。而在雙方合作關係上最受到國際間普遍重視的則為「出版品編目」（Cataloging in Publication；CIP）、國際標準書號制度。」（王振鵠）

1981 年 8 月，王館長推派「全國圖書館自動化規畫委員會」「中國機讀編目工作小組」的委員胡歐蘭（淡江）、李德竹（臺大）、黃克東（銘傳）、黃鴻珠（淡江）前往東德萊比錫馬克斯大學（Karl-Marx University）參加第 47 屆國際圖書館協會聯盟（IFLA）年會，國圖委請他們會後訪問設在西德西柏林普魯士文財國家圖書館（Stroct Biblioteket）的國際標準書號總部（International ISBN Agency）去接洽，希望申請到一組代表臺灣地區的區域代號。經與負責人 Wawarsig 先生洽商，國圖事先做了相當的準備，提出了臺灣出版情況等資料，事情進行得很順利，當即根據「國家、地區標準編號」（ISO-3166-1981 Code for the Representation of Names of Countries）取得一組國家和地區代號「957」，做為代表臺灣出版品的地區號碼。（李德竹）

惟當時社會人士對 ISBN 的重要性尚未體認，經過了 8 年。1988 年 4

月國圖再次陳報教育部有關國際標準書號推動的急迫性。教育部於 6 月 9 日召集有關單位研商推展工作協調事宜；6 月 17 日行政院新聞局出版事業處再召開後續會議，會中一致通過由國圖擔任我國國際標準書號制度的執行機構，並由新聞局呈報行政院。1988 年 7 月 27 日行政院正式核准國圖為中華民國國際標準書號制度的權責單位；同年 9 月國圖組織「國際標準書號研究小組」，由王館長主持，胡歐蘭主任為協同主持人，小組成員有江綉瑛、李莉茜、林呈潢、范偉敏、曾堃賢、劉春銀等，負責研究及籌備標準書號的實施；1989 年 2 月編印《國際標準書號實施及推廣工作研究報告》乙冊。1989 年 5 月 12 日擬具「籌設中華民國標準書號中心計畫」專案呈報教育部轉陳行政院。1989 年 7 月 1 日在採訪組轄下設置「國際標準書號中心」，國圖開始受理全國新書 ISBN 的申請，胡歐蘭、林呈潢進行行政及相關業務，廖玉燕、周富美負責編碼和出版社連繫，系統由范偉敏開發，建立於王安 VS100 主機上。

1990 年 2 月 1 日國圖正式成立「中華民國國際標準書號中心」，由編輯李莉茜負責中心業務，張靜怡、崔瑩、鄭淑芬、廖賢娟等陸續加入工作，正式開始實施全國出版品國際標準書號申辦登記作業，申請資料以編目格式建檔，為我國出版界提供 ISBN 服務；此項服務同時又與「出版品預行編目」（Cataloging in Publication; CIP）結合，從而提高了出版界出版品送存率，有助於全國出版物的保存。（李莉茜）1990 年 2 月規劃 ISBN/CIP 作業系統，改在天登（Tandem）主機上開發設計整合性的書號中心作業系統，委託凌羣公司張佳章、卜小蝶等開發。1993 年又增加了轉檔功能。

在此期間，1988 年中國大陸出版界在國際標準書號總部取得國家或地區代號「7」，該總部曾來函徵詢意見，最終並沒有影響到臺灣地區採用「957」書號問題。（王振鵠）

1992 年 9 月，CIP 資料開始上「全國圖書資訊網路（NBINet）」，每月將 1,000 筆資料批次轉入 CATSS 系統，以線上方式提供各合作館最便捷的新書目錄。

另自 1992 年 7 月起兼辦國際標準期刊號（International Standard Serial Number; ISSN, ISO 3297-1975(E)）代轉件申請業務，轉寄國際期刊資料庫系統國際中心（International Serial Data Systems, International Centre；ISDC/IC），並提供轉換拼音、條碼印製和應用等相關諮詢服務。

2015 年王館長在祝賀《全國新書資訊月刊》發行 200 期撰文，稱：

> 1989 年 7 月正式實施國際標準書號的編配與推廣，以及國內出版品預行編目，至此可謂國家圖書館書目控制的最後一塊拼圖完成。一個縱橫古今的書目藍圖於焉呈現。從縱的方面來說，它掌握了從古至今的古籍文獻書目；從橫的方面來說，它遍及了臺灣各類型出版品的書目。至於全國書目資訊中心的任務，就是在國家圖書館書目控制的基礎上，去統合並分享全國的書目資源。

（四）圖書整理

本時期開始規劃推動中文圖書自動化作業。「1964 年美國國會圖書館試行線上書目檢索（Online Bibliographic Retrieval），兩年後機讀編目格式（MARC）啓用。再一年，線上電腦圖書館中心（Online Computer Library Center; OCLC）成立，一時以書目為主的自動化風起雲湧，成為全球圖書館發展的趨勢。」（王振鵠）

規劃之初，王館長曾向同人說明，「這項工作是受到資訊發展的情勢，和國內外圖書館界的要求進行研究。中央圖書館是國家圖書館，要承擔對國內外圖書館中文圖書目錄作業研發的責任。基於使命感只有勉力而為。」

中文圖書自動化作業

1980 年 4 月，國圖與中國圖書館學會為改進圖書資料管理作業，提高資訊服務品質，合作組織「圖書館自動化作業規劃委員會」，研訂「圖書館

自動化作業計畫」，報請教育部轉呈行政院核准實施。該規劃委員會的任務
為研究、制定、推展、執行各規劃事項，由圖書館界及電腦專家 20 餘人組
成，所獲主要成就有 1.國家標準技術規範的制訂，包括中文圖書資料建檔
標準規格，如《中國機讀編目格式》(Chinese MARC Format)、《中國編目
規則》、《中文圖書標題總目》、《國立中央圖書館文獻分析機讀格式》及《中
文資訊交換碼》(CCCII)；2.國家書目資料庫建立。1982 年 12 月國圖成立
電腦室，裝置王安 VS100-16F 型電腦，開始建立書目資料庫，展開書目資
訊服務(NCLAIS)。本項圖書館自動化作業，成功帶領我國圖書館中文圖書
作業，由人工轉換為自動化；且順應時代潮流，利用電腦，進行合作與資
源分享。這是華文世界（包括港澳星及大陸地區在內）第一個圖書資料自
動化作業成功的範例。

　　1984 年 2 月 1 日起，中文圖書編目工作開始自動化。1987 年 6 月，國
圖書目資料庫，已有中西文書刊、期刊論文索引、政府公報索引、善本書
總計 245,046 餘筆，奠定期刊論文索引系統及全國圖書資訊系統等索引目
錄系統的基礎，使國圖逐漸成為全國出版物最大的書目資料庫；另由於圖
書館自動化作業需要，新編目規範替代傳統的規則，成為大學圖書館系「中
文圖書分類編目」授課核心，使我國圖書館事業與發展，向圖書館自動化
的目標推進。

　　1981 年 2 月 14 日國圖特舉辦「中文圖書資料自動化國際研討會」，發
表我國圖書館自動化的成果，頗受各國讚評。1982 年 8 月 29 日至 9 月 1
日澳洲國立大學及香港大學共同舉辦「中文書目自動化國際會議」，力邀國
圖遴選代表參加會議，國圖採訪組主任胡歐蘭與圖書館界電腦界等 6 人前
往澳洲首府坎培拉出席。同年 10 月 17 日為宣揚研究成果，國圖特組團參
加美國資訊科學會第 45 屆年會，舉辦「中文資料處理及電腦輔助華文教
學」專題研討會，由國內與會代表發表相關成果報告 10 篇，各方反應熱烈。
影響所及，1983 年 3 月 14 日在臺北舉行「亞太地區第一屆圖書館學研討
會」，各國相關人士反應熱烈，紛紛要求出席會議。凡此，在在提升了我國

圖書館界的形象。

待編圖書整編計畫

1989 年 8 月 1 日鑒於技術服務，是讀者服務的基礎，進行加速編目及建檔，擬訂「待編圖書整編三年計畫」，西文圖書引進國外書目光碟片(CD-ROM)，採抄錄編目(Copy Cataloging)，並加強電腦容量，提高電腦反應速率。中文圖書則雇用專業人員，以人工編目方式處理。

協助海外圖書整理

1988 年 1 月 2 日，國圖派編纂黃淵泉赴英國劍橋大學圖書館協助整編中文圖書，為期 1 年。1989 年 10 月 1 日編輯羅禮曼，派赴美國舊金山大學中西文歷史研究所協助整理中文圖書，為期 2 個月。

編製《中國文化論文目錄》

1980 年 3 月 17 日國圖同意擔任中華文化復興運動推行委員會出版「中國文化研究論著目錄」的編輯工作。編輯工作由國圖閱覽組主任張錦郎主持，邀喬衍琯、劉兆祐、王國良、林慶彰校訂。編輯人員有張錦郎（召集人）、王錫璋、吳碧娟、王國昭、錢月蓮；助理編輯人員有俞寶華、施希孟、劉美鴻、史習琴、李曉星、劉瑞蘭等。收錄 1946-1979 年間出版的期刊 901 種、報紙 15 種、論文集 205 種、行政院國科會研究報告 1,200 餘篇、學位論文 2,200 餘篇有關中國文化研究單篇論文，凡 12 萬 6 千餘條。原規劃 6 冊：1.國父與先總統 蔣公研究、文化與學術、哲學、經學、圖書目錄學；2.語言文字學、文學；3.歷史（一）史學、通史、斷代史、考古學、民族學、民俗學；4. 歷史（二）專史學科史；5.傳記；6.著者索引。「首先於 1982 年 12 月出版第 1 冊，收錄 20,641 篇；次於 1985 年 12 月出版第 5 冊，收錄 29,574 篇；續於 1988 年 1 月出版第 2 冊，收錄 23,111 篇；接著於 1990 年 11 月出版第 3 冊。4 冊共 3,298 頁。其餘兩冊有著錄卡片，但未付梓。」（張錦郎、釋自衍）該 4 冊書交由臺灣商務印書館印行。

（五）閱覽服務

　　1990 年，在閱覽服務方面，實施多項措施，加強讀者服務。1.將採訪組業務屬讀者服務（含典藏）的期刊及官書（政府出版物）部門改隸閱覽組，採訪組完全負責圖書、期刊、官書及非書資料等的徵集工作（1990.09.17）。2.將讀者申辦閱覽證服務臺自地下一樓移置 2 樓閱覽大廳讀者主要進口處，採電腦處理，隨到隨辦，也可用通訊方式申請；閱覽證改為永久有效，讀者資料若有異動，隨時鍵入電腦修正（1990.08.01）（簡家幸）。3.實施「一證通行制」新措施，讀者入館時，僅需在總入口處出示閱覽證，經光筆掃瞄該證的條碼，即可通行各閱覽室，手續簡便（1990.05.01）（簡家幸）。4.製作「電腦輔助讀者指引」，讀者可自行查詢使用以瞭解國圖閱覽室及館藏分布等各項服務（1990.07.26）。5.策劃好書交換活動，造成社會熱烈迴響。6.日韓文室改遷 6 樓（1990.10.02），並新增法律室（1990.12.01）。其後又先後成立輿圖室（1991.04.29）、視聽資料室（1992.02.12）等閱覽室。7.在閱覽區 2 樓開辦「新編圖書陳列展」，每次展出 120 種圖書，展期 2 週（1990.11.15）。由於各種新猷，加強了服務，國圖榮獲教育部 1990 年為民服務工作優等獎，閱覽組主任宋建成榮獲績優人員。

　　國圖本項業務調整，本著採訪業務集中、閱覽業務集中，集中人力物力提高績效。也使得原擔任索引目錄編製的同人進入閱覽組，無形中新增讀者服務部門就館藏編製索引目錄的業務，進而擴及日後自動化作業和典藏數位化服務。

　　1991 年楊館長提出「舊書交換」的想法，經閱覽組主任宋建成和嚴鼎忠規劃辦理「好書交換」活動。嚴鼎忠開創讀者意欲交換的好書，送到圖書館累計點數，在擇定的日期，公開以積點的方式，到場選擇所需圖書，按點交換的辦法。1991 年 8 月 13-18 日國圖策劃，臺北市立圖書館主辦、

時報文化事業協辦的「良書益友──好書交換活動」，假臺北市立圖書館總館舉行。「好書交換」活動及積點方式，遂流行於圖書館界。

讀者資格

　　讀者憑國圖閱覽證進出國圖閱覽區及利用館藏圖書資訊及設備。1986年9月28日國圖遷入中山南路現址，即先予修改《國家圖書館閱覽服務規則》，申請國圖閱覽證的資格予以放寬1歲，凡年滿19歲以上的本國國民；或未滿19歲的大學校院或具同等學歷的在學學生，可申請國圖閱覽證。國圖以為年滿19歲的人趨於成年，且大半已接受過高中教育，通常比較具有研究能力。及進入21世紀，國圖因應高中生入館需求，亦開放相關措施。自2003年起，國內高中的在校學生，因參加全國性、國際性比賽或專題研究撰寫論文等由，必須利用到國圖館藏書刊及館內各項資源者，可由學校出具公函申請後，入館使用館藏。

　　館長曾淑賢主政，鑒於近年來高中生因學校課業需要或個人興趣進行專題研究已成為普遍現象。國圖乃參酌各國國家圖書館發展趨勢，並考量因我國教育水準的提升，高中生已具備學術研究能力，自2011年7月1日起降低入館年齡限制，修正《國家圖書館閱覽服務規定》，凡年滿16歲以上的本國國民；或未滿16歲的高中、職或具同等學歷的在學學生，可申請國圖閱覽證，期望此一措施有助於我國學術研究風氣的向下紮根。為服務各年齡閱讀需求，世界各國家圖書館多戮力推動兒童及青少年圖書館，國圖亦將朝此方向努力，將以設立分館方式，設置國家青少年及兒童圖書館。

（六）參考服務

　　國圖新館設有一空間較大的參考室，並置專業參考館員6名（原為2名），1986年斥資購製全館第1部個人電腦，IBM原廠PC/XT，是單色銀幕，具360K阮氏磁碟機，配備256K RAM（新臺幣18萬元）。參考室為

服務讀者，取得國外複印資料，一為於 1986 年 9 月遷新館即開辦國際百科
（Universal Database Access Services；）線上檢索服務，包括 DIALOG 及
MDC(Mead Data Central)兩大系統；二為向 British Library Lending Division
申請複印。

　　1988 年開始引進國外光碟資料庫，如 ERIC、LISA、AV-Online、
OSH-ROM、SOCIOFILE 等。1991 年元月起再引進各種國內外電子資料庫，
如科技性全國資訊網路、中央社剪報資料查詢系統、中華民國企管文獻系
統、卓越商情資料庫、SSCI、A&HCI、PAIS、PSYCLIT、LIB.LIT、MLA、
ABI/Inform、American Company、International Company 等。為減少館員
在資訊檢索服務中必需經常更換光碟片的困擾，於 1993 年 12 月正式啓用
光碟網路。1998 年又引進具有全文影像的 TTS-WEB 報紙標題索引資料及
OCLC FIRST SEARCH 檢索系統。1991 年 7 月編印《臺灣地區各圖書館暨
資料單位館藏光碟聯合目錄》，並分別於 1993、1995、1999 年增訂出版，
其後改由資訊圖書館繼續編印。

　　1987 年 11 月閱覽組參考室完成《國圖參考服務準則》（全文 6,000
字），作為同人提供參考服務的規範。由閱覽組主任張錦郎主持，王錫璋、
宋美珍、錢月蓮、莊健國、呂明芳、陳淑芬草擬。共分 1.總論；2.服務對
象；3.服務項目；4.特殊需求服務準則；5.值勤時間及值勤其他工作；6.參
考服務準備工作；7.各專科閱覽室之參考服務等 7 章。本準則每 2 年評估
乙次。並作適當修訂，以符合新的需求。

（七）資訊圖書館

　　資訊圖書館不在國圖組織編制內，是一個新設的服務單位。「成立的緣
起是行政院政務委員李國鼎大力推展資訊工業和資訊服務，計畫參照國外
的辦法在臺北建立一座資訊大樓，主要的目的是匯合資訊相關的研究單
位，以此作為一個研究中心、展示中心與教育中心。李國鼎認為圖書期刊

對研究工作非常重要，希望中央圖書館能在大樓中提供資訊服務。」（王振
鵠）

　　1983 年 7 月行政院開會研議籌建資訊大樓 22 層（落成後改稱科技大
樓，在臺北市和平東路），作為集中資訊研究發展及展示訓練的場所，其中
1 層（13 樓前半部，247 坪）成立資訊圖書館，委由國圖負責籌辦。1987
年編纂辜瑞蘭奉派籌備。鑒於在科技大樓資策會設有「資料服務組」，爰雙
方成立聯合服務規劃會，置委員 5 人，首屆委員王振鵠、周誠寬、宋玉、
辜瑞蘭、黃宛華。主要任務：1.研討發展目標、政策、館藏蒐集範圍、服
務對象、服務項目、組織與分工；2.評估及督導業務的推展。雙方乃合作
成立聯合服務處，資料組由國圖負責，服務組由資策會負責。雙方各派人
員負責兩組的業務及協調。1988 年 9 月 16 日國圖資訊圖書館正式開幕，
由教育部次長施金池主持，資政李國鼎、資策會董事長王昭明、執行長何
宜慈都蒞臨致詞。李國鼎提到：「進入開發的國家，不是靠發財，而是靠知
識與努力，才能更進步，資訊圖書館的成立有新有的意義。」（顧力仁）

　　資圖提供有關電腦資訊科技及資訊工業特定資訊服務，旨在便利研究
人士共享電腦科技的研究資源。成立之初，國圖的工作人員除辜瑞蘭外，
還有黃麗虹、曾彩娥，及鍾阿宏。1990 年國圖與資策會結束合作，由國圖
全權營運迄今。

（八）遠距圖書服務系統

　　1992 年 5 月 5 日曾濟羣接任館長，適政府推動「國家資訊及通訊基礎
建設」（National Information Infrastructure；NII），責成國圖開發推動「遠
距圖書服務」，國圖乃繼開創《中華民國期刊論文索引光碟系統》（閱覽組
期刊股吳碧娟、宋美珍等同人）及《當代文學史料影像全文系統》（閱覽組
參考室王錫璋、莊健國等同人）、《中華民國出版圖書目錄光碟系統》（編目
組），分別榮獲 1993 年及 1994 年「中文資訊產品創作大賽」十大傑出資訊

產品獎，於 1998 年 2 月再推出《遠距圖書服務系統》(Remote Electronic
Access/Delivery of the National Central Library；READncl)，服務遠距離讀
者，使其不必到館便可透過全球資訊網（http：//www.read.net.tw），檢索國
圖開發各種資料庫的索引目錄資料，並將檢索到的索引目錄資料利用線上
直接閱讀、複（列）印、傳真、郵寄或電子郵遞等方式，立即取得所需文
獻全部內容，發揮了電子圖書館的效益。

　　本系統的資料內容，為 1.期刊資源：中華民國出版期刊指南系統、中
華民國期刊論文索引影像系統、國家圖書館新到期刊目次服務系統；2.政
府文獻：中華民國政府出版品目錄系統、行政院所屬各機關因公出國報告
書影像系統、中華民國政府公報全文影像查詢系統、國家圖書館新到公報
目次服務系統；3.專題文獻：當代文學史料影像全文系統、當代藝術作家
系統等九大系統。分由閱覽組期刊股、官書股、參考室建立並維護系統，
截至 1997 年 6 月，共有建檔資料 1,128,446 筆，影像資料統計量達 2,521,327
頁，共 181 片光碟。

　　本系統應邀參加資訊月「主題館」巡迴北、中、南部展出，深受好評，
並蒙人事行政局納入「革新楷模」報導。

　　這是國圖與工研院電通所合作，以自動化技術彙整我國各類圖書文獻
　　資源，建立完整國家索引目錄電子資料庫體系，進行國家文獻原文電
　　子化儲存，妥善保存我國各類學術研究成果，具有豐富的內容
　　(knowledge contents)，透過連線，提供國內外所需的網路資源，確
　　能朝向「無牆圖書館」的理念推進。

（九）大陸圖書展覽

　　1994 年 3 月 29 日至 4 月 4 日由國圖承辦，中華文化復興運動總會、
中華民國圖書出版事業協會共同主辦，海峽交流基金會協辦的「1994 年大
陸圖書展覽」，假國圖舉行，這是大陸圖書在臺灣公開陳列展出的第一次，

對兩岸的文化交流堪稱是一大突破。國圖閱覽組簡家幸規畫展場，展出來自大陸 176 家出版社出版圖書 16,800 種 18,411 冊；並有大陸出版業者 102 人組團來臺，可稱是一次大陸圖書具代表性的展覽。（翁慧珊、簡家幸）展後將全部展出圖書贈與國圖，同年 5 月 19 日國圖增設「大陸資料室」，開架陳列，供眾閱覽。及至 1996 年大陸資料室改由漢學中心接管。

（十）全國圖書館業務的推展

成立書目資訊中心

　　1990 年 7 月國圖成立「書目資訊中心」，1991 年 10 月 30 日啟用「全國圖書資訊網路（National Bibliographic Information Network；NBINet）線上合作編目系統」，與 16 所國立大學連線，互通有無，共同建立書目資料庫，冀能達到「一館編目，多館分享」的目標。

　　其後，參與該網路線上合作編目的圖書館有 26 所，包括主要的大學圖書館、省市立圖書館等，共同建立書目資料庫達 161 餘萬筆，不僅提供合作館相互使用，更開放非合作館免費分享書目資源。此網路式聯合目錄，提供具有合作編目及讀者檢索利用等多元化功能。其中也具備編目轉錄的供能。1995 年鑒於原有 Tandem 系統已不敷需要，經在合作館「新系統功能需求規劃小組」決定，採用了美國「INNOPAC 系統」，於 1998 年 4 月開放啟用，正式擔負全國圖書資訊網路營運的責任，開創了合作共享書目的新紀元。

人文暨社科館合組織

　　王館長曾說：「假如國圖要和各學術圖書館、公共圖書館、專門圖書館合作聯繫，國圖一定要擔當起主導角色，才能有效結合全國圖書館的資源來發展。」1981 年 8 月 22 日，國圖、臺大、政大、臺師大、東吳、中研院、國科會科資中心等 7 個單位籌備規劃的「中華民國人文社會科學圖書

館館際合作組織」（執行小組祕書參考室莊健國）於國圖召開成立大會，以
「建立館際合作關係，促進圖書資料之交流與利用」為宗旨。「主要的工作，
一方面推動館際合作、資料互借、複印服務；另一方面，謀求聯合目錄的
編製，有關人文及社會科學資料的開發利用等等。這對於國圖推動一些合
作計畫有很大地幫助。」（王振鵠）

文化中心圖書館工作手冊

1985 年 6 月 8 日奉教育部指示召集圖書館系科主任和教師連同國立臺
中圖書館與國圖代表 13 人，組成指導小組辦理輔導文化中心圖書館業務，
並由國圖負責編撰文化中心圖書館工作手冊，提供文化中心圖書館人員能
知圖書館的工作特性與程序。1987 年國圖編《文化中心圖書館工作手冊》
5 冊；計該年 6 月出版了選擇與採訪、分類與編目、相關法規彙編，1987
年 12 月再出版典藏與閱覽、參考服務。各書內容為業務職掌與工作目標、
工作項目、附錄（範例、圖例）。相關法規彙編則摘錄法律規章 7 種及相關
法規 14 種，提供工作人員執行業務時的參考與了解法令依據。

圖書館統計

國圖自 1979 年起，為了瞭解臺閩地區圖書館事業發展狀況，就各類型
圖書館進行全面性調查，並將人工統計的調查結果，公布於〈第 2 章　臺
灣地區圖書館事業現況〉，載於：國圖編，《中華民國圖書館年鑑》（臺北，
編者，1981.12）；另為從速提供各界參考，先於 1980 年 12 月發行單行本。
本調查分 1.國家及公共圖書館；2.大專院校圖書館；3.專門圖書館；4.中小
學圖書館。第 1-3 部分由閱覽組主任劉崇仁主持，徐金芬、江綉瑛、余遠
盛協助整理；第 4 部分由淡大及臺師大副教授胡歐蘭主持，施增新協助整
理。

1982 年國圖雷叔雲等撰，《臺閩地區圖書館現況調查研究》（臺北，國
圖，1982.12）。本項調查研究為行政院研考會委託的專案調查計畫，主持
人採訪組雷叔雲，研究人員閱覽組何秀薇、江若民（臺大農推系研究助理）、

彭慰（臺大圖書館）於 1981.10-1982.06 進行，首度利用行政院主計處電子處理中心的電腦從事統計與分析工作，1982 年 6 月完成《全國圖書館暨資料單位名錄》、《臺閩地區圖書館現況調查研究》。後者再於 12 月在正式出版本書。

依國圖組織條例，國圖掌理全國圖書館事業研究輔導事宜，「國圖依本次調查研究的經驗，將『圖書館統計』列為推動自動化作業項目之一，由劉春銀負責研發，擬定期舉行調查，俾便隨時掌握我國圖書館事業成長實況，以為圖書館事業規畫、研究、輔導的依據。」（劉春銀）

1986 年國圖劉春銀撰，《全國圖書館統計調查報告》（臺北，國圖，1986.04）。本項調查係由亞洲協會贊助。針對我國各類型圖書館西文書刊收藏概況及需求進行調查，以為其未來贈書分配的參考依據。

同樣地，1988 年出版的《第二次中華民國圖書館年鑑》，劉春銀也披載〈圖書館事業現況調查分析〉乙文，係根據 1987 年 12 月國圖閱覽組全面各類型圖書館調查研究報告，及 1987 年 11 月底國圖函發「圖書館事業現況調查表」（不包括中小學圖書館）各館函復的資料，所做的統計分析報告。後者資料，鄭恒雄、劉春銀、簡耀東、簡家幸合編「圖書館調查錄」亦刊載於本次年鑑。

1987 年 5 月 27 日行政院頒布「各級政府及中央機關統計範圍劃分方案」，圖書館統計為統計分類的細類，屬文化統計小類之一，為教育部自 1988 年度起應行辦理各項統計之一。教育部統計處指示國圖承辦「全國圖書館統計調查」。1991 年 12 月 14 日，閱覽組官書股劉春銀爰以該「方案」所列的圖書館統計項目為主，依據《統計法》及其《施行細則》的有關規定，參考《中華民國政府統計手冊》（1986.04 出版）有關資料，擬訂《圖書館統計工作計畫書（草案）》陳報教育部鑒核，1992 年 2 月 1 日教育部核備，國圖當即由閱覽組官書股與電腦室相關同人以任務編組方式，積極展開在王安系統上開發圖書館調查工作與圖書館統計系統。經調查表件的設計、各類圖書館名單的彙收，於 1992 年上旬-04.15 寄發調查問卷；以

1991 年 12 月 31 日為靜態資料的標準時間。1992.04-06.30 撰寫資料登錄程式、1992.07 中-11.30 撰寫統計分析報表程式。1992 年 12 月完成圖書館統計報告陳報教育部。國圖編印 1.《全國圖書館暨資料單位名錄（1991 年版》（1992.12）；2.《臺閩地區圖書館統計（1991 年）》（1992.12）；3.《臺閩地區圖書館統計名錄（1991 年）》（1993.06）等 3 種。

1992 年度臺閩地區圖書館統計，經報奉行政院主計處核准辦理。閱覽組官書股編輯蔡佩玲為配合第二期自動化系統轉換作業，將圖書館調查統計系統改在一般個人電腦上重先開發。調查結果，出版《臺閩地區圖書館暨資料單位名錄（1992 年版》（1992.12），將統計成果的 13 張統計表格呈報主管機關核轉行政院主計處及行政院文建會，並撰文披載國圖館刊 27 卷 2 期（1994.12），備供參考。（蔡佩玲）

第二次全國圖書館會議

1989 年 2 月 21 日至 22 日國圖主辦「第二次全國圖書館會議」假國圖舉行，期使圖書館事業有進一步的發展，落實文化政策。為使會議能集思廣益，國圖在會前即彙集各館提供的提案編印《全國圖書館會議提案彙編》（臺北：國圖，1989.05）乙冊，作為參考資料。國圖設「圖書館管理與服務」、「圖書館資訊服務政策」兩個專題研究小組，事先將各單位的提案 58 件予以歸併，再參合以前歷次有關圖書館各種會議的各項提案，統與整合為 31 個「討論提綱」，另冊彙輯，作為各分組討論的依據。大會計分 6 次會議進行：

第 1 次會議：圖書館組織與管理（綜合組），由沈寶環、莊芳榮、陳益興、王中一、鄭恒雄主持。

第 2 次會議：圖書館組織與管理（大中小學暨專門圖書館組），由謝勝己、李美月、范豪英、張世惠、陳巧雲主持。（公共圖書館組），由孫德彪、陳祖榮、吳清山、洪慶峯、宋建成主持。

第 3 次會議：圖書館服務與合作制度，由藍乾章、馬道行、黃世雄、葉琨、王中孚主持。

第 4 次會議：圖書資訊服務，由李德竹、張鼎鍾、顧敏、林孟真、胡歐蘭主持。

第 5 次會議：圖書館員教育與任用，由胡述兆、盧荷生、林美和、朱則剛、林志鳳主持。

第 6 次會議：各組總結報告及決議事項。

1989 年 6 月 29 日出版《全國圖書館會議議事錄》乙冊，記述會議籌備經過及會議過程。

本次會議其中一項是建議教育部成立「圖書館事業發展委員會」，統一規劃有關圖書館的合作發展事宜。1989 年 12 月 29 日教育部召開了圖書館事業發展委員會第 1 次會議。

（十一）漢學研究中心

1981 年 6 月 1 日教育部聘請館長王振鵠兼任「漢學研究資料暨服務中心」主任，並敦聘專家學者 14 人組成指導委員會，該中心正式宣告成立。1981 年 9 月 30 日召開指導委員會第 1 次會議，由部長朱匯森主持。依行政院核定的工作要項：1.研訂國內外合作蒐集漢學資料的計畫；2.調查各國漢學資料館藏與報導世界漢學研究的消息；3.建立國內外學人專長檔及編製漢學目錄及索引；4.提供漢學資料的複印、代購及交換服務；5.協助國外來華研究漢學人士的研究工作。該次會議該中心提出圖書資料採訪計畫、建立世界漢學機構及學人專長檔計畫、編印漢學通訊計畫 3 項。國圖於 1982 年先後調編輯蘇精、劉顯叔分任聯絡組、資料組組長至該中心服務，並聘請嚴文郁為顧問。

1984 年 11 月在南海路館舍一進 2 樓及青年大樓 2 樓分別設置聯絡組及（資料組）漢學中心閱覽室（12 席），服務各界漢學人員，惟先暫行開放研究生以上研究人員利用。收集 1.一般外文漢學資料；2.域外漢籍；3.大陸出版品；4.學術論文或報告，如美、英、荷蘭等國的中國研究博士論

文；5.大陸地區新修方志等。1987 年 7 月 15 日政府終止戒嚴條款。2003年始開放一般讀者入內閱覽，與國圖其他閱覽區，提供相同的讀者服務；依該年底的統計，蒐集到的資料包括博士論文有 8,000 餘種，大陸出版品6 萬多種，漢學研究期刊 1,300 多種。

　　1988 年 5 月提報協助海外學人來華研究計畫，奉核於 1989 年起實施「外籍學人來臺研究漢學獎助」，每年提供研究補助費與來回機票：獎助國外大學教授、副教授、助理教授、博士候選人等，來臺作 3 個月至 1 年的漢學研究。截止 2016 年底，經審查通過的外籍學人有 432 人，分別來自43 國。超過 10 人以上的國家（及人數）有美國（99）、韓國（40）、德國（27）、日本（26）、意大利（22）、加拿大（20）、法國（20）、俄羅斯（19）、澳大利亞（16）、英國（14）、以色列（12）、越南（11）、星加坡（10）。研究主題以文學（116）、歷史學（116）、哲學（42）、人類學及族群研究（38）、政治學（33）、社會學（24）者為多。（曾淑賢）

　　1991 年漢學中心購置龍翔 386-6 辦公室用電腦及 Dynix 編目系統，開始自動化處理圖書資料，2002 年 12 月購置 iPAC 軟體介面，讀者可透過網際網路查詢漢學中心典藏書刊。直到 2008 年停用，與國圖合併為 Aleph系統的編目模組。

　　漢學中心並出版各種專書，舉辦各種國際性會議，如「方志學國際研討會」（1985.04）、「敦煌學國際研討會」（1986.08）、「明代戲曲小說國際學術研討會」（1987.08）、「漢學研究資源國際研會」（1988.11）等及出版論文集，辦理國際書展，以促進國內外聯繫，加強學術交流及漢學研究。

（十二）主要出版刊物

國圖部分

　　業務不斷創新，新創刊連續性出版物亦夥。《中華民國期刊論文索引》原係月刊，1983 年 5 月起改用電腦編印，並提供線上查詢，自 1984 年（15

卷 1 期）改為季刊。

1978 年 4 月，《國立中央圖書館館訊》（季刊）創刊，以報導國圖各項業務活動及呈繳出版品名單。1996 年 5 月改刊名為《國家圖書館館訊》。

1984 年 4 月，創刊《中華民國行政機關出版品目錄》（季刊），依據《行政機關出版品管理要點》編製。收錄各書按行政機關出版品統一編號（行政機關）排列。每書著錄其統一編號、書刊名、編（譯）者、出版日期、使用文字、出版刊期、頁數、規格、銷售情形（非賣品等）、印製數量、內容大要等。

1984 年 4 月，《中華民國政府公報索引》（季刊）創刊，收錄中央及地方政府公報中的文告、法規、命令、公告、條約等輯為索引資料庫，提供線上及紙本查詢。

1990 年 3 月，創刊《中華民國臺灣地區國際標準書號中心通訊》，月刊。以各界申請新書的 ISBN 與 CIP 資料為基礎，每期刊載 1,500-2,000 筆書目資訊，預告未來兩個月出版的新書訊息。以出版者筆畫排序，另附書名及分類索引。自 1996 年 8 月出版了第 78 期後改為電子形式出版。另每年發行《中華民國臺灣地區國際標準書號出版機構》乙冊。

1991 年 10 月，《全國圖書資訊網路通訊》（季刊）創刊。報導「全國圖書資訊網路系統」（NBINet）各項功能、使用者經驗分享、介紹國內外各種書目性網路的消息等。1997 年 5 月停刊。

漢學研究中心部分

1982 年元月《漢學研究通訊》（季刊）創刊，以報導臺灣地區漢學研究、教學、活動、資料等消息為旨。自 2006 年元月起，另發行電子報。

1983 年 6 月創刊《漢學研究》（半年刊），刊登學術論文與書評。屢蒙行政院國科會優良學術期刊獎和各人文學門期刊排序優等殊榮。2007 年年底與 EBSCO 簽訂授權書，自即期起該刊將全文內容納入 EBSCO 的 History Abstracts with Full Text 全文資料庫，供全球線上使用者查詢。並自 2008 年（第 26 卷）起改為季刊發行，每年 3、6、9、12 月出刊。

　　1983 年 6 月創刊《臺灣地區漢學論著選目》（年刊），就前一年內臺灣地區出版的專著、期刊論文、論文集、學位論文，加以選擇分類編輯而成。另於 1987、1992 年分別發行 1982-86、1987-91 年彙編本。

　　1984 年 2 月《外文期刊漢學論評彙目》（季刊）創刊，收錄外文（英法德日等）學術期刊有關漢學研究論文及書評。2012 年 9 月另置「外文期刊漢學論著目次資料庫」，收錄該刊 1-17 卷目次。

　　漢學中心甫告成立，聯絡組組長蘇精率同人負責上開刊物的徵稿、審查、編輯、出版、發行等業務。

六、網路及自動化應用時期（1996 年迄今）

（一）組織和人員

　　1996 年 4 月 21 日是國圖 63 周年館慶，上午 9 時於國圖正門舉行易名典禮，將館名「國立中央圖書館」改為「國家圖書館」（英文館名仍沿襲舊稱），正式肯定國圖為國家圖書館的性質，開啓國圖的新里程碑。典禮由教育部次長楊國賜及國圖館長曾濟羣共同主持。國圖特全館開放兩天供各界人士參觀，以展現國圖各項服務成效。

　　1998 年 4 月 10 日莊芳榮接掌國圖，為第 9 任館長。1998 年 5 月成立參考組、輔導組、研究組，7 月 1 日成立資訊組。1999 年 1 月，報奉教育部同意以任務編組方式成立「全國期刊文獻中心」。

　　2000 年 1 月 3 日國圖借調臺師大社會教育學系副教授陳昭珍，擔任閱覽組主任到職。

（二）館藏發展

　　國圖自易名後的 10 年（1996－2006），館藏由 208.7 萬冊（件），增加到 310.9 萬冊（件），10 年間總計增加了 102.2 萬冊（件），其中圖書增加 75.3 萬餘冊，非書資料增加 26.8 萬餘件。至 2011 年 12 月 31 日「國圖館藏圖書資料統計」歷年累計，「圖書 3,006,666 冊、期刊 26,332 種、報紙 419 種、非書資料 1,158,833 件、電子資料庫 525 種。」

　　1999 年 1 月 25 日《出版法》廢止，喪失書刊送繳的法源，經多方努力，2001 年 1 月 17 日 總統公布施行《圖書館法》，再取得出版物送存國圖的法律依據。國圖乃大力宣導出版物法定送存的意義及重要性，編印《共建保存文化遺產的圖書資料送存制度》小冊，並透過國際書號中心自動化作業系統持續整理出版人尚未送存書刊清單，以催告補送，送存率逐年提升。加以多元徵集典藏灰色文獻，蒐購保存臺灣先民舊籍，採訪公私特色專題性收藏，引進國內外重要電子資料庫。

數位典藏資料

　　國圖自 1998 年 7 月起，配合行政院「國家資訊及通信基礎建設」「電子圖書館及終身學習體系」計畫，以提升國人的生活福祉，爰利用館藏自行建置資料庫，發展出另一種型態的館藏。為縮短城鄉間數位落差，開辦「公共圖書館共用資料庫」業務，為各縣市鄉鎮圖書館購置適合民眾一般性需求檢索的優質電子資料庫（全國公共圖書館共用版）36 種，及在全省及離島辦理近百場的資訊利用教育訓練課程，以利民眾共用資料庫的使用。持續參加「全國學術電子資訊資源共享聯盟」（CONCERT）、「臺灣學術電子書暨資料庫聯盟」（TAEBDC）、「數位化論文典藏聯盟」（中研院召集）等電子資源聯盟，合作引進國內外學術電子書和電子資料庫。截至 2011 年 12 月底止，所引進及自製的電子資料庫約 300 種。館藏電子期刊 170,500 種，電子書 127,500 種。

（三）國際交流與合作

　　依據 1996 年 1 月公布《國家圖書館組織條例》，「國圖設出版品國際交換處，辦理出版品國際交換事宜，其辦法由國圖擬訂，報請教育部核轉行政院核定」；復根據 2002 年 3 月發布的《國家圖書館辦事細則》，關於交換處的職掌共有 8 項：

　　1.關於出版品國際交換業務之規劃與聯繫；2.關於國際交換用出版品之徵集與寄發；3.關於交換所得出版品之移送；4.關於參加國際書展之規劃與執行；5 .關於參加或舉辦圖書資訊科學國際會議之規劃與執行；6.關於國際文教單位人員之互訪與聯繫；7.關於學術機構目錄、英文通訊等之編印；8. 其他有關出版品國際交換及文化交流合作事項。

　　這是交換處自在臺復館以來，40 多年來業務的演進，已從出版品國際交換的核心業務，發展到國際書展、國際組織與會議、學術與專業交流等事務，以促進國際文化交流與合作。

　　經 1998 年 1 月 19 日行政院核定，2 月 18 日教育部修正發布《國國家圖書館辦理出版品國際交換辦法》（全 7 條）。

　　2006 年 9 月與歐洲經貿辦事處簽署「EUi」協議，國圖成為歐盟文獻的寄存圖書館。

　　積極參加世界各圖書館與漢學國際組織，如國際圖書館協會聯盟（IFLA）、美國圖書館學會（ALA）、美國華人圖書館員協會（CALA）、美國亞洲研究學會（AAS）、全美中國研究學會（AACS）、美國資訊科學與技術學會（ASIS&T）、國際標準書號總部（International ISBN Agency）等，每年派員出席年會並舉辦書展，以傳布臺灣地區出版現況，加強學術文化交流。

（四）國際標準號碼

　　1997 年 4 月書號中心在 NCR 主機上，以開放性的 Unidata 架構重新設計系統程式，並結合視窗功能，提供網路上各項服務，使民眾能透過全球資訊網而隨時獲得新書出版資訊。

　　書號中心利用各界申請臺灣地區國際標準書號（2007 年元月起全面實施 ISBN13 碼新制）及預行編目（CIP）的書目資料庫（ISBN/CIP），提供了 1. 編印出版者名錄；2. 編印《全國新書資訊月刊》；3. 製作新書資訊光碟版；4. 建置「全國新書資訊網」。

　　1998 年 7 月建置「全國新書資訊網（ISBNnet）專屬網站」，提供出版業者線上申辦環境，並結合國圖法定送存作業，提供國內新書到館註記、徵催函及謝函自動發送和統計等功能。另自 1998 年起將預行編目資訊開放予圖書館暨出版機構免費書目下載服務。

　　因為第 1 組國別代碼 —— 957 已不敷使用，自 1996 年國際 ISBN 總部年會開始即積極爭取第二組國碼。2000 年 10 月間，國圖顧問宋玉出席年會，適時爭取到第二組國碼 —— 986，並於 2001 年 8 月正式使用。

ISRC

　　1999 年 4 月教育部來函責成國圖書號中心正式兼辦我國「國際標準錄音錄影資料代碼」（International Standard Recording Code；ISRC）管理中心，為國內編配包括唱片（phonogrames）等錄音資料及影碟片等音樂性資料（music videograms）的 ISRC 代碼核發與管理的權責機構。

　　2011 年 11 月 4 日發布《國家圖書館電子書國際標準書號申請作業原則》推動電子書 ISBN 編碼。

（五）古籍分級

　　依《文化資產保存法》的規定，「古物依其珍貴稀有價值，分為國寶、重要古物及一般古物。」及中央政府機關及其附屬機關（構）等「應就所保存管理之古物暫行分級，並就其中具國寶、重要古物價值者列冊，報中央主管機關審查。」1997 年 2 月 18 日教育部發布《古物分級指定實施要點》（全 10 點；2005 年 11 月 1 日教育部發布停止適用），分別定義了國寶、重要古物及一般古物。8 月 13 日國圖召開「國寶級古籍及重要古籍分級標準研討會議」，由國圖特藏組主任盧錦堂任主席，與會者包括故宮昌彼得、吳哲夫；中研院傅斯年圖書館吳瑞秀；臺大圖書館夏麗月；中央圖書館臺灣分館邱輝塘等，訂出古籍國寶級標準為 1.宋、元孤本且極具學術價值者；2.宋、元版本之有名家批校者；3.宋人寫本。重要古籍標準為 1.宋、元版本不屬國寶級者；2.明以後罕見之版本且具學術價值者；3.元人寫本；4.元以後罕見之名家寫本、稿本；5.為研究當時文化歷史所不可缺少之代表性證物者。

　　國圖根據以上標準，將所藏古籍分級造冊並報請行政院文建會（今文化部）審查。2005 年 12 月 30 日文建會公布《古物分級指定及廢止審查辦法》（全 10 條），2007 年 6 月文建會召開「國家圖書館國寶、重要古物圖書文獻專案小組實物勘察第 1 次會議」。截止 2016 年，文化部文化資產局古物審訂分級標準，國圖所藏古籍中，審查指定國寶者有 40 部、303 冊，指定重要古物者 249 部、2,875 冊。另依《中央政府各機關珍貴動產不動產管理要點》，國圖所藏列為珍貴動產者，計有古籍 449 部、5,311 冊（卷），書畫 23 件。

（六）閱覽服務

　　自 1996－2006 年，10 年來申請辦理國圖閱覽證者共有 50 餘萬人，入

館人次總計達 677.5 萬人次，平日每日有 2,500 人次入館，遇旺季時達每日 5,000 人次。由於館藏增加快速，為容納更多的館藏開架書刊（時開架書刊有 30 多萬冊）及提供讀者使用電腦查詢設備，進行了參考室、網路資源區、中文新書閱覽室、目錄檢索區、期刊閱覽區、期刊資訊檢索區、藝術資料室、日韓文閱覽室、漢學研究中心資料組閱覽室等的空間調整。2010年 5 月開放讀者自備手提電腦上網服務，2013 年 6 月起設置完成無線上網環境。國圖提供了傳統及數位的複合式服務。

（七）參考服務

　　參考室自 1997 年 1 月起，透過大英圖書館 ArtTel 訂購系統，在網際網路上，經由遠程載入（Telnet）連線聯繫傳遞，縮短作業流程，嘉惠讀者。1999 年 1 月購置 Ariel 文獻傳遞軟體，以加速國內外館際複印文獻的傳遞速度，並提升其處理效率。

　　2002 年 3 月 1 日提供「參考服務園地」系統，目標有：1.提供國內圖書館參考服務一個知識管理的入口網站；2.介紹國內外新出版的參考工具資訊；3.促進國內圖書館的參考資源共建共享；4.提供國內圖書館參考服務同道的交流園地；5.介紹國內外專業的參考服務技術及新知。網頁內容分參考諮詢服務、網路資源、參考工具書選介、教育訓練與進修、相關規範等區塊。其中主要的功能，即「參考諮詢服務」，將參考服務帶入一個新的「數位參考服務」階段。讀者可以全天 24 小時進行線上提問，該系統按一般網頁表單提問格式（web-based submission forms）設計，館員在 3-5 個工作天答覆。並設置「問題選粹」單元，把歷年來參考價值較高的問題及解答蒐羅一處，供讀者以關鍵詞加以檢索。（王明玲等）2003 年委託交大圖書館開發「全國合作參考服務系統」，備供全國各類型圖書館使用，最終以進行全國性聯合參考諮詢服為旨趣。初有交大、政大、中央、東吳、淡江、陽明、臺師大圖書館使用。

　　參考組自 2001 年 9 月編印《臺灣出版參考工具書書目：2000 年年度書目》起，開始按年編印臺灣各年出版的參考書。該書分〈書目〉和〈選介〉兩部分。前者係該書主體，著錄上一年出版參考書，收錄以「求全為主」，有聞必錄。後者邀集學者專家、參考館員，舉辦「參考工具書評選諮詢會議」，評選出年度較具代表性者，予以評介，並附彩色封面書影。「想了解近年國內參考工具書出版狀況，這是唯一也是最好的參考工具。」（張錦郎）2012 年 11 月 28 日建置完成「臺灣近十年所出版中文工具書選介主題資料庫」，著錄 2000-2010 年出版參考工具書 9,000 種。

　　2005 年國圖邀請臺北大學古典文獻學研究所教授王國良、助理教授劉寧慧合作編製「臺灣文史哲論文集篇目索引系統」。收錄自 1945 年至 2005 年上半年臺灣地區出版、國圖典藏專書型態的論文集，如定期或不定期出版的學術性論集、論叢；學術研討會論文；個人自著論文集；祝壽文集及紀念論文集等，但不包括定期學術性刊物（期刊）、每日發行報紙及學位論文。自 2005 年 4 月至 2006 年 11 月，由該所師生共同投入資料的整理、建檔、校對，國圖負責建置及維護本專題資料庫。共收錄論文集 3,300 餘種，近 6 萬篇篇目。

（八）SARS 與閱覽服務

　　2003 年 3 月 SARS（Severe Acute Respiratory Syndrome，或簡譯「非典」）入侵臺灣，4 月開始蔓延。國圖面對疫情，不敢稍怠，4 月 25 日奉莊館長指示成立「國家圖書館防治 SARS 應變小組」，成員有副館長宋建成（召集人）、閱覽組主任俞小明（對外聯絡人）、參考組主任王錫璋、期刊股林淑芬、特藏組主任顧力仁、資訊組主任吳碧娟、漢學中心組長盧錦堂、總務組主任劉興儀、人事室主任林妙香、政風室主任廖爲敕及營繕股易明克。防疫相關措施如下：（俞小明）

1. 讀者宣導。除了張貼 SARS 防治宣導海報，每日定時廣播請讀者入館配戴口罩以降低感染率（宣導期由國圖主動提供讀者口罩）外，建置「SARS 心靈補給站」，由閱覽組管理師陳立原、組員吳昀凌至書庫挑選相關圖書，再請出版社同意授權，提供電子書和文章小品電子全文，使居家隔離的民眾，可以藉由網路閱讀（陳立原）；由閱覽組和書號中心推出「防疫 SARS 及保健專題書目展」；及《全國新書資訊月刊》發行〈SARS 防護與閱讀〉專輯。

2. 調整服務。如暫停圖書館導覽；暫停文教區國際會議廳及演講廳的活動和使用；減用電梯等。

3. 防疫工作。如（1）配戴口罩入館。國圖對外服務人員一律配戴口罩及手套，讀者自備口罩入館。（2）量測體溫。訂定「國圖 SARS 防疫體溫檢測作業程序」，讀者及館員入館前均需量體溫，正常者才可進入。動員國圖同人不分組室，全力投入，輪流排班。（3）酒精潔手。提供「自動手指消毒器」，供入館讀者使用。（4）奈米科技處理。全館電梯內換裝奈米光觸媒燈管，以奈米光觸媒試劑擦拭全館電腦鍵盤。（5）館舍全面消毒清潔。進行 10 次館舍全面淨空消毒工作（含空調系統噴霧式消毒），平均每周乙次。每日由清潔人員以漂白水擦拭桌面、門把及電提按鈕多次。

　　7 月 5 日 WHO 將我國從感染區除名。7 月 16 日起，國圖閱覽服務終於恢復正常。「根據 5、6 月份讀者入館人次統計，每日平均仍有 1,848-2,032 人次到館利用，較諸平日略降 600 人次。圖書館的使用需求並不因疫情的緊張而遽降。」（俞小明）

（九）數位圖書館服務

　　由於積極爭取各項專案經費補助，如「圖書館事業發展三年計畫：知識資源基礎建設」（2002-2004 年）及受邀參加「國家典藏數位化計畫」及

「數位典藏國家型科技計畫」兩個五年計畫等，在國圖同人的羣策羣力努力不懈之下，已由早年圖書館自動化以建置索引目錄資料庫為主，隨著資訊科技的進步，踏進發展全文影像資料庫，提供數位圖書館服務，國圖已成為我國最大的圖書知識書目與全文資訊系統提供者，為國人學習、進修、教學、研究不可或缺的圖書資訊主要來源。建置國家圖書館、漢學研究中心、資訊圖書館三個全球資訊網站，作為進入國圖典藏的大門；而以華文知識、臺灣研究兩入口網，作為整合國圖自建所有系統的入口，提供使用者單一入口介面，便捷查詢與瀏覽所需資源，扮演著入國圖寶山的登山口角色。發行「全國新書資訊網」、「編目園地」、「遠距圖書服務系統」3 種電子報；並啟用「參考服務園地」。國圖自建館藏各式資料庫，例示如下：

1. 圖書書目資訊類：館藏圖書目錄、古籍書目、政府出版品目錄、全國新書資訊、大陸出版品目錄、全國圖書書目、善本古籍聯合目錄等。
2. 期刊報紙資訊類：館藏期刊指南、報紙目錄、期刊論文（篇目）索引、中國文化研究論文目錄等。
3. 摘要全文類：全國博碩士論文等。
4. 綜合影像全文類：期刊影像資料庫、報紙影像資料庫等。
5. 特種影像全文類：古籍影像、古籍全文、金石拓片、當代文學史料、政府公報、政府統計、公務出國報告等。
6. 專題數位影音類：臺灣記憶、臺灣概覽、走讀臺灣、遠距學園等。
7. 網路服務系統類：遠距圖書服務系統、參考服務園地、編目園地、特藏線上展覽館等。

除了持續「遠距圖書服務系統」、「全國圖書書目資訊系統」（2007 年 1 月啟用「全國圖書書目資訊網」新網站）外，建置了「全國博碩士論文資訊網」及「About Taiwan 資訊系統」，後者建置 3 個以臺灣為主體的資訊系統，包括紀錄過去的「臺灣記憶系統」(Taiwan Memory)，展現今日的「臺灣概覽系統」(Taiwan Info)及「走讀臺灣系統」(Window on Taiwan)。也由紙本進入影音，先後完成「臺視晚間新聞」、「華視新聞雜誌」等數位轉製，

成可在網路傳輸的新聞影音資料。截至 2005 年底，各主要資訊系統資料建檔量達到 638 萬筆，掃瞄影像達到 2,844 餘萬頁影幅。網路系統使用人次，由 1996 年全年 158 萬人次，進展到 2005 年 6,416 萬人次，成長了近 41 倍；以該年為例，每秒鐘就有 2 人次，每天有 17.6 萬人次在使用國圖的資訊系統。上述統計尚不包括「中華民國期刊論文索引光碟」版的利用在內。搜尋引擎業者常希望透過連結本館的資料庫，以增加其檢索結果的學術性，如 2001 年，期刊論文索引系統分別與 SINA 新浪網、醫藥衛生研究資訊網（HINT），及 2005 年，全國圖書書目資訊系統與 Google、Yahoo 進行連結查詢。2007 年度着手建置「網站典藏先導系統」，將使國館圖書資訊整理成果，發揮更大的成效。

（十）國內外數位化合作

由於國圖自動化、數位化的卓越成就，獲得國內外肯定，進行多項合作計畫。

國內數位合作

在國內合作方面，如 2003 年與蕭滋教授音樂文教基金會、國立臺北藝術大學合作辦理蕭滋音樂論述暨創作手稿整理計畫、2004 年李梅樹手繪三峽祖師廟設計圖稿整理計畫、2005 年 3 月 14 日臺南市立圖書館館藏日據時期臺灣舊籍數位化合作計畫（國圖館長莊芳榮與南市圖館長溫彩棠簽協議書，將於 3 年內完成 2,000 冊圖書數位化）；其他還有與臺北市文獻會、澎湖縣政府文化局等合作，以求地方文獻資料庫的建置。行政院研考會及客委會也與國圖合作進行地方(縣市)政府公報及客家資源的數位化專案。

美國猶他家譜學會（GSU）

2004 年 11 月 22 日國圖進行與美國猶他州鹽湖城家譜學會 (Genealogical Society of Utah；GSU)「臺灣地區家譜微縮資料數位化合作

計畫，」簽訂合作協議書（Agreement），合作時間自 2004 年 11 月至 2008 年 11 月。國圖以優惠價格購藏 GSU 在臺灣民間所蒐購的臺灣地區族譜微捲 880 捲（約 9 千種），GSU 依其所獲授權，同意國圖進行數位化掃描轉換為數位化影像光碟（計 940,958 影幅）及詮釋資料（metadata）欄位分析建檔（依據《國家圖書館族譜詮釋資料著錄格式》），建置「臺灣家譜」資料庫，並經由國圖免費提供民眾非營利性的個人研究使用。同時複製乙份交 GSU 典藏利用。

　　2005 年 8 月初國圖閱覽組主任俞小明前往美國鹽湖城家譜學會總部拜會該會區域經理沙奇敏（Melvin P. Thatcher），並與其編目組主任陳玉如（Grace Y. Chen）及技術部門產品經理 Derek B. Dobson、影像處理專家 Andrew Neilson、詮釋資料專家 Bill Mangum、索引專家 Ingriel Frehner 等成員會商，就數位化範圍、規格等細節討論，修改了部分規格需求。本計畫成果置於國圖「臺灣記憶家譜資料庫」。

美國國會圖書館（國會館）

　　國圖積極蒐集海外散佚中文善本古籍原件或重製物，並以數位化的經驗與技術，與國外機構合作進行數位化作業，以數位化方式取得重製物及使用的權利，達到合作發展，資源分享的目的。適美國國會圖書館亞洲部主任李華偉提出與國圖合作進行該館所藏中文古籍掃描計畫。2005 年 3 月 12 日國圖與美國國會館簽訂合作協議，將國會館館藏元明清善本古籍數位化，預計分 3 期進行。第 1 期掃描館藏互不重複者，第 2 期繼續掃描兩館館藏皆有相同題名但版本不同者，第 3 期掃描兩館缺卷或殘本的善本古籍。由國會館提供可數位化善本古籍原件及掃描作業所需的獨立空間和網路傳輸設備；國圖提供設備，派員在該館提供的場所內進行掃描作業及編製目錄建檔，遵行詮釋資料（Metadata）建檔格式。掃描原始檔案為 1：1 比例跨頁掃描、24-bit 影像、300 dpi 彩色 TIFF 檔。再由國圖將原始檔燒錄成 300 dpi TIFF 檔及 72 dpi JPEC 檔，由合作雙方分別持有乙套。該數位檔可上傳國圖古籍影像檢索系統，提供線上閱覽與檢索。本合作自

2005 年至 2012 年，共計完成了 2,025 部、1,032,401 影幅的善本古籍數位化作業，開啓了國圖中文古籍國際數位化合作的先例。

世界數位圖書館（World Digital Library）

　　2005 年 6 月 6 日美國國會館館長畢林頓（James H. Billington）在喬治亞城大學演講，為新成立的美國國家委員會向聯合國教科文組織（UNESCO），首度提出資源共建共享理念。在演講中提出目前全球各地都在進行重要文化資訊的數位工作，「世界數位圖書館」（World Digital Library; WDL）「可以將不同國家珍貴文化史料能於同一網站查詢，讓世世代代保持文化遺產與消弭文化差異」，呼籲各國圖書館界的參與。（蘇桂枝）此項倡議獲得聯合國科教文組織的支持，Google 公司斥資 3 百萬美金支持該計畫。2007 年 10 月 17 日 UNESCO 和美國國會圖書館簽訂發展「世界數位圖書館」協議備忘錄，並在巴黎共同舉行展示會；「展示會現場人員包含 UNESCO 主席、官員、美國國會館相關組織館員、來自美國國會館、埃及亞歷山卓圖書館、巴西國家圖書館、埃及國家檔案館、蘇俄國家書館、蘇俄州立圖書館等 6 個（合作館）館長、蘋果電腦技術人員、法國當地圖書館人士、資訊界人士、以及歐洲鄰近國家應邀前來觀摩的貴賓百人」（蘇桂枝）國圖應邀參加該會，特派交換處主任蘇桂枝與會。會中展示國圖提供館藏影像檔 10 幅。這是一個將世界各國文化資產匯集於一個網站，免費開放使用的國際計畫。2008 年 7 月 30 日國圖獲美國國會館邀請，正式雙方簽署 WDL 計畫合作協議書。國圖加入成為合作館（Partners）。國圖陸續將館藏善本數位化圖像、摘要、詮釋資料匯入 WDL，開展了文化交流與合作的新頁。

全球記憶網（Global Memory Net）

　　國圖為將《古籍文獻資訊網》和《臺灣記憶》等系統數位化成果推向國際應用，2006 年 7 月 19 日與《全球記憶網》（Global Memory Net）（主持人陳劉欽智）簽訂合作備忘錄。國圖同意將上開兩系統中挑選日據時期

風景明信片及古籍附圖，共 500 筆數位化影像、中英文詮釋資料上傳，透過《全球記憶網》傳播與推廣。（俞小明）

（十一）全國圖書館業務的推展

第三次全國圖書館會議

　　2000 年 3 月 14 日國圖召開「有關圖書館事業發展會議討論會」，由館長莊芳榮主持，特邀王振鵠、吳明德、胡述兆、胡歐蘭、張鼎鍾、黃世雄、盧荷生、莊道明共同商討。咸以為近年來電腦科技快速進展與全球資訊環境急遽變化，帶給我國圖書館發展相當的衝擊，在世紀交替的前夕，藉全國性圖書館會議的召開，回顧臺灣圖書館事業的重要進展軌跡與前瞻未來的發展，誠有其必要性。爰決議：為因應 21 世紀的知識發展建設，凝聚圖書資訊界共識，由國圖積極規劃「第三次全國圖書館會議」，來共同規劃新世紀圖書館事業經營藍圖，作為全國圖書館努力的目標；會議時間訂為 2000 年 12 月。國圖即組織本會議籌備委員會，並以出席上開討論會的王振鵠等 8 人為籌備委員。為便利進行，另組工作小組，由副館長宋建成召集國圖同人跨組分工組成，分資料組、祕書組、議事組、接待組、事務組等 5 組，進行相關事宜。

　　「第三次全國圖書館會議」於 2000 年 12 月 1 日至 2 日假國圖舉行。莊館長在揭幕致詞中表示：我國圖書館事業的發展有長足的進步，部分要歸功於前兩次全國會議中所規劃的藍圖。面對 21 世紀的來臨，展望未來，希望透過本次會議，完成以下幾件事情：

1. 《圖書館法》儘早通過。
2. 中國圖書館學會所擬訂的《圖書館事業發展白皮書》和教育部指示國家圖書館擬訂的「圖書館事業發展三年計畫」能獲實施。
3. 圖書館事業應求各地區均衡發展，尤應重視鄉鎮圖書館和中小學圖書館。

4. 圖書館的技術規範，如分類法、主題詞表、編目規則等，應持續致力研修。

5. 網路圖書館為未來的趨勢，日前《數位周刊》公布臺灣 500 大網站，其中包括兩所圖書館網站，國圖列於第 15 位，臺北市立圖書館列在 298 位，故加強充實各圖書館網站內容，有賴圖書館界共同努力，所需人力及經費，更須主管機關的重視與支持。

　　教育部政務次長范巽綠蒞臨致詞，表示本次會議最重要的目標在通過《圖書館法》，它可以一起解決圖書館界許多的問題。此外本次會議所彙整的「圖書館事業發展三年計畫」，需新臺幣 17 億元的經費，這項計畫的經費相當合理，其對於國家整體國民素質與公共服務閱讀的提升，是非常重要的。在邁向 21 世紀前夕，全世界所有的國家都以飛快的速度在往上提升，在結合整個社會力量，圖書館事業是提供全民服務的重要體系。從國家圖書館到學校圖書館、地方公共圖書館，都有賴工作人員的默默奉獻，國家應給予全力的支持。最後希望 12 月底能通過《圖書館法》，請大家一起共同努力。

　　本次會議就圖書館組織與管理、閱讀運動、圖書館資訊服務、圖書館教育、館際合作、圖書館與社會、落實圖書館事業白皮書等 7 項議提共同討論。在首日下午開始進行各場次會議時，教育部部長曾志朗特撥冗蒞臨會場致意並表示：（略以）閱讀運動不是現在才開始的，我們圖書館全體工作人員，都曾經盡過很大的力量，把臺灣的讀書風氣在社會變動中帶起來。因次，談到閱讀運動時，一位主動學習的學生，他的資源都會在圖書館，且需要圖書館的幫助，而圖書館現在的服務形式不斷在改變，網路、多媒體都在改變圖書館的面貌，學校在推動運動時，社區圖書館與學校圖書館都是很重要的支援單位。易言之，閱讀運動的精神，其中最重要的資源就是圖書館。

規劃第四次全國圖書館會議

　　2007 年 4 月國圖鑒於圖書館界所處網路科技環境正經歷鉅大變化，圖

書館亟需轉型以為因應。國圖開始着手研議，並建請教育部召開「第四次
全國圖書館會議」，2008 年 2 月 18 日教育部函示要以主管機關身分擔任該
「全國圖書館會議」的主辦單位。

《圖書館法》及其相關規定

　　2001 年 1 月 4 日《圖書館法》完成立法程序，總統於 1 月 7 日公布實
施。圖書館界自 1971 年起開始，推動政府訂頒《圖書館法》以奠定圖書館
經營的法律基礎約 30 年，這次在「第三次全國圖書館會議」落幕不到兩個
月完成立法；其後「圖書館事業發展三年計畫」也通過行政院經建會的審
議，展現了政府機關及立法委員對圖書館事業的重視與支持，也是該次全
國圖書館會議所獲具體成果。

　　2001 年 10 月 15 日教育部指示國圖依該法規定，辦理公共、大學、專
科、高中、職校、國中、國小等 7 種類型圖書館的設立及營運基準的研訂；
及至 2004 年 11 月，已悉數陸續由各主管業務司審核發布。2002 年 12 月
27 日教育部又公布《圖書館輔導要點》。

圖書館輔導

　　在公共圖書館輔導業務方面，國圖根據《圖書館輔導要點》，於 2002
年至 2004 年間共訪視 143 所圖書館；並分別於 2003 年與 2004 年辦理臺灣
地區公共圖書館營運績效評量，各表揚 67 個及 89 個績優館。鑑於基層圖
書館員的旅途奔波及出差不易，推動「在地研習」方式，2002 至 2003 年
共辦理 40 多場，培訓約 2,500 位來自全省各地圖書館工作人員。2004 年
又推出「圖書館專業團隊駐點輔導與服務」，邀請圖書資訊系所師生及圖書
館界的資深工作者，組成 13 個專業團隊深入偏遠鄉鎮，直接到館與館員及
相關人士共同討論該館營運問題並提供諮詢服務，共計輔導 78 個鄉鎮（市）
圖書館，深受（84.2%）肯定。

技術規範

　　2001 年教育部同時委託國圖辦理圖書館專業技術規範的研訂。2002

年 12 月 17 日教育部公布《中國機讀編目格式》、《文獻分析機讀格式》、《詮釋資料格式規範》、《資料數位化與命名原則》、《數位圖書館分散式檢索協定》、《資訊檢索服務與協定》等技術規範。

　　2005 年 12 月研訂 6 年的《中文主題詞表》及《中國圖書分類法》增訂 9 版（賴永祥將該書著作權授予國圖）均告完成。

館合組織

　　2000 年年初，為整合國內圖書館館際合作組織，將科技、人文社會、大陸資料等三個館際合作組織整合成「中華圖書資訊館際合作組織」，持續辦理各項館際合作事宜。

全國圖書書目資訊網

　　《全國圖書書目資訊網路》（NBINet)，鑒於原有 Tandem 系統已不敷需要，1998 年 4 月，合作館所選用 Innopac 為新系統正式啓用。同年年底，國圖與臺灣大學圖書館協議合作建置，重新開發「權威資料專屬資料庫」。1999－2000 年間進行《中文名稱權威資料庫系統》的開發及建置，逐步彙整兩館權威資料，截止 2005 年，完成的名稱權威紀錄達 22 萬筆；而聯合目錄資料量也有 560 餘萬筆。另設 Unicode 工作小組解決字碼轉換問題。在字碼專家、圖書館、資訊廠商代表共同合作下，該小組進行 CCCII 與 Unicode 字碼對應新增字形的查找，截止 2006 年 1 月，對應 CCCII 至 Unicode 計有 50,000 餘字碼，Unicode 至 CCCII 計有 46,000 餘字碼。完成最後的校對及修訂後，正式公布新版雙向對照表，置於 Unicode 工作小組網站（http：//unicode.ncl.edu.tw），提供各界下載利用。

圖書館教育

　　2000 年 2 月起，國圖與政大合辦「國家圖書館圖書資訊學碩士學分班」（後改名「學校圖書館專業人員進修學士學分班」；並與中山大學合辦「圖書館專業人員在職進修學分班」，分別招收圖書館在職人員。

遠距學園

　　2000 年 12 月 25 日起國圖為落實政府終身學習網路教育政策，由閱覽組和資訊圖書館同人開始推展資訊素養及圖書資訊學專業網路教學，建置「遠距學園」非同步網路教學平臺，推展遠距教學，以提升民眾資訊利用素養及圖書館員在職訓練。成立宗旨：1.建構網路教學環境，實現遠距教學理想；2.逐步建立課程銀行，導向數位知識管理；3.提升圖書資訊素養，倡導全民終身學習；4.建置圖書館遠距教學，樹立圖書館專業典範。（牛惠曼）至 2006 年已開設 60 多種、522 個單元的遠距教學課程，包括「圖書館利用」、「圖書資訊學專業」、「資訊新科技運用」系列課程，及圖書館服務及發展相關研討會或研習班內容等，製播及呈現及操作方式力求推新。連結教育部「學習加油站」、「社教博識網」，同時在全國巡迴辦理「遠距教學資源網研習會」，讓各地民眾、學校師生及圖書館人員，獲便捷利用本項數位學習資源。（鄭寶梅）2003 年起，為配合開設的網路教學課程，製作課程光碟，寄發全國中學及公共圖書館使用。同年起更開辦了公務人員數位學習認證服務。（陳澄瑞）

線上圖書館調查統計系統

　　2006 年 5 月教育部召開「公共輔導團第 4 次會議」，會議主席社教司司長劉奕權提到「圖書館統計系統，由國圖統籌規劃納入各類型圖書館（包括私人圖書館）」。國圖於 2006 年 6 月起規畫建置「全國圖書館調查統計提報及分析系統」，以國家圖書館、大專校院圖書館、高中（職）圖書館、國中（小）圖書館、專門圖書館及公共圖書館為使用對象，調查統計項目則以國家標準 CNS13151 為基礎，包括圖書館基本資料，業務及服務統計。系統功能設計包括即時的蒐集相關資料及整理分析所得數據資料，以了解統計資料所反映出我國圖書館事業的實際意義。並整合國立臺中圖書館已建置的「公共圖書館統計系統」，進行系統整合及資料交換，以利全國各類型圖書館統計資料的比較、分析與參考。同時經由線上提報系統定期提報

最新數據，便於統計資料的維護、更新及分析，以作為各圖書館業務統計評鑑的參考。

　　國圖於 2007 年 8 月經徵得經濟部標準檢驗局同意，印製分送國家標準 CNS13151，作為各館進行統計工作的參考規範。復於 2007 年 12 月研擬「圖書館基本資料調查表」，藉由這項調查掌握全國各類型圖書館基本資料，為圖書館統計提報工作進行準備作業。至 2008 年設計完成本系統。

（十二）主要出版刊物

　　1999 年 1 月，創編發行《全國新書資訊月刊》，以「提供完整、新穎、迅速的新書資訊，倡導閱讀風氣，打造書香社會」為旨趣。該刊係以新書出版前一個月申請的 ISBN/CIP 書目資料為基礎，報導臺灣最新出版實況等。由書號中心編輯曾堃賢擔任執行主編。發行至 2017 年 12 月（第 228 期）止，自 2018 年改版為《臺灣出版與閱讀》，以刊載出版與閱讀相關領域的論述為宗旨，採季刊方式發行。執行編輯為書號中心編輯歐陽芬。

　　從 2000 年起，《中華民國圖書館年鑑》〈副館長宋建成主持，輔導組總其成〉改以年刊方式，每年出版一冊，收錄前一年圖書館界重要事件及活動，採條目體方式呈現，已成為圖書館界的年度重要紀錄。原係不定期出版，於 1981 年 12 月出版《第一次中華民國圖書館年鑑》（蘇精主編），又分別於 1988 年 12 月出版第二次（鄭恒雄主編）、1999 年 8 月出版第三次圖書館年鑑（黃淵泉主編）。

　　國圖自 2007 年 3 月至 2008 年 6 月，館長 2 次更易。2007 年 3 月 1 日莊館長退休，由王文陸接任第 10 任館長。2007 年 9 月 17 日王館長回教育部，黃寬重接任第 11 任館長。

（十三）提升聘任人員的學術研究

黃館長認為國圖的聘任人員應有學術研究作為，成為我國圖書館事業發展所需知識與技術的提供者。他特別提到過往王振鵠館長、胡歐蘭主任以及館內聘任人員，在面對我國推動圖書館自動化期間，引領我國圖館事業與先進國家同步發展，這才是國圖應有的認知與作為。

黃館長為了推動國圖學術研究的理念，「陸續推動了聘任人員相關法規的修正；邀請名師系列演講，傳授如何撰寫研究議題、研究計畫、申請政府補助等的經驗；敦聘學者專家成立學術性委員會；與大學及相關系所進行學術合作；國圖申請通過成為行政院國科會『專題研究計畫』與『延攬人才』兩項的受補助單位」等新猷。（嚴鼎忠）

（十四）南部館籌備處

2002 年 11 月南部八縣市首長共同提案，建議國家圖書館於南部設立分館，行政院指示參考國立故宮博物院南部分院方式，規劃南部分館，此後行政院經建會、教育部及國圖數度召開南部館籌設會議。2007 年 6 月行政院研考會規劃我國中央政府所設立圖書館的整合工作，將國立中央圖書館臺灣分館及國立臺中圖書館加以整合，成為國家圖書館的北部與中部兩個區域館，而尚未成立的南部分館如能即時設置，則我國國家圖書館的體系，將得以完整成形，使我國國民能夠普遍享有國家級的圖書資訊服務。

2007 年 12 月教育部核准國家圖書館南部籌備服務處全年營運經費，館址暫時借用高雄市國立科學工藝博物館南館圖書室，並指示於 2008 年 2 月揭牌啓用南部館籌備服務處，開始服務南部民眾。2008 年 2 月 12 日該服務處業完成辦理各項設施驗收及圖書陳列、電腦連線等籌備工作，即將開幕啓用，惟行政院突然中止本計畫。

（十五）藝術及視聽中心

國圖因館舍已達飽和，於 2002 年、2003 年函報教育部請求撥用第二館舍國有土地。2005 年 3 月 21 日國民黨歸還實踐堂（臺北市延平南路 156號），為地上 4 層，地下 1 層的獨立建築，總樓地板面積約 784 坪，經財政部國有財產局鑑定結果，認為補強之後屬「堪用」，國圖為解決館舍使用空間飽和問題，及該地距國圖近甚，乃予以爭取，同年 4 月 1 日核定將作為國圖分館之用。國圖乃擬議予以整修為國圖藝術及視聽資料中心。2006 年6 月 8 日國圖召開「延平南路館舍『藝術及視聽資料中心』營運諮詢座談會」後，經報奉教育部分期核撥經費，將原屬階梯式的類電影院場所改建為合於圖書館所需的設施。硬體及裝潢完工後，2008 年 6 月臺北市建管處核發使用執照。同年 10 月 27 日該中心舉行開幕啟用。

（十六）機關檔案管理金檔獎

2007 年 3 月，館長王文陸履新，認為改善國圖檔案管理方式與典藏環境是刻不容緩的工作，爰交辦總務組（承辦人張萬美）設法儘速改善使健全檔案管理制度，要求以參加行政院金檔獎評鑑做為努力的具體目標。國圖旋成立「檔案整理工作小組」，由館長、副館長擔任正副召集人，總務組、研究組、資訊組、閱覽組、參考組、特藏組等單位主管為小組成員，初期每 2 週開會 1 次，後期視進度而定，計召開會議 17 次，以參選 2007 年度金檔獎為目標，積極行動。其後，館長黃寬重亦支持是項計畫的永續經營。（吳英美、張萬美）2008 年主辦單位國家檔案局組織評獎會，先就受推薦參選機關所報 2007 年度檔案管理報告進行書面審查，從中遴選成績較優者，列為實地評獎對象，繼於 2008 年 7 月 1 日-31 日進行實地評獎，並於8 月 15 日將評審結果層報行政院院長核定。歷經一年的參獎過程，國圖榮獲第 6 屆「機關檔案管理金檔獎」的殊榮。2008 年 10 月 2 日行政院舉行

公開頒獎（國家檔案局）。

（十七）服務品質績優獎

　　2007 年 7 月 23 日行政院研考會訂定《（第 1 屆）政府服務品質獎實施辦法》，國圖經教育部考評列為優良機關（第一線服務機關）推薦參獎。「受推薦參獎機關應提出 2008 年 1 月至 11 月的成果與績效，俾供評審參考。在『創新加值服務』構面所提報參獎的服務內容，應完成規劃並已具體執行，且執行在 2 年以內（以 2007 年 1 月至 2008 年底者為限）」。國圖經行政院研考會於 2009 年 2 月 17 日完成受理 46 個中央及地方主管機關推薦150 個參獎機關書面評審，遴選 46 個入圍決審機關；並於 3 月 5 日至 4 月10 日入圍決審機關實地評審，國圖榮獲「第 1 屆政府服務品質獎」獎座。2009 年 6 月 11 日舉行頒獎典禮，馬英九總統親臨致詞，十分重視。這也是國圖榮獲「2005 年度（第 8 屆）教育部服務品質績優獎」(2006.07.19)、「2006 年度(第 9 屆)教育部服務品質績優獎」(2007.07.25) ，連續 3 年在為民服務努力的成效，受到肯定。

　　從國立中央圖書館到國家圖書館，不僅僅是名稱的改變，更是體質的轉變。這些轉變是多元集合而成，經由法令的制定頒布、政府的投入、數位化的進行、圖書館業務的輔導、技術規範的擬訂、閱讀風氣的倡導、國內外合作的推展等努力之下，泉流匯成江河。整體服務型態，已是提供紙本及電子資源的複合式圖書館服務。逐步實現了國圖努力於「國家總書庫、國家總書目、文獻傳遞、知識入口網、館際合作、國際交流」的目標。

　　國圖黃館長於 2008 年 5 月 19 日歸建中研院史語所。2008 年 8 月 1 日由顧敏接任第 12 任館長。2010 年 12 月 31 日顧館長屆齡退休，由曾淑賢接任第 13 任館長。

（十八）開創國圖新里程

　　曾館長於交接典禮上期許能夠打造國圖及全國圖書館事業的黃金十年，讓國圖成為國際上具有指標性的國家圖書館。將以圖書館經營的「卓越化」、「專業化」、「數位化」、「國際化」、「多元化」和「人性化」為主軸，進而提出 6 大願景。「為了達到這些願景，審慎衡酌環境、各項條件、專業發展、人力資源」，旋擬定各項策略及行動方案，作為努力方向，如「全國圖書館事業之推動、圖書館專業發展之精進、館藏資源充實及保存、數位出版資源及數位版權管理、社會閱讀風氣之倡導、臺灣學及漢學研究之促進、國際及兩岸交流合作之增進、創新服務之研發、珍貴館藏資料之活化及加值運用、組織及人力品質之提升、館舍空間之升級、積極輔導各類型圖書館」（曾淑賢），將帶領國家圖書館邁入另一個新的里程碑。

　　適政府組織改造，在教育部組織架構進行調整下，2012 年 2 月 3 日總統令制定公布《國家圖書館組織法》（全 6 條）。該法首條揭示：「教育部為辦理徵集、整理及典藏全國圖書資訊，弘揚學術，研究、推動及輔導全國各類圖書館發展之業務，特設國家圖書館。」復依行政院公布的《國家圖書館處務規程》（全 15 條），國圖館長、副館長下設圖書館事業發展組、館藏發展及書目管理組、知識服務組、特藏文獻組、數位知識系統組、國際合作組、祕書室、人事室、政風室、主計室等 10 個組室。此外，另成立國際標準書號中心、書目資訊中心、漢學研究中心 3 個任務編組。按 2012 年 12 月 30 日教育部發布《國家圖書館編制表》員額共 129 人。行政院定 2013 年 1 月 1 日施行。2013 年 2 月 1 日漢學研究中心設學術交流組（原聯絡組）、資料服務組（原資料組）。

　　國圖係教育部劃出部分權限及職掌以達其設立目的的組織，國圖將在教育部的督導及推動之下，在新的組織架構下，開啓國圖另一新頁。

　　經過多年的努力，2017 年 2 月 14 日行政院院長林全同意「國家圖書館南部分館暨聯合典藏中心」落腳於臺南市新營區文高用地，約 5.71 公頃；

臺南市政府同意無償撥用市有土地。2018 年 8-9 月國圖進行競圖評選暨成
果展，11 月 13 日在新營基地舉行奠基典禮，可望於 2019 年 12 月開工，
2021 年底完全啓用。聯合典藏中心規劃面積為 10,900 平方公尺，預計儲存
1,300 萬冊圖書資料，將採用哈佛式高架倉儲書架模式（ReCAP）典藏。
國圖南部分館暨聯合典藏中心的誕生，即將逐步成就「卓越國圖，智慧臺
灣」的願景。

第二章　遷臺與聯管處

　　1948 年 9 月 24 日濟南失守，11 月 2 日東北也告全境失陷，共軍有「迫求決戰，威脅首都」之勢。11 月 6 日徐蚌會戰（淮海戰役）揭開了序幕，11 月 22 日第 7 兵團司令官黃百韜（1899－1948）在碾莊（徐州東約 60 公里）的吳莊陣地，舉槍自戕，壯烈成仁，全軍覆沒；1949 年 1 月 10 日國軍其他精銳也損失殆盡，第 2 兵團司令官邱清泉（1902－1949）在陳官莊（蕭縣）飲彈自戕殉國，會戰結束，共軍控制了長江以北的華東和中原廣大區域。1 月 15 日、31 日，天津、北平也相繼失陷，共軍再控制了整個華北。共軍乘勝大舉南下，逼近南京，國、共兩軍形成隔江對峙的局面。

前　言

　　蔣經國（1910—1988）在南京時，住在黃埔軍校門外的勵志社招待所。1948 年 6 月 26 日，蔣經國寫信給國民政府軍事委員會委員長、國民政府委員會主席蔣中正（1887—1975），直言「我政府確已面臨空前之危機，且有崩潰之可能，除設法挽回危局之外，似不可不作後退之準備。」信上建言：（蔣經國，1948.06.26）

　　兒決非因消極或悲觀而出此言，即所謂退者，亦即以退為進之意也。有廣東，方有北伐之成功；有四川，才有抗日之勝利；而今後萬一遭受失敗，則非臺灣似不得以立足。望　大人能在無形中從速密籌有關南遷之計畫與準備。

　　溯及 1943 年 11 月 10 日委員長蔣中正就任國民政府主席，11 月 20 日國民政府發表朱家驊（1893—1963）為教育部部長。1946 年 10 月調教育部常務次長杭立武（1903—1991）為政務次長，杭立武所遺中英文教基金董事會（Board of Trustees for the Sino-British Educational and Cultural Endowment Fund）的總幹事職務由徐可燻繼任。案該董事會原稱中英庚款會（Board of Trustees for the Administration of the Indemnity Fund Remitted by the British Government），1931 年 4 月 8 日成立，以朱家驊為董事長，英國董事賀耐（William W. Hornell）為副董事長，杭立武為總幹事；退還庚款的總額為英金 1118 萬多磅，案當時匯率，1 英鎊＝約 20 銀元。1943 年因取消不平等條約後改名，仍隸行政院；1956 年該董事會全部餘款補助中研院後結束。

　　1947 年 5 月 24 日，國立中央博物院籌備處主任李濟（1896－1979）辭職，杭立武又兼代；同時，行政院聘杭氏為故宮博物院新屆理事會理事，復被理事會推為祕書。1948 年 4 月 19 日蔣中正當選為中華民國行憲後第一任總統。值徐蚌會戰緊迫，南京局勢動盪不安之際，國立故宮博物院（「故宮」）與國立中央博物院籌備處（「中博」）兩院的部分理事，認為南京有可能成為戰區，兩院藏有歷史文物眾多，可稱我國數千年文物盡粹於此，為防患未然計，亟宜避地以策安全。但茲事體大，杭立武乃建議召開兩博物院聯合理事會共同商議。

　　1948 年 11 月 10 日星期日晚上故宮理事會理事長翁文灝（1889－1971；行政院院長）在其南京鼓樓區寓所召開兩院理事談話會密議，理事王世杰（1891－1981）、朱家驊、傅斯年（1896－1950）、徐鴻寶（1881－1971；森玉）、李濟（1896－1979）、杭立武等數人到會，商定第一批將故宮自抗戰時疏散川黔各地，勝利後集中重慶，復員運回南京分院（水西門內朝天宮）的南遷文物中選運精品，以 600 箱為範圍先行運臺。故宮以「院字箱文物為主」，包括 1935 年 11 月 28 日至 1936 年 3 月 7 日在英國倫敦皇家藝術學院（Royal Academy of Art）百靈頓堂（Burlington House）參加「中

國藝術國際展覽會」（The International Exhibition of Chinese Art, London，展覽的文物共 1,022 件），故宮選送的 735 件，及經初選、複選保留未借展的精品，以及其他各類重要文物，分裝 80 鐵箱；同時函電在北平的故宮院長馬衡（1881－1955），將北平故宮中精品造冊，並列詳細的說明，準備裝箱分批空運南京，俾一併轉運臺灣，並促馬氏來南京（但馬衡婉拒南下，藉辭拖延，在北平故宮的文物一箱也未運出）。在會中，理事傅斯年以中央研究院歷史語言研究所（「中研院史語所」）所長的身分，提議該所所藏考古文物一同運臺，包括自 1928 年 3 月至 1937 年全面抗日戰爭爆發間，在河南安陽小屯共進行 15 次有系統的科學發掘所獲的甲骨 25,000 餘件（片）和內閣大庫明清檔案 30 萬件；理事朱家驊也以教育部部長身分，提議將國立中央圖書館（「國圖」）善本圖書隨同遷運，均獲各理事同意。那志良曾提到：

> 在談話會中朱理事家驊提議把國圖的文物一同運臺，這本是國圖館長蔣復璁先生的要求。在時局緊張之時，蔣先生為文物之遷運，十分努力，談話會之舉行，他奔走之力不小，徐鴻寶先生由滬趕來參加，也出諸蔣先生之敦勸。

蔣復璁回憶國圖「遷臺撤退工作」，說到，1948 年 8 月教育部派他到美國考察圖書館事業，並出席聯合國教科文組織（「聯教組織」；UNESCO）會議，但 10 月時從報上得知國內軍事形勢變化而提前回國。（略以）

> 其時局勢混亂，中央圖書館不知將來去向。我到教育部杭立武之房間，我告訴他我主張搬到臺灣，杭立武十分贊成。我們兩人談妥之後，我就和傅孟真談，我告訴他我們之想法後，孟真立刻表示同意。我從孟真那裏出來就去找朱先生〔家驊〕，朱先生也表示贊成，並馬上找杭立武來，要召開兩院理事會。

　　兩院理事談話會後，代理中博籌備處主任杭立武即手諭中博：「（前略）
請將所有文物迅速裝箱，並就其中精品重器儘量提選，另裝百餘箱，統候
理事會議決定辦理。」另依胡頌平《朱家驊年譜》載：「第二天〔朱家驊〕
先生去見蔣總統，報告其事。蔣總統說古物運到臺灣去，他是贊成的，並
指示儘量地搬運。接着，先生又請求派兵船運去，總統也答應了。」

　　1948 年 11 月 26 日行政院院長翁文灝請辭獲准，由孫科繼任。1948
年 12 月 4 日，故宮博物院理事會常務會議、中央博物院籌備處理事會同日
分別召開。故宮假行政院院長室舉行，因翁文灝理事長請辭，由臨時代理
主席杭立武主持，出席理事朱家驊、彭昭賢、王世杰、杭立武、陳方、傅
斯年、張道藩、李濟，列席徐鴻寶，討論「存京〔即故宮南京分院〕文物
應否遷移安全地點妥善保管案」，決議：「先提選 200 箱左右運存臺灣，其
餘應儘交通可能陸續移運；其不能運出者，仍在原庫妥為存放」。中博經討
論後決議，「選擇最精品 120 箱，運至臺灣」，並「以銅器為大宗」。又第 1
批文物運出後，「其餘藏品應儘交通可能陸續遷運；其不能運出者，如有必
要，可送朝天宮故宮倉庫內保存。」本項決議，故宮報奉行政院 1948 年
12 月 16 日（37）四地字 55960 號訓令：

　　（上略）應准照辦。除已飭告臺灣省政府並飭財政部轉飭京臺兩海關免
　　予查驗放行暨令憲警機關協助保護外，合行令仰遵照。此令。

　　　　　　　　　　　　　　　　　　　　　　　　　　　　院長孫科

　　海關總稅務司署迭奉財政部密代電，關於國立中央研究院等 6 機關重
要文物及檔案兩批，由京運臺一事，先後密令分飭江海臺北兩關遵照免驗
放行，並抄發金陵關。（海關總稅務司署，1949.02.04）

　　按早在 1933 年 10 月中央政府決定在南京設置中央博物院，將內政部
所屬古物陳列所所存文物，撥為該院的基本藏品。溯及 1913 年 12 月 29
日北洋政府內務部下令籌辦古物陳列所，12 月 4 日籌備就緒，正式宣告成

立。在籌備期中，內務部派員分赴熱河及瀋陽接收兩處清宮殿內陳設及貯藏古物。熱河行宮古物共有 11 萬 7 千 7 百多件，包括文津閣《四庫全書》乙部，裝為 1,949 箱。盛京皇宮古物有 11 萬 4 千 6 百多件，包括文溯閣《四庫全書》乙部，共裝 1,201 箱。這兩地文物於 1914 年 3 月及 10 月先後運到了北京。內務部把紫禁城的南半部外廷（皇帝接見百官，朝廷議事辦公之處）包括太和、中和、保和 3 大殿以及左右兩翼武英、文華兩殿，撥為古物陳列所所址。當熱河文物抵京，為了文物貯藏，乃在西華門內，武英殿的右側咸安宮舊址建造一座兩層的西洋式建築的古物儲藏大樓，於 1915 年 6 月竣工，命名曰「寶蘊樓」，以貯藏該所文物。將文華、武英兩殿闢作展覽室，1914 年 10 月 10 日雙十國慶正式對外開放。其後，於 1915 年 9 月及 1925 年 7 月，分別將《四庫全書》文津閣本撥交京師圖書館及文溯閣本運回遼寧仍歸還保存於原文溯閣。北伐成功後，1929 年 9 月，古物陳列所（「古物所」）改隸，直屬國民政府內政部。1933 年 2 月，華北告急，古物所亦奉令將文物裝箱，隨同故宮文物南遷；共運出了 5,415 箱、111,549件，留平的文物尚有 8 萬 8 千多件。這批文物運出後，一直隨同故宮文物遷徙，先是集中於故宮南京分院的朝天宮庫房。1937 年 11 月首都告急，中英庚款會總幹事杭立武正在南京籌組淪陷後難民區工作，聞中華寶物藏朝天宮，即向國防最高委員會祕書長張羣（1889－1990）建議將故宮等文物內遷，奉軍事委員會委員長蔣中正核可，並命杭立武秉承負責內運工作。搶救故宮等機關所藏古物，將水陸兼程疏運至大後方的川滇等地，然運輸工具因首都軍情緊急不易取得。杭氏排除萬難，以私人情誼商洽得英輪 Ranpura 號載運，日軍已搶劫南門，而炮火已近北門碼頭。時李國鼎適留學歸國向中英庚款會報到，亦參加押運。自 1937 年 11 月 20 日至 12 月 8 日，費時 19 天，運出朝天宮所藏古物 16,655 箱。勝利後復員再返回故宮南京分院。1946 年 12 月 3 日行政院將古物所南遷文物 5,303 箱（譚旦冏稱 5,304 箱），撥交中央博物院籌備處；古物所留平文物 112 箱及所轄房屋撥交故宮。

　　其後，復有外交部也有部分檔案，包括國際條約文本決定隨同運臺，又國立北平圖書館存金陵大學圖書館的明清內府輿圖，也託故宮代運。杭立武隨即召集會議，要各（6）機關推代表一人，共同成立聯合辦事處，統籌辦理。主要辦理運輸工具的洽商及經費的籌措，由理事會祕書杭立武（教育部政務次長、兩院理事會理事、中博主任）統籌文物運臺事宜，楊師庚（教育部簡任祕書）和芮逸夫（1898－1991；中研院史語所助理員）則先行至臺灣準備；關於運往臺灣文物的選擇與整理，則由各機關自行負責。旋因「船隻噸位尚有餘裕」，「經杭理事臨時酌量變通」，乃將原擬疏運的200 箱，「改定為 320 箱」，另中博亦增列 94 箱，使首批移運文物達 212 箱」。國圖特邀徐鴻寶提選精品，蔣復璁（1898－1990）曾說：

> 中央圖書館當時藏書已達 100 萬冊，不可能全部運走，我專程從上海請
> 當時故宮博物院副院長亦是版本專家徐鴻寶選定圖書，在選定後，決定
> 將圖書分四批運往臺灣。

一、遷運

（一）自京遷臺

　　自 1948 年 12 月 22 日起至 1949 年 2 月 22 日止，文物運出 3 批，共5,522 箱。

第 1 批文物遷臺

　　行政院 1948 年 12 月 9 日（37）四地 54945 號行政院發給中博簽發文物運臺證明書，內容為：

茲有中央研究院、中央博物院、故宮博物院、中央圖書館、北平圖書館、外交部等六機關文物及重要檔案計陸百伍拾箱遷存臺灣。特此證明。

　　　　　　　　　　行政院印　院長　孫科（簽字戳）

　　由於得到海軍總司令桂永清（1901－1954）的協助，派運輸艦中鼎號（原美國海軍郡級戰車登陸艦，1946 年 5 月 29 日在青島接收）專運文物赴臺。1948 年 12 月 20-21 日文物在南京下關碼頭裝船，21 日杭立武、傅斯年、徐鴻寶、蔣復璁等均來船上視察。在裝船之前，已有海軍方面人員眷屬登輪，不下四五百人，準備隨船來臺，軍艦方面不便阻止，派員交涉無效。杭立武乃打電話給留英同學海軍總司令部少將參謀長周憲章（1897—?；案 1945 年 9 月 1 日，時任上校、軍事委員會留英學員領隊，因軍事委員會命令軍令部內設立海軍處，由軍政部長陳誠（1898—1965）兼任處長，被陳誠電令回國出任海軍少將副處長。1946 年 4 月 8 日，周氏搭乘英艦 Whimbrel 號抵達東沙島，重建氣象臺），周氏和桂永清親到船上，勸導登輪的眷屬，應以國家文物為重，才相率離去。（另一說：傅斯年目睹此情此景，大為不懌，逕赴海軍總部，走訪桂總司令永清。未久，海軍總部有命令到達，所有登艦人員全部下船，宣達此船乃運送文物專艦，不得搭載無關人員。海軍眷屬經海總派員疏導後紛紛離去。）傅斯年與艦長王雨山商定，由艦上官兵勻出 4 間艙房，供 8 位押運人員住，超額的留下。因此，未登艦的吳玉璋、周鳳森、昌彼得等約定每天在教育部碰面一次，打聽第 2 批的船期。於是這艘艦上，除了海軍官兵、文物押運人員及其眷屬以外，全是文物。中鼎號在 1948 年 12 月 22 日清晨自下關開出，當船駛入臺灣海峽逢東北季風，中鼎號推進器又壞了一個，馬力不足，船搖晃地更加厲害。12 月 26 日上午到達基隆，因無碼頭，停泊港口。這一批文物由李濟（中研院史語所）率領，共 772 箱，各機關所派押運人員及所運箱數分列如下：

　　故宮博物院　莊尚嚴　劉奉璋　申若俠　　　320 箱

中央博物院	譚旦冏　麥至誠	212 箱
中央圖書館	王省吾	60 箱
中央研究院	李光宇	120 箱
外交部	余毅遠	60 箱

28 日午船到基隆碼頭，靠岸卸船，由楊師庚、芮逸夫來接，他們已找好通運公司的楊梅倉庫，暫行置放文物。28 日下午 5 時開始把箱件裝入火車，共裝 16 車，當天午夜啓行。29 日清晨 1 時許抵楊梅，候天明，8 時卸車入庫，陰雨，5 時天黑，未能全部入庫，餘兩車停存站中，隔日上午全部入庫。

　　1949 年 1 月 4 日，杭立武自南京發電報給臺中糖廠廠長於升峰轉譚旦冏再轉李濟，請其照料五機關在臺公物及人員。

　　鑒於該倉庫不大，如日後文物陸續運來，將不夠使用。於是楊師庚、芮逸夫、譚旦冏（1906－1996）便到中部查看，咸以臺中氣候好，比較乾燥少雨，適於儲存文物，臺灣糖業公司臺中糖廠也有空閒庫房（存放砂糖之用），因急電杭立武。經由杭立武請他的金陵大學同學時任臺中市市長陳宗熙（1898－2003）協助，一行到臺中糖廠去接洽。洽談中知悉廠長於升峰，與譚旦冏都是留法的同學，再加上陳市長的幫忙，於廠長慨然同意借兩棟倉庫第 13 號、第 11 號（本號倉庫臨時騰空奉借，須適時收回），及撥糖廠振興路小火車鐵道（中南線，臺中－南投）旁和該倉庫左側的土地（各為 210.5 坪和 38.55 坪，合計 249.05 坪），供建遷臺人員自建宿舍兩列 21 間及辦公室 1 所（臺灣糖業股份公司臺中糖廠）；並報經資源委員會應允借撥所轄臺中糖廠倉庫，由南京中博代表譚旦冏與於臺中廠長於升峰簽借倉庫暨借地營建契約書。接洽妥善後，1949 年 1 月 9 日將存在楊梅的文物，除了中研院史語所箱件仍然留存外，其餘各機關文物都運到臺中市臺中糖廠倉庫貯存。

第 2 批文物遷臺

　　海軍方面派船遙遙無期，爰改雇商輪，採包船的辦法，不搭其他乘客

或貨物，交通部招商局輪船公司允予協助，派貨輪海滬輪（B 型輪，1946
年下水）代為專運。故宮、中博和中研院分別於 1948 年 12 月 30 日、12
月 31 日與大華汽車行、招商局訂立租車合約、租船合同。前者，裝車地點
分為南京朝天宮 20 號故宮倉庫和中山門中博倉庫兩地；卸車地點為下關碼
頭。租車運費每車金圓券 460 元；預付 3 萬元。後者，自上海交船日起至
最後目的地卸貨完畢日止，租金每日金圓券 6 萬元（8 折實收），租期暫定
15 天，共計 72 萬元，定約時在南京一次付清，卸貨交船後再按實際用船
時日多退少補；並另支付裝卸一切雜費及伙食費 3 萬元。

　　1949 年 1 月 6 日由南京下關開出，1 月 9 日晨到達基隆。這一批文物
原定由徐鴻寶率領，但他並未成行。早在 1948 年 12 月 13 日徐鴻寶致臺靜
農函：「袞袞諸公妄以臺灣為極樂國，欲將建業文房諸寶悉數運臺，牽率老
夫留京十日，廁陪末議。期期以為不可，未見採納。」他無法阻止文物遷
臺，只好拒絕督運來臺。

　　本批文物遂由各參加機關押運人員共同負責。本次共 3,502 箱，各機
關所派押運人員及所運箱數分列如下：

故宮博物院	那志良　梁廷煒　吳玉璋	1,680 箱	
	黃居祥		
中央博物院	李霖燦　周鳳森　高仁俊	486 箱	
中央圖書館	蘇瑩輝　昌彼得　任　蘭	462 箱	
北平圖書館	委託代運	18 箱	
中央研究院	董同龢　周法高　王叔岷	856 箱	

當時，「由於中央軍政機關遷臺單位激增，美援物資也陸續到達臺灣，上海
商人及貨物，更紛湧沓來，使基隆、高雄兩港擁塞，基隆港情形尤其嚴重，
進港貨物卸載困難萬分，各船有候卸一個月以上者，甚至原船開回上海
者」，臺灣省政府主席陳誠（1948 年 12 月 29 日行政院第 32 次政務會議通
過本項任命，1949 年 1 月 5 日就職）「希望蔣〔總統〕轉飭中央軍政各機
關，凡不必要之單位及物資，不必遷臺，以免過度擁擠，招致人民不良之

觀感。」

海滬輪抵基隆港，碼頭擁擠，火車貨車車箱不敷分配，延至 1 月 12
日才開始卸船裝車。14 日各機關箱件次第啓行，除中研院史語所的文物運
到楊梅，其他各機關的文物於 22 日都運到臺中糖廠倉庫。北平圖書館復員
還都的內閣大庫輿圖，館長袁同禮（1895－1965）委託中央博物館籌備處
保管。

本批因較有充裕時間作準備，起運較多的精品，以圖書文獻來說，如
故宮《四庫全書》、《四庫薈要》全部，國圖善本書等；所運箱數也最多。
國圖本批圖書運抵臺灣後，蔣復璁於 1949 年 2 月特自南京乘輪來臺，「視
察國圖善本書運儲情形，並擬籌設國圖臺灣辦事處，俾展開業務，以經費
無著而止。」（昌彼得）

第 3 批文物遷臺

第 3 批疏運，因中研院史語所已運完，只餘故宮、中博、國圖。3 機
關所派代表，於 1949 年 1 月 9 日在中博新建院廈開會商定再運 2,000 箱，
計分配故宮 1,700 箱（本批以圖書與文獻檔案為主），中博及國圖各 150 箱。

時已局勢緊張，軍用物資運輸非常繁忙，雇不到商船，祇好再度商請
海軍方面協助。依 1948 年 12 月 31 日總統府府貳字第 2492 號代電:（王丰）

教育部杭次長立武勳鑒：12 月 18 日呈悉，所請飭海軍總司令部派艦運
送中央研究院等五機關名貴文物圖籍 3,000 箱赴臺省保存一節，已電知
該部與兄接洽辦理，即希逕洽為盼。　　　　　　　　蔣中正亥世府貳

洽經桂永清答應派運輸艦崑崙艦（該艦原係招商局 3,000 噸貨輪「海閩
輪」，因 1947 年 3 月 19 日在廈門外海撞沈剛從英國接收回國的「伏波艦」，
1948 年 7 月 1 日移交海軍，作為賠償）裝運。但本艘軍艦與前次專載文物
性質不同，只是附運，船期必須保密，建議先把箱件運到碼頭，俟船一開
到，裝好就走。可是附近的倉庫，物資堆積已滿，文物箱件無處可放，天

氣雖陰雨，細雨霏霏，於是也只好露天置碼頭，用油布覆蓋，靜候船隻。1949 年 1 月 28 日下午崑崙艦開到時，正是農曆 12 月 29 日除夕，艦長沈彝懋（1895－1949）（案 1949 年 4 月 4 日崑崙艦裝載海軍機械學校全部人員與裝備啓航往馬尾，由滬開榕時，沈氏在上海吳淞口叛變「起義」失敗，槍決於左營）宣布只停留 24 小時，即行開船，必須加速裝船。先是，碼頭工人以過年為辭，不肯裝船，幸好事前已與碼頭工會訂約，繳過訂金，工會先有承諾，無可抵賴；又挽請衛戍司令部出動軍警勸說，及內政部主管工會組織方面的人員疏通，並答應工人加發新年特別獎金，這樣才勉強集合了一批工人連夜搬運入艙。再是，海軍總司令部方面人員，得悉有艦艇要開往臺灣，大家爭先恐後，攜家帶眷，一擁而上，佔滿了後艙，軍艦方面，無法阻止；另外一個前艙已置放了其他機關的物資，餘地只能約裝 500 箱，但待運要 2,000 箱。經求助，桂永清雖又親來船上，勸導大家下船，但時局已十分緊張，大家都抱著逃難的心情，不肯下船，看到總司令來到，男女老少，放聲大哭，他看看他們黯然無語。桂永清乃諭令艦長，把艦上所有官兵寢艙開放，儘量容納這些人；文物儘量分別送到艙中、甲板、飯廳及醫療室。就這樣故宮還有 728 箱（文獻館文獻檔案，都是寓字箱號），國圖有 28 箱，都未能裝上船，只好分由兩機關留駐南京人員運回。在搬運最後的時刻，已在艦長下令封艙之後，杭立武、索予明懇切表示，尚有 4 箱係日本歸還文物中的木鏤雕翡翠屏風、白玉花瓶、青玉花瓶等 4 件，是汪兆銘赴日，贈日皇及皇后的禮物，勝利後自日本皇宮接收回國，不僅價值連城，且經 8 年血戰後，才得收回這最具歷史意義的紀念物，尚未搬運上船；幸得副長（副艦長）褚廉方（案褚氏 1949 年 1 月 1 日至 1952 年 10 月 16 日擔任丹陽艦第 1 任艦長）允許，下令把該官兵寢室的辦公桌椅撤除，將該 4 箱國寶搬運上船，才得運臺。這一批文物本已決定由故宮姚從吾率領，但他因事提前來臺，押運的事，仍由各機關所派押運人員共同負責。本次共 1,248 箱，各機關所派押運人員及所運箱數分別如下：

故宮博物院　　張德恒 吳鳳培　　　　　　　972 箱

中央博物院　　索予明　　　　　　　　　　154 箱

中央圖書館　　顧華　　儲連甲　　　　　　122 箱

　　崑崙艦於 1949 年 1 月 30 日上午 10 時從南京下關開出，途中（京口附近）突破中共砲火攔截，31 日抵滬，停靠碼頭 3 日，轉開高昌廟江南造船廠修理，又經 7 日始竣；2 月 9 日離滬，11 日抵定海，復停 3 日，14 日駛馬尾，停 7 日，21 日離馬尾，22 日始抵達基隆。旋卸船裝車，23 日全部裝完，分批運抵臺中，26 日搬入臺中糖廠倉庫，經 3 日完成。

　　另各機關每批文物遷臺可各帶工役（友）乙名，如故宮派王振楷、王世華、牛性羣；國圖呂起森；中博張銀武。（國立中央圖書館臺灣辦事處，1949.07.12）

　　由於代行總統職權李宗仁下令禁運，遂無第 4 批文物遷臺。中央圖書館 1949 年 2 月 19 日臺字第 3 號呈教育部報告將善本書運臺經過（中國第二歷史檔案館）：

　　案奉鈞部 1948 年 12 月 18 日社 67905 號代電，內開：極密。茲以時局緊張，為策文獻安全起見，仰將該館善本圖書迅派幹員護送臺灣妥藏。並與國立中央博物院秘密取得聯繫暨具極為要。等因。奉此，遵即密與國立中央博物院暨故宮博物院等機關，取得聯繫，派幹員分批移運。第 1 第 2 兩批，係善本圖書及金石拓片重要文卷等業經先後運抵臺中，存於臺中糖廠倉庫。第 3 批係普通本圖書，預備在臺灣開放閱覽之用，亦將到達。奉令前因，除將運來臺灣之善本圖書目錄，另案呈報外，理合具文密報。懇祈鑒核備案，實為公便。謹呈
　　教育部

　　　　　　　　　　　　　　　　國立中央圖書館館長　　蔣復璁

臺灣辦事處

　　1949 年 2 月 19 日國圖臺字第 4 號呈：略以：（國立中央圖書館，

1949.02.19）

> 竊以臺灣在日本統治下五十餘年，祖國經籍，流傳至罕。為發揚本國
> 文化，使臺胞普遍嚮往祖國文明起見，特運來普通本舊籍及內地近年
> 出版圖書，連同臺灣方面最需要之西文圖書雜誌等共一批，預備在臺
> 灣開放閱覽。經商得臺灣省立臺中圖書館同意，擬設立辦事處於該館，
> 定名為國立中央圖書館臺灣辦事處。並在臺南工學院及臺北省立圖書館
> 設立通訊處，派員負出借圖書之責，以廣流通。

報奉教育部 1949 年 3 月 8 日穗社字第 716 號指令復准備查。（教育部
1949.03.08）又 1949 年 5 月 30 日穗高字第 3794 號代電：「國立中央圖書
館蔣館長復璁冬電悉。該館已在臺南覓屋展開工作節，准予備查。」（教育
部 1949.05.30）但昌彼得〈蔣慰堂先生年表〉提及「先生亦擬籌設中央圖
書館辦事處，以政府命令所有機構不得設立辦事處而罷」。蔣復璁也曾言
道：「本擬籌設國圖臺灣辦事處，惟因礙於政府法令而作罷」。

兩院一館

　　1949 年 2 月底，運臺文物存在臺中糖廠倉庫的「兩院一館均奉主管長
官之命組織臺灣辦事處」（國立中央圖書館，1949.07.12）。在臺中糖廠倉
庫該撥地建蓋了辦公室 1 所及 21 間宿舍，是木柱竹籬塌塌米屋。國圖配
到 6 間，分由顧華、昌彼得、蘇瑩輝、任蘭、儲連甲、王省吾（1919－2004）
遷入居住。

　　國圖第 3 批普通圖書運達臺中後，館長蔣復璁即轉往廣州，時中央政
府已遷穗。1949 年 4 月，他應聯教組織的邀請，赴歐洲研究圖書館事業，
「來臺視察運臺圖書，即轉往歐洲考察」（王省吾）；先後考察法、英、丹
麥、西德、瑞士等國圖書館，歷時半載，並奉教育部令派任我國代表，出
席巴黎第 5 屆聯教組織會議。

　　1949 年 6 月教育部派督學胡秉正來臺中糖廠倉庫視察。胡督學關切兩

院一館運臺文物的保管與維護，及同人生計；尤其是「去冬今春同人等相
繼奉派押運文物來臺，瞬已半載。然時至今日，同人等月俸不繼，生活已
瀕絕境，枵腹難以從公」，臨行囑同人填製備忘錄，以便代陳杭部長鑒核。
7月中旬，3機構代表顧華、莊尚嚴、譚旦冏陳「兩院一館在臺事項備忘錄」
附陳保管方面所需款項及所餘公款等項12種。首列「兩院一館臺灣辦事處
立法上程序問題」，略以：臺灣辦事處乙事，未及呈報上級機關備案完成程
序，而平京先後不守，兩院一館遂至停頓。今後無論取聯合機構辦法或維
持各該臺灣辦事處辦法，均請裁奪迅予決定。（國立中央圖書館臺灣辦事
處，1949.07.12）

　　1949年8月31日，教育部在臺中設置國立中央博物圖書院館聯合管
理處（「聯管處」），將故宮博物院、中央博物院籌備處、中央圖書館及中華
教育電影製片廠四機構運臺的圖書文物、器材與隨行押運員工合併納入。
「10月，蔣復璁自法京束裝返國，時廣州已淪陷，而國圖亦已裁併，他遂
暫止香江。」（蘇瑩輝）。「部令發表了5位〔聯管處〕委員。5位委員可說
與兩院一館無絲毫淵源，而政府並未明令解職的中央圖書館館長竟不在其
列。所以慰堂先生憤不來臺的心情是可以了解的。」（昌彼得）蔣復璁「留
在香港教書，研究宋史。當時所有員工不單無薪，也無工作，直到聯管處
成立。」（王省吾）。1949年12月，中央政府遷臺。1951年5月，蔣復璁
應臺大文學院院長沈剛伯之聘來臺擔任中文系教授，1952年10月3日皈
依天主教，由神父龔士榮付洗，課餘潛研宋史及天主教義。

（二）楊梅倉庫與中研院

　　1948年11月中研院院長朱家驊召集院內各所所長及在京少數院士，
商定適時向後方遷移。12月初決定停止九華山的建築工程，即用其餘木
材，釘製木箱，備裝運各所重要圖書儀器之用。撤退的路線是先向上海集
中，然後再分向東南及西南各後方出發，儘量與各地大學及教育文化機構

合作，例如當時的廣西大學、臺灣大學、中山大學的負責人都曾表示歡迎中研院前去合作。撤退的決策，雖說最初無人公開反對，可是到了實際啟運公物的時後，各所意見不一，和存心觀望的態度，慢慢的暴露出來。最後及時撤遷來臺者只有歷史語言研究所和數學研究所。

數學研究所

　　數學所原有研究和行政人員 18 人，僅由所長姜立夫（1890—1978）等 7 人來臺。數學所將運來的 4,000 冊數學圖書及一些關於中國數學史的珍貴線裝書（後者迄今仍下落不明），包括該所接收偽上海自然科學研究所圖書和期刊遷往臺灣大學，暫時棲身於臺大數學系 2 號館二樓一間研究室。姜氏完成播遷後，1949 年 7 月，因廣州嶺南大學校長陳序經（1903－1967）延攬他到嶺大執教，並為他的來到，新設數學系，俾出任系主任。姜氏遂以「家有急事」為由，離臺北到廣州。中研院由總幹事周鴻經（1902—1957）兼代數學所所長。所內研究人員或離臺或赴美，很快變成一人所長，陷入停頓狀。

歷史語言研究所

　　史語所原有研究人員 41 人，20 位來臺，2 人赴美；行政人員 26 人，僅 6 人來臺，基本上規模尚屬完整。遷臺文物抵臺後，圖書文物暫存楊梅。其間，傅斯年請芮逸夫洽臺灣大學代理校長杜聰明（1893－1986），杜氏「重申其極歡迎史語所遷入臺大之意，並謂楊梅鎮不宜存放珍貴文物」，但未及施行。1949 年 1 月，傅斯年就任臺大校長。1949 年 4 月 26 日朱家驊和傅斯年同到楊梅倉庫，乃在倉庫裏騰出一些地方作為辦公之用，因為地方太小，運到的書籍只能打開一二佰箱上架；同人住的地方都是破爛的房子，有的在一個房間裏住了全家。下午回到臺北，又到臺大去看李濟、董作賓（都是院士），兩家同住一個教室裏，用一塊白布攔在中間，算是分作兩家。中研院總辦事處也無處棲身，都擠在由傅斯年幫忙位在臺北和平東路所租賃的一棟日式平房裏。中研院函行政院時提到，略以：

> 歷史語言研究所之圖書史料、古物設備暨數學所圖書運臺，包括漢籍連
> 同善本書 14 萬冊、西籍書 1 萬 1 千餘冊、其他亞洲文籍 4 千冊、拓片 6
> 萬餘紙、民間文學萬餘件，以及民清內閣大庫檔案、殷墟出土之甲骨徒
> 以限於經費未獲房屋之故，不得不臨時租賃桃園縣楊梅鎮之貨倉內，因
> 陋就簡，勉強堆放，蟲濕火患，殊難防避。

1950 年 1 月 14 日，中研院才在行政院的歲計預算上重行列名，每月經常
費新臺幣 22,913 元，臨時費 33,360 元，雖然很少，總算維持了這個學術
機構。

中研院南港院區

　　1952 年夏，行政院在下年度預算編列中研院遷建費 135 萬元，1951
年祇需 90 萬元的建築費，此時因為物價上漲，需要 315 萬元了。所幸 1953
年起物價已趨於穩定，人民願意持有新臺幣，對幣值的信心已經恢復。溯
自臺灣光復初期發生惡性通貨膨脹，經 1949 年 5 月開辦黃金儲蓄存款，1950
年 6 月 15 日發行新臺幣(舊臺幣 4 萬元折合新臺幣 1 元)並管理外匯貿易，
採結匯證制，1950 年 3 月開辦優利儲蓄存款高利率政策措施；1950 年起實
施一連串的農地改革，分三七五減租、公地放領、耕者有其田 3 階段依序
施行；1950 年起美國開始經濟援助臺灣；1953 年起，政府實施「第 1 期 4
年經濟計畫（1953—1956 年）」等改革措施，始告有效控制，奠定長期經
濟安定成長的基礎。

　　1953 年 8 月中研院在臺北南港舊莊現址購得李、廖等姓幾十戶農田，
約 3 甲（50 畝），每坪約新臺幣 10 元；其後地價飛漲，第 2 批購置土地 4
甲，已漲為每坪 50 元。10 月行政院撥給第 1 期建築費 80 萬元，此時中研
院又獲得中華教育文化基金會補助 5,000 美元及美國洛克斐勒基金會
10,000 美元贊助，約可折兌新臺幣 232,500 元；1954 年春開始營建院區第
1 期工程建築貯藏文物的倉庫。1954 年 5 月政府續撥 71 萬 9 千元，營建第
2 期工程以建造必需的工作室及安置楊梅 16 家史語所同人宿舍及單身宿

舍。1954 年 7 月、11 月分別完工造成倉庫 1 座、研究室樓房 1 幢、宿舍 7 幢。12 月 15 日史語所便將圖書文物由楊梅遷至南港，結束了員工的飄零生活。

　　1954 年 7 月 15 日決定恢復植物研究所。12 月 28 日中研院組織法修訂公布，改隸總統府，機構名稱由「國立中央研究院」改為「中央研究院」。12 月 30 日決定設置近代史研究所。1955 年 1 月再獲政府撥款 157 萬，第 3 期工程開始；4 月決定設置民族學研究所。8 月史語所兩層研究大樓完成後，上開 3 所籌備處借用 2 樓擠在一處工作，奠定了中研院在南港的基礎。

　　1956 年 7 月朱家驊爭取到「中英文教基金董事會」（1945.03.01「中英庚款會」更名）撥出最後餘款美金 20 萬元，奉指示全部用於籌設化學研究所。9 月朱家驊鑒於化學所購買設備與建築房屋還需要時日，經費一時不能全部動支，而全院發展需要土地，毗鄰地價不斷上漲，迫不及待，毅然決斷，先行借用化學所的補助一部分，購買土地 9 甲餘，每坪 55 元。全部手續均曾報告當局，並經國家行局結匯，但竟成日後流言中傷之因。1957 年 8 月朱家驊呈請辭職。時全院有新舊研究所（包括籌備處）7 所，土地 360 畝，研究用樓屋 5 座，宿舍 30 餘幢。並恢復了院士會議和評議會，及國際科學聯合會理事會（International Council of Scientific Unions）的會籍，使我國學術界重躋於國際學術之林。

（三）臺中糖廠倉庫

　　臺中糖廠倉庫除了存藏故宮博物院、中央博物院籌備處、中央圖書館、北平圖書館、外交部運臺的圖書檔案等文物以外，還有其他機關運進來臺中糖廠倉庫代管者。

外交部

　　外交部的條約和檔案在臺中糖廠倉庫存貯不久，便由外交部運往臺北。案外交部檔案管理制度肇始於 1861 年（清咸豐 11）總理各國事務衙

門所設立的「檔房」。「檔房」是清代在中央及地方機關內部設置辦理文書和管理檔案的單位，伴隨「清檔制度」而生。「清檔」是將原檔案重新鈔寫後依類予以裝訂成冊，以軍機處最為慎密完備。軍機處設於 1729 年（雍正 7），是清代的行政中樞。按皇帝的旨意草擬上諭和處理章奏，同時也將這些重要文書通過匯抄，編成檔案，妥為保管，以備查用。依詠仁〈清檔制度〉乙辭的釋文，軍機處「清檔」匯抄的具體做法，可分為「逐日匯抄，編訂成冊」、「專項匯抄，編成專檔」、「定期修繕，錄副存檔」、「仔細匯抄，認真校讀」、「清查檔案，編寫目錄」。1901 年（光緒 27）改稱外務部。北京政府外交部沿襲清代編纂檔冊的傳統方法，依其 1912 年至 1914 年該部檔案事務相關規則的規定，「文件者，謂文書及一切附屬於文書之件。」可知，「文書」指每一件獨立的公文書，而文件則是文書及其附件的總稱。「檔案」則是「每案於結案時」「刪繁摘要」編成的專檔。《外交部保存文件規則》提到「調取文件應先就檔案取閱，如檔案缺漏，或有疑義，再調原件」，所以外交部所指的「檔案」，不是檔案原件，而是經編輯纂修的檔案。總之，所謂文件（文書）即指已經主管部門辦結而歸檔的檔案原件；而「檔案」則是指一件公務在處理的過程，從開始、經過、結案，根據這個流程所編製加工的檔冊或摘要之冊。因此，檔案處理會有辦結歸檔的原件和對原件加工的「檔案」。

1928 年 6 月， 北伐成功，北京政府結束，全國統一。1928 年 7 月 26 日，國民政府外交部成立「外交部北平檔案保管處」，接收清點北京政府外交部檔案。1935 年 3 月成立「行政院及所屬各部會檔案整理處」，才有了檔案中央管理機關。1935 年 5 月 27 日，上開外交部北平檔案處裁撤（1928—1935）。

除上述隨第 1 批文物遷臺，條約和檔案由外交部人員押運來臺外，外交部另陸續將檔案遷往臺灣，存放臺北縣汐止及臺北博愛路外交部地下室。1956 年，外交部將 1861—1928 年的外交檔案（歷史檔案）寄存中研院近代史研究所（檔案館），包括清季總理各國事務衙門檔案（1861—1901）

1,008 函、外務部檔案（1901—1911）457 函、民國北京政府外交部檔案（1912—1926）2,446 函，共 21,000 餘冊。1956 年 7 月，該所編《清季外交清檔要目及概說》乙種，1968 年 10 月編《外交檔案目錄》上下兩冊油印本。1991 年該所出版《外交檔案目錄彙編》2 冊。

在 2002 年《檔案法》實施前，外交部自 1975 至 2002 年間也曾分 17 批陸續轉移存藏機關檔案（普通檔案）32,007 卷予國史館，該批檔案年代，上起 1893 年（光緒 19），下迄 1990 年，其中以 1928 年至 1990 年間者為重要；也還有北京政府外交部檔案，約 250 卷。該法實施後，外交部將屆期（屆滿保存年限）檔案送交檔案管理局審核，經鑑定候審選接管為國家檔案。

2000 年，外交部將前清條約 174 件、疆界圖 406 幅、及租界圖 208 幅，寄存故宮。

教育部中華教育電影製片廠

1949 年 5 月教育部中華教育電影製片廠（「中教廠」）原存上海電教器材百箱，約值美金數百萬元。並非古物，暫時存置。

溯自陳果夫（1892－1951）仿義大利成例，於 1933 年春，先後在江西置 2 輛電影巡迴車，宣導新生活運動；同年 10 月，任江蘇省主席，命該省教育廳裝置電影施教巡迴車，施教效果非常的好。1936 年陳立夫（1900－2001）由中宣部調任教育部部長，實施電影巡迴施教，全國 24 省 6 院轄市，共設 81 個巡迴放映區，爰新興了相關教育劇本及影片的需求。

全面抗戰爆發，1942 年元旦，教育部在重慶成立中教廠，由陳果夫擔任指導委員會主委，編《移風易俗》、《生生不息》劇本，拍攝了《川北勝迹》等幾部短片。時祁和熙（1919－1983）在 1946 年畢業於江蘇國立社會教育學院，研讀電化教育，專攻電影攝製，畢業後任職中教廠技術員、技師等職。遷臺後，在「精兵簡政」下，教育部將許多附屬機構裁減合併，中教廠被縮編成社會教育司藝術教育科之下的「電影股」。祁氏進入臺灣省電影製片廠擔任攝影師、技術、技術主任、編導、製片委員會副主委等職。

1955 年「電影股」在臺北縣板橋鎮恢復建廠；首任廠長郎靜山（1892－1995），經費由教育部和臺灣省政府教育廳共同負擔。1958 年中教廠撥歸在板橋的國立藝術學校（今國立臺灣藝術大學）的實習片廠。

河南博物館

　　1937 年 10 月 23、24 日和 11 月 24 日，河南省主席商震連下了 3 道密令，指示河南博物館將館藏文物移置安全地點。根據河南省府委員會第 705 次會議，河南博物館決議揀送 5,678 件文物，分裝 68 箱，內有甲骨、銅器、陶器、織錦、玉石器、玉如意、典籍等件，為 1920-1936 年間，在河南省安陽、新鄭、洛陽、輝縣、仰韶、廣武等地，挖掘出土的古物羣。由教育部督學凌孝芬，及該館保管部趙習時、雷萌堂等 10 人押運西行。11 月抵達漢口，進入法租界。1938 年 10 月 17 日離開漢口，11 月 25 日抵達重慶，26 日運至中央大學柏溪分校存放。

　　1949 年 4 月杭立武任教育部部長，11 月 28 日杭立武在重慶，河南籍的立法委員李雅仙（1892－ ？）、楊一峯、張金鑑（1903－1989）等，他們表示河南博物館收藏的出土珍貴古物 68 箱，尚存放在重慶中央大學柏溪分校的防空洞裏，特到教育部商請設法運到安全地帶。情勢迫切，杭氏經即面陳總裁蔣中正核准，空軍總司令周至柔（1898－1986）指派 233 號及 308 號運輸機兩架待命。在極度困難的情況下，教育部匆匆派總務司司長班鎮中、社教司司長程行可、專員何九思負責把柏溪古物速運白市驛機場，復派青年輔導委員會陳勻趕赴柏溪協助，乃搶運 38 箱（含保險箱一口，存放玉器），先運抵成渝碼頭，卸船裝貨，再於 28 日午夜卡車到達白市驛機場，深夜 3 時許趕辦過磅及裝卸手續。第 233 號機共裝 21 箱，由教育部邊疆教育司司長郭蓮峯和易價、秦銘新押運，29 日上午 9 時 30 分起飛離重慶，下午 4 時到達臺北松山機場；第 308 號機共裝 17 箱，由詹絜悟、張來福押運，因機件問題，29 日飛往昆明，30 日轉往海口，12 月 1 日下午始抵臺北松山機場。原古物保管人張克明亦隨同來臺。12 月 1 日由秦銘新、張來福押運 38 箱，運抵臺中。2 日中午由郭蓮峯、秦銘新、張來福會同聯

管處楊師庚、熊國藻、汪繼武等接收加封，入藏該處倉庫。

教育部張大千臨繪敦煌壁畫

　　1949 年 11 月，張大千（1899－1983）隻身在臺北青年會舉行畫展，因臺灣與大陸之間的交通已經斷絕，幸得東南軍政長官陳誠安排搭乘軍機回成都接眷。1949 年 12 月 8 日，杭立武隨行政院院長閻錫山、副院長朱家驊、祕書長賈景德、政務委員陳立夫等一行 14 人在成都空軍基地新津機場搭乘最後一架撤退飛機（美齡號專機）來臺，飛機即將起飛前，張大千乘西南軍政長官張羣的車子匆匆趕來機場，並攜帶他臨繪敦煌壁畫 78 幅（杭立武日後得知其中 16 幅是張氏所收藏的古畫攙入），請搭得本機空運臺灣，並允到臺後贈予政府。這批國畫運到臺灣後，即由教育部交「國立中央博物圖書院館聯合管理處」保存。

江西省政府

　　江西省政府教育廳廳長周邦道（1898－1991），在 1950 年 1 月 2 日於臺中致教育部部長杭立武代電，略以：「江西省政府於 1942 年在南城郵局發覺湘潭馬維翰寄臨川王允平收轉運滬之古物包裹 14 件，當經電准經濟、內政兩部，全部沒收，計大小古物，共 182 件。」此項古物已運到臺中，「現值省府結束，擬懇鈞部飭『國立中央博物圖書院館聯合管理處』代為保管，並懇派員監督點對，會報備案，以昭鄭重。」該廳該批查獲之古物，於 1950 年 4 月 5 日在臺中糖廠倉庫辦理移交手續。古物多為玉器，其次為銅器、瓷器及雜件；交中博代為保管。教育部於 1950 年 6 月 3 日呈行政院，呈報聯管處辦理接收文物情形。案江西省政府員工及眷屬於 1949 年 9 月 27 日從廣東汕頭搭乘招商局「鄧鏗號」貨輪前往臺灣，10 月 3 日抵基隆，以 60 兩黃金向臺灣省購得臺中市東區大公街 33 號之日產房屋，作為該省臨時辦公處。旋奉行政院之命，將於 1949 年 11 月 30 日辦理結束業務，文件全數置於臺中市政府。

大成至聖先師奉祀官府

　　1949 年 8 月 23 日山東曲阜「大成至聖先師奉祀官府」，由其主任祕書李豔（1891－1986；炳南）撤至臺灣的卷宗，也先後移入。

日本歸還古物

　　經由行政院賠償委員會、經濟部等機關，因在抗日戰爭被日軍取去，戰後經在東京的中國駐日代表團交涉，由日本歸還的無主古物，由日本橫濱運往臺灣高雄接收者，自 1950 年 3 月至 1951 年 7 月分批接管，前後共有 6 批，總計 105 箱 1,497 件。

二、國立聯管處

（一）國內政軍形勢

　　1949 年 1 月 21 日下午 2 時，總統蔣中正在南京中國國民黨中央常務委員會臨時會議會宣布引退，「爰特依《中華民國憲法》第 49 條『總統因故不能視事時，由副總統代行其職權』之規定，於本月 21 日起交由李副總統代行總統職權」。宣布後，4 時 10 分在南京大校場搭機飛往奉化家鄉。蔣中正下野仍任中國國民黨總裁；李宗仁（1890－1969）代行總統職權。1 月 25 日行政院院長孫科決定 2 月 5 日行政院移廣州辦公，並通告外交使節團亦於同日遷廣州。引起李宗仁的不滿。3 月 8 日，孫科請辭，3 月 12 日經立法院同意由何應欽繼任。

　　李宗仁依仗長江天險，決爭取美援，進行和談。1949 年 4 月國共在北平進行停火談判，在中共主導下，15 日商定「國內和平協定」8 項 24 款，略以：懲辦戰爭罪犯（蔣中正、李宗仁等 43 名）、廢除《中華民國憲法》、

廢除南京政府法統、改編國民政府一切武裝力量、沒收國民政府官僚資本、實行土地改革、廢除國民政府與外國所簽賣國條約、南京政府暫行使職權配合辦理各地的接收與移交。這個談判結果，等於要國民政府無條件投降，南京政府拒絕簽字。和談破裂，中共即發布「向全國進軍的命令」。

1949 年 4 月 21 日零時共軍發動渡江作戰，共軍第 24、25、27 軍經過猛烈砲擊後，順利在安徽荻港舊縣地區，天生港、申港一帶渡江；江陰要塞因司令戴戎光投共而輕易失守，共軍木帆船「萬船齊發」渡江，反將岸防巨砲封鎖江面，使奉命防衛南京阻截共軍渡江的海軍長江海防第 2 艦隊軍艦 23 艘，頓成甕中之鱉。西起九江，東至江陰，兩天內，30 萬共軍全線強渡成功。4 月 22 日該艦隊司令少將林遵（1904－1979）（案 1946 年 11 月 24 日，林氏和姚汝鈺率軍艦太平、中業、中建、永興 4 艘，組「進駐西南沙羣島特遣支隊」，分別於 1946 年 11 月 28 日和 12 月 12 日登上西沙、南沙諸島；勘界及豎立國碑）決定將在南京燕子磯芭斗山長江江面率艦隊起義投共。4 月 23 日永嘉艦艦長陳慶堃（1919－1983）率領不願投共軍艦共 18 艘，於下午 5 時黃昏時起錨突圍。艦隊和長江北岸的共軍野戰砲陣地相互激烈射擊，竟夜惡戰，被擊沈 3 艘，另 4 艘折回，11 艘成功地衝出共軍砲兵封鎖。時停在黃浦江的英美軍艦，都向他們鳴笛致敬。

茲因江防洞開，共軍在浦口渡江，兩面夾攻南京，國軍全線潰退，1949 年 4 月 23 日南京已告失守，國民政府南遷廣州；4 月 24 日共軍沿京滬路圍攻上海，5 月 27 日上海撤守。其後，中共閃電攻勢迅速席捲全國。美國開始重新考慮對華政策。1949 年 8 月 5 日美國發表《中美關係白皮書》（The White Paper），全稱《美國與中國的關係：特別著重 1944 年至 1949 年階段》（U.S.Department of State. *United States Relations with China，with Special Reference to the Period 1944-1949.* （Washington D.C.，U.S. Government Printing Office，1949）。這本白皮書由國務卿艾奇遜（Dean Acheson，1893－1971）動員了大批國務院人員，在教授傑賽普（Philip S. Jessup）的領導下，花了 6 個星期以舊檔案編成，文長 1 千餘頁，主要在強調中國的失陷

是因為國民政府貪汙、無能以及無法配合美國的軍事和政治援助來進行改革，國民政府失敗是咎由自取。使得中美關係盪至谷底，美援中斷，嚴重打擊風雨飄搖的中國。「事實上，白皮書就是艾奇遜打算承認中共政權的先聲，希望藉以卸責，然後和已經壯大的中共建交」（周宏濤）。

1949 年 5 月 30 日，李宗仁同意何應欽請辭行政院院長，6 月 2 日，中常會通過推閻錫山（1883－1960）繼任，隨即由李宗仁咨請立法院同意，3日立法院對閻錫山行使同意權。

1949 年 10 月 1 日中華人民共和國成立。蘇聯及東歐國家即率先予以承認。接著 1949 年 10 月 13 日、17 日共軍佔領廣州、廈門。1949 年 10月 25 日凌晨，共軍第 3 野戰軍第 10 兵團第 28 軍指揮第 244、251（28 軍84 師）、253 團（29 軍 85 師）及 246、259 團（29 軍 87 師）一部共 9,086人對金門發動攻擊，從古寧頭強行登島，國軍守備部隊第 22 兵團（司令官李良榮）分由第 25 軍（軍長沈向奎）和第 5 軍守備大、小金門；與適時增援的 12 兵團（參謀長楊維翰）第 18 軍（軍長高魁元、副軍長劉景蓉）所率第 11 師、118 師，及共軍登陸之際適時到達戰場第 19 軍（軍長劉雲瀚）第 13 師、18 師等一部，相互協調合作，歷 56 小時的激戰，共軍嚐到登島全軍覆滅的敗績，國軍大捷。此役即「古寧頭戰役」（金門戰役），暫時止住了共軍「拿下金門，解放臺灣」的軍事活動。

1949 年 11 月 16 日李宗仁胃出血，決定先行醫治赴美就醫。11 月 19日李宗仁發電行政院院長閻錫山，囑其以責任內閣立場全權處理國政；11月 20 日上午即棄職搭乘專機到香港，當日下午便住入養和醫院（Hong Kong Sanatorium & Hospital），12 月 8 日自香港包租飛機直飛美國紐約，住入哥倫比亞大學附設長老會醫院檢查，發現十二指腸發炎，亟待割治，便留院醫治；病癒復遲不回國，監察院曾多次電請李要求回國以安輿情，李未有回國之意，滯美不歸。

1949 年 10 月 13 日，廣州失守，政府遷重慶上班。11 月 29 日，政府遷成都。12 月 7 日，行政院會決議政府遷設臺北。12 月 8 日下午 6 時國民

政府行政院長閻錫山率領閣員自四川成都飛抵臺北，12 月 9 日行政院開始
在臺北辦公，並召開首次政務會議。由於李宗仁先已赴美就醫，臺灣的中
央政府暫時由閻院長主持。1949 年 12 月 10 日下午 1 時多中國國民黨總裁
蔣中正自成都郊區的鳳凰山機場起飛，晚上 8 點半抵臺北松山機場，從此
告別了中國大陸。12 月 27 日成都陷共，四川之戰結束。大陸戰事屢遭挫
敗，國軍在中國大陸祇據有西康省西昌及雲南省南部蒙自、開遠、箇舊等
地區，大局嚴重。

　　1950 年 3 月 1 日 10 時蔣中正鑒於國內政局紛擾，爰應各級民意機關
催促，在總統府宣布「復行視事」，繼續行使總統職權；12 日陳誠繼閻錫
山任行政院長，由程天放（1899－1967）繼杭立武為教育部部長。國民政
府退守臺灣，兵荒馬亂，美方並不看好臺灣，認為臺灣遲早會落入中共之
手。 1949 年 12 月 30 日、1950 年 1 月 5 日，印度、英國相繼宣布承認中
共政權。1950 年 1 月 5 日美國總統杜魯門（Herry S. Truman，1884－1972）
宣布，美國不會介入中國內戰，也不會軍援退守臺灣的中華民國政府。祇
準備依據現有的法律授權，繼續實施經濟合作署的經濟援助計畫。而經援
也只限化肥、鍊油、發電等項目。1950 年 2 月中共宣布全國解放。

　　1950 年 6 月 25 日韓戰爆發，總統杜魯門改變年初的對華態度，作出
回應的措施，決定派遣第七艦隊巡弋臺灣海峽，阻止來自中國大陸以臺灣
為目標的攻擊，並要求中華民國政府海空軍停止對大陸作戰。1950 年 7 月
31 日盟軍總部元帥麥克阿瑟（Douglas MacAthur，1880－1964）跳過美國
國務院逕行訪華，令國務院不悅，杜魯門任命馬歇爾為國防部長節制麥帥。
但「麥帥此行具體安排了盟軍總部與臺灣之間的軍事聯繫，同時穩定了動
盪不安的臺灣人心。」「韓戰影響了整個世界局勢，包括在崩潰邊緣掙扎的
中華民國政府。」「以美國為首的國際社會卻也認清了赤色勢力的危機，使
退守臺灣的政府中因韓戰而重獲生機」（周宏濤）1950 年 10 月中共介入韓
戰。1951 年 2 月 9 日中美簽訂《中美共同互助協定》，「美國軍事援助技術
團」抵臺。1953 年 1 月美國新任總統艾森豪（Dwight David Eisenhower，

1890－1969）就職。1953 年 7 月 27 日韓戰結束，臺灣周圍的島嶼軍情吃緊。

　　1954 年 9 月 3 日「金門九三砲戰」開啓了國共兩方互相小規模砲擊。1954 年 12 月 3 日在華盛頓中美雙方簽署《中美共同防禦條約》，美國駐臺軍事援助顧問團（Military Assistance Advisory Group，MAAG，美軍顧問團）開始運作。

　　1955 年 1 月 18 日-20 日一江山戰役開打，江浙反共救國軍（各游擊武力整編）軍官 116 人、士兵 923 人，共 1,039 人防守，司令王生明上校（追晉為陸軍少將）在指揮所引爆手榴彈壯烈成仁，一江山島陷落。1955 年 2 月 9 日美國國會終於通過《中美共同防禦條約》。1955 年 2 月 8 日至 24 日大陳島軍民撤退來臺。

　　1958 年 8 月 23 日臺灣日光節約時間下午 6 時 30 分，共軍蓮河炮壘，在 2 小時內，對大、小金門和大膽、二膽等，猛烈砲擊，共計 31,757 發，爆發了「八二三炮戰」（「金門砲戰」）。時共軍突然奇襲，當日第一波轟擊，竟能精準超越太武山頂，垂直落於翠谷營區水上餐廳，3 位副司令官，趙家驤、章傑將軍中彈壯烈成仁，吉星文將軍全身鱗傷送金門五三陸軍醫院搶救，次日不治，為國捐軀。雙方隔岸砲擊至 10 月 5 日，國軍成功的守衛金馬。從而決定了海峽兩岸對峙的局面。1960 年 6 月 18 日-19 日美國總統艾森豪旋風式 24 小時訪問中華民國並發表中美聯合公報，譴責中共對金門隔日砲擊，依《中美共同防禦條約》繼續保衛臺澎金馬。直到 1979 年元旦，中華人民共和國國防部長徐向前始發表停止對大金門等島嶼砲擊的聲明。

（二）聯合管理處

　　1949 年 3 月行政院改組，杭立武獲任命為教育部部長後，即自上海飛抵臺灣，親赴臺中視察糖廠文物倉庫。復於 3 月 26 日舉行故宮博物院常務理事會談話會，就運臺文物的整理保存及臺中倉庫的機構組織等項，交換

意見。理事李濟發言，「報告文物起運、沿途及到臺情形，並以為臺中方面。機構不健全，人事複雜，所有副主任一職，礙難負責擔任。」「4月初，杭部長返京就職，擬成立遷臺文物臨時管理機構，統一事權。為集思廣益，他特於廣州召開歷任教育部長會議，與會的蔣夢麟、李書華、王世杰、朱家驊等對統一設置文物機構，肆應戰時環境事，咸表贊同。」（宋兆霖）

　　1949 年 6 月 1 日杭部長在穗呈行政院為適應戰時環境，節省人力物力，擬將遷臺的國立故宮博物院、國立中央圖書館、國立北平圖書館、國立中央博物院籌備處及中華教育電影製片廠等 5 機構遷臺文物及人員，暫行合併為「國立中央博物圖書院館聯合管理處」臨時機構，隸教育部，依各原有業務，分組辦事；經 6 月 3 日行政院第 65 次會議決議「通過」。5 機構自是合併為聯管處。（行政院，1949.11.24）每一個機構改成一個組，如故宮博物組、中央博物組、中央圖書組、教育電影組及總務組；每組人員，均係各機關原派負責押運人員。故宮原直隸行政院，也暫時從權改隸教育部。

　　1949 年 8 月 31 日，聯管處正式成立。9 月 7 日教育部擬《國立中央博物圖書院館聯合管理處暫行組織規程》（全 6 條），報奉行政院令「該處暫行組織規程核屬可行，惟原有各該院館處廠組織條例或組織規程仍不廢止，並仍利用辦理工作人員銓審事宜。」依此暫行規程，聯管處設一委員會，綜理處務，包括負責統籌管理清點造冊及警衛等。「置主任委員 1 人，常務委員 3-5 人，委員 6-8 人，由教育部聘任」。教育部於 8 月 10 日聘請的委員及聯管處所派各組主任如下：主任委員杭立武，委員王德芳（常務委員）、於升峯、陳宗熙、楊師庚、英千里，祕書廖士毅；故宮博物組代理主任莊尚嚴（1899－1980；依 1949.8.16 故宮人事室登記為「莊尚嚴」）、中央博物組代理主任譚旦冏、中央圖書組暫代主任顧華（精通英德意葡等多國語文）。

　　1949 年 11 月 2 日聯管處常務委員王德芳未受聘即辭職，改聘熊國藻繼任。1949 年 10 月 15 日教育部令聯管處接收故宮、中博、國圖三組文物，

並指派在臺教育部檔案清理處主任鍾健監盤。國立北平圖書館託故宮代運
的內閣大庫輿圖 18 箱，依照聯管處《暫行組織規程》第 3 條第 2 款「中博
組掌理國立中央博物院籌備處及國立北平圖書館原有業務」的規定，移交
中央博物組保管。1949 年 11 月 30 日由熊國藻、鍾健及各組交接人員會同
清點箱數，分別移交接收，計故宮 2,972 箱，中博 852 箱，國圖 644 箱。
至詳細內容，將來清點時，加派專家參加，俾便識別，以昭慎重。

（三）故宮中博兩院共同理事會

　　1950 年 1 月 23 日杭部長邀請故宮、中博兩博物院在臺理事王世杰、
傅斯年、馬超俊、蔣夢麟、張道藩、葉尚志、倪炯聲（林賢爵代）等 7 人
於行政院會議室舉行談話會，報告決定成立聯管處的經過；並決定建議政
府為應付當前需要，設兩院共同理事會，代行兩理事會職權，並董理兩院
及中央、北平兩圖書館存臺圖書的保管清點。

　　1950 年 5 月 10 日，行政院公布《國立故宮中央博物院共同理事會組
織規程》（全 10 條），共同理事會得置理事 21-31 人，並設理事長 1 人、常
務理事 5-7 人；6 月 7 日行政院第 135 次會議決議「聘任吳敬恒、胡適、
蔣夢麟、王世杰、朱家驊、張羣、傅斯年、張道藩、羅家倫、杭立武、吳
國楨、黃朝琴、丘念台、陳雪屏、李敬齋、田炯錦、黃季陸、陳啓天、余
井塘、程天放、馬超俊、李濟、黃建中為故宮、中央博物院共同理事會理
事。」理事任期是兩年，每兩年改聘一次，為無給職。1950 年 7 月 17 日，
兩院第 1 屆共同理事會第 1 次會議，推李敬齋為理事長，王世杰、朱家驊、
傅斯年、羅家倫、丘念臺、余井塘、程天放等為常務理事，杭立武為理事
兼祕書。在聯管處時代，共同理事會凡歷 7 屆，理事長自第 2 屆起，皆推
舉理事王雲五擔任，理事名額自第 3 屆起增至 31 人。王雲五《岫盧八十自
述節錄本》稱：

理事會祕書通常兼任兩院聯合管理處的主任委員，主任委員由教育部聘任，與其他委員若干人，共同主持兩院之行政。共同理事會之任務，在加強在臺文物之保管，而初期特別注重點查。點查端賴專家，以資鑑別。故最初若干年，悉於暑假延請學者專家，前來北溝倉庫，從事鑑別點查，而將點查結果，一一記載於簿冊。

1956 年 8 月聯管處主任委員杭立武奉命使泰，旋由理事孔德成繼任，迄 1964 年 3 月止。

（四）霧峯北溝庫房及山洞

1949 年 10 月間故宮與中博兩博物院共同理事會在臺理事舉行談話會，論及文物安全問題，多以臺中糖廠每天煉糖，煙囪高大，日夜冒黑煙，又地近火車站，運糖小火車聲音吵鬧，為妥慎計，應即選擇離開市區，選郊外靠近山麓之處，籌建專用庫房，以策安全。

聯管處由熊國藻帶領各組主管，尋找建庫地點，最後選定 3 處，請理事會選擇。杭立武乃陪同兩院理事蔣孟麟、傅斯年、馬超俊、張道藩、羅家倫等親赴 3 地視察，認為臺中縣霧峯鄉吉峯村（今臺中市霧峯區吉峯里）北溝山麓地勢較高，背後是山，而且附近沒有住戶，消防、警衛，都較方便，決定採用。

聯管處當即與北溝該處地主林夔龍（林階堂次子，三五公司；案該公司原係 1941 年所成立的三五興產有限公司，社長係林階堂，擁有土地 420 甲）洽商。（杭立武稱與林攀龍（1901—1963；林獻堂長子）商議）。案林獻堂、林階堂為兄弟。日據時期霧峯林家所有土地面積，至少 2,820 甲；為年租 1 萬石以上的五大家族之一。1950 年 1 月 15 日聯管處常務委員熊國藻（乙方）與林夔龍分別簽訂「農地租用契約」及「房地產買賣契約」。依後者載：

林礬龍（甲方）願將座落大屯區霧峯北溝所租用三五公司地番四五之二
農地計總面積 10 . 7575 甲租用權；及租地上自建之住宅 1 大棟，工人住
房 3 棟，豬房 3 棟，及其地面上附着物等，託由介紹人介紹將房屋出賣，
農地過租與國立中央博物圖書院館聯合管理處（乙方）。

當時議定，所有農地、地上建築物，分別予以租、購。「農地係甲方向三五
公司租用，由甲方負責辦理過戶手續。租期 10 年，租金每年新臺幣 1,200
元，10 年租金 12,000 元，一次付清。」「全部房屋價格新臺幣 40,000 元，
約定成立契約同時付給甲方 40,000 元，給據為憑。」

　　聯管處作了庫房的建造及原有房屋分配的規劃，報請主任委員核准，
並提經理事會同意。1950 年 1 月 6 日行政院核撥建築倉庫經費新臺幣 40
萬元。建築的庫房依山建築，共 3 座分立，略呈「ㄇ」字形，每座長 30
公尺、寬 12 公尺，各開 4 門，最高可堆置文物 7 層，每座估計以能容普通
箱件 1,600 箱為準。正面一座，三分之二存中央博物組箱件，三分之一存
中央圖書組箱件；中間用磚牆隔開，以明保管責任。兩旁 2 座，都存放故
宮博物組箱件。庫房牆外，另建一工作室；並附設照相暗房，為沖洗照片
之用。庫房左方，稍遠之地，建有職員宿舍兩棟，並修繕原有房屋備住。
庫房前面山坡下有小溪，就在庫房背後高坡上，修建一蓄水池，將溪水用
電力曳送池中，分設水管，平時供作各戶飲用水，遇必要時，可作消防之
用（後來為衛生計，在坡下打井，用機器抽水到高處的蓄水池）。原址 1
棟舊有的日式住宅，改為招待室，工人住房 3 棟 12 間，劃為駐警宿舍。工
程交由臺灣省臺灣工鑛公司臺中工程分公司承包。1950 年 4 月 9 日完工。
　　自 1950 年 4 月 13 日至 22 日下午以汽車載運，由臺中糖廠，一直運到
北溝，卸入倉庫。計存放故宮博物組第 1 庫 1,513 箱、第 2 庫 1,459 箱，
小計 2,972 箱（古物 1,434 箱，圖書 1,334 箱，文獻 204 箱），分存故宮博
物院文物；中央博物組庫房，存中央博物院文物 855 箱（內 3 箱係文物分
裝之箱）、北平圖書館文物 18 箱、河南博物館文物 38 箱、江西省政府文物

1 箱、日本歸還文物 3 箱，小計 915 箱；中央圖書組庫房，存中央圖書館文物 648 箱（原為 644 箱，有 4 箱過大，改裝 8 箱，共 648 箱）。總計北溝庫房存文物 4,531 箱。隨即在庫房附近建造平房 8 間，供管庫人員暨眷屬居住。庫房保管辦法，完全採用故宮既有庫房管理成規，嚴格辦理。其後，又加強白蟻的防治，備救火車、人力救火機等消防設備。至於庫房警衛，「由臺中縣警察局派警長 1 人、警察 11 人守護」，「保安司令部及防衛司令部亦轉飭所屬部隊，隨時協助」。終於開始安定，文物有了屬於自己的家。

　　庫房管理部分，悉依故宮舊制。依鄭欣淼在其著《天府永藏：兩岸故宮博物院文物藏品概述》稱：

　　　　在臺中北溝，組織上雖然是一個大機構，業務卻各自獨立，故宮仍依據
　　　　自己之成規辦理。（中略）庫房建成時，正值雨季，為了防潮，在庫房背
　　　　後挖掘水溝，引水流泄，過止地下伏流，同時採取了文物在川黔疏散時
　　　　之辦法，如把箱架支起，使下面通風，時常開啟門窗通風，箱架下鋪灑
　　　　石灰，庫房裏堆置木炭，隨時檢查曬晾圖籍書畫等。防治白蟻也採取了
　　　　很多行之有效之辦法。加上重視警衛和消防，保證了在北溝期間之安全
　　　　保管。

1953 年 11 月 26 日又完成庫房背後，開建小規模防空山洞，備必要時可把最精文物遷入儲存，以策安全。洞口為 U 字形，全長 100 公尺，寬 2 公尺半，可存放 600 箱文物。新開山洞，裏面不免潮濕，又經理事會決議，裝置通風機，乃向美國克雷斯納公司（Chrysler）購 4 馬力自動管制乾燥機兩架，使庫裏空氣，保持適當的溫度。書畫圖籍等畏潮文物，暫不入洞，到必要時，再行遷入。復依鄭欣淼提及這個山洞計畫並未成功：

　　　　因為夏天洞裏漏水，乾燥機無法使洞內空氣乾燥；銅瓷玉器本身雖不畏
　　　　潮，但所有匣、架、木座以及包裝物都怕潮，放得久了會出事，所以這

個山洞經常只是備用，不能放東西。

因臺灣光復並未遭遇過敵機侵襲，故文物始終未入洞貯存。2014 年 10 月 3 日臺中市明定該文物典藏山洞為「歷史建築」。

（五）北溝風貌

北溝位處九九臺峯之南，乃因北溝坑溪分流，溪水蜿蜒經過村中而得名。早期全村百戶人家大部分以農維生，從事耕作及民生用水全仰賴這一脈山溪。北溝的聯外交通，在北溝站搭乘中南線（臺中－南投）臺糖小火車（五分仔車）。莊因，〈北溝憶往〉提到（略以）：

> 北溝村是被豐實的稻田擁圍着，而北溝通往臺中市的臺糖小火車，幾乎埋隱在稻浪中。父親當年帶着我們 4 兄弟到站上購買火車月票，站長朱承烈顯得異常高興，因為在此之前，北溝小火車站從未有搭乘小火車前往臺中讀書的學生。他笑說「北溝站出名了」。我與大哥和兩個弟弟，每天天光未亮起床，吃罷早飯，從山腳的家步行大約20分鐘到達小火車站。小火車在稻田中似蛇行前進，噴出大口帶了煤屑的濃煙。長笛一聲響起，隆隆奔馳而去。

這是莊尚嚴和他的公子莊申、莊因、莊喆、莊靈在北溝的生活故事。

1950 年秋莊靈還是臺中糖廠代用國小 6 年級學生，1952 年莊申去臺北投考大學，本文當是敘述 1950-1952 年間事。

北溝東邊臺峯圍繞，每年秋冬交替之際，晨起濃霧密佈，一片白茫茫。時序入冬，天候轉寒，北溝清晨必然降霜，冷冽異常，四處草叢及樹木都露上一層白露珠。出外若未着厚衣褲保暖，一定凍得雙頰通紅，鼻涕直流。

（陳戌興）

　　索予明回憶，在北溝工作，大多時間於書庫中，並無專屬的辦公室。作研究時可申請借閱帶來的古物和文獻，《故宮文物淺說》（臺北：正中書局，1959.07；零售處：臺中霧峰故宮文物陳列館）就是這個時期的作品。宿舍原係工寮，稍事修葺，頓為窗明几淨的雅堂，莊尚嚴取自故宮藏有題籤《五代南唐董源洞天山堂圖》，作為齋名「洞天山堂」。「洞天」本是道教神仙居住的勝境，「山堂」指這些宿舍房子。索予明道：這裏有的是書香、墨香與酒香。

　　故宮為睦鄰，曾召募北溝人來服務，如胡振坤、何阿春、林炳洋、陳義龍、陳眼等人。1959 年「八七水災」沖毀了小火車的軌道，因 1957 年 1 月聯管處陳列室竣工，為因應旅客到來，公路局設了北溝故宮博物院線，適時替代了五分仔車。國內外訪客遊客相繼湧入，一向淳樸安靜的北溝村，瞬時熱鬧起來。配合陳列室開放，故宮成立「員工消費合作社」，提供文物複製品及精美文創禮品等對外販售。北溝人也有一些開始擺攤做生意。（陳戌興）

（六）各項文物清點

河南博物館

　　1950 年 1 月 3 日聯管處擬具《清點河南博物館運臺文物 38 箱辦法》（全 7 條）報奉教育部同年 3 月 14 日備查。依該辦法第 2 條，1950 年 4 月 5-8 日在聯管處，教育部出面邀集來臺的豫籍人士李敬齋（1890－1975）、張鴻烈（1886－1962）、何日章（1893－1979）、董作賓，會同教育部押運人員郭蓮峯，保管的聯管處熊國藻及故宮組莊尚嚴、黃居祥，中博組譚旦冏、李霖燦、張克明，中圖組顧華、蘇瑩輝，共同開箱，進行清點。除保險箱一只因無法開啟未及點查外，其餘點查無誤。4 月 8 日點竣，並編定「河南博物館運臺文物」及「點查文物結束會議紀錄」報教育部備查。該批古

物有銅器 11 箱、陶器 17 箱、甲骨 2 箱、織錦 1 箱，書籍 5 箱、保險箱 1
口，另有大木箱 1 口，合計 38 箱；包括 1929 年 10 月至 1930 年 4 月，河
南省立博物館館長兼民族博物館館長何日章在河南安陽小屯村北且濱臨洹
河地區所挖掘出土的甲骨，依登帳記錄的有 3,646 件（片）。文物典藏狀況，
依清點所見，「該項古物因開封倉卒撤退包裝過於粗疏，經由寶雞轉道川陝
公路入渝，自易破損。而存渝十年，迄未加以整理，有數箱匋器破碎混雜，
幾難辨認；銅器亦多以破碎。甲骨中有一部分附有臘板未及剷除，儲藏日
久，臘板霉爛損及骨片。原裝紙袋包封不固，亦多紊亂。運出圖書多係普
通版本，且一部分日久難免霉爛生蠹。」復依董作賓所記：

> 先開書箱，檢出裝箱時檔卷，各箱古物備極零亂。銅器、陶器大部分擠
> 破。可見匆忙之中，塞入稻草，日子久了，稻草潮濕，積壓成團。新鄭
> 大銅器無一完好，陶俑之類破碎尤甚。甲骨文字，每片裝一紙口袋，口
> 袋上註明字號，日子久，口袋上膠水失效，紙多破裂，甲骨及原拓片，
> 無字號互相羼雜，無從清點。有些甲骨，襯有黃臘墊子，一并裝入，五
> 零四散，傷及甲骨原片。不得已，就原箱封存，以待將來設法作長期之
> 整理清點也。（中略）但是這批材料，急需整理，要總計數量，對照《甲
> 骨文錄》，編號入原甲骨，併合大骨版，我也是責無旁貸的一人了。將來
> 我的健康恢復，稍竭綿薄，是可以達成此目的的。

1937 年 6 月，河南博物館奉示就館藏文物精選分裝 68 箱，運抵重慶；
1949 年 12 月，從中再選 38 箱運抵臺中北溝。1950 年 4 月清點甲骨時，因
零亂而以原箱封存，以待來年作長時期的整理清點。曾經參與北溝清點的
蔣作賓，1959 年撰文稱：「甲文皆碎小之片，破無可破。骨文經裝運，大
片殆皆變為小片，數量一定增多了。」爰先暫依照原登記的檔案冊子記：「骨
文 983 片，編為 983 號，分 17 組，列入「黃」字。甲文 2,673 片，編為
2,673 號，分 167 組，列入「黃」字。總計甲骨文字 共有 3,656 片」。惟

1999 年，于鎮洲等編纂，《河南省運臺古物圖錄》（臺北：河南運臺古物會，1999），載：「甲片共有 267 組，凡 2,924 片，骨片共 107 組，凡 642 片，甲骨總計 3,566 片。」

　　1956 年 5 月教育部協商河南博物館運臺文物借予國立歷史文物美術館陳列。1957 年 10 月歷史文物美術館定名為國立歷史博物館。

國立北平圖書館

　　北平圖書館存臺文物 18 箱，計 261 種、503 件，多係前清內閣大庫輿圖等件。1951 年 2 月 19 日至 23 日中博檢查清點，編造清冊。就所見如下：「箱內軸冊，有包裹者甚少，空隙處亦未全塞填，致軸頭多有脫落，冊頁多有散亂。圖籍大多原有蟲蛀潮霉脫裱等情狀，僅少數柚木發現蟲蛀。原有目錄亦有少數名稱不符，少數未在此 18 箱中，更有一部分文物為原目錄所未載及者。」

故宮博物組、中央博物組、中央圖書組

　　兩院文物運到臺灣以後，理事朱家驊屢次提議清查運臺文物，他主張公開清點，「因古物與一般物資不同，除記件、記數之外，貴在原物、原形古物真偽難辨」，「在專家公開監理之下原箱開啓，由各單位執事者清點、登記、攝照，再由專家公開校驗、裝藏，意在對同仁辦事此項之謹慎負責將事示信於社會，藉明愛護疏運文物之責任告一段落，此後責任則屬於經常保管」（1950 年 1 月 19 日朱家驊分別致函賈景德、杭立武），此即「必須校驗原箱原物，公開清點，以昭大信，藉明責任」（1950 年 1 月 19 日朱家驊致函閻錫山）的原意；然後始是文物保管的經常性業務，「兩院文物必責諸原保管之專家嚴慎保管，而存放之後必須陸續啓視察看有無損傷，加意清點，處處公開，昭大信於國人，不僅減輕董司其事之責任，亦正所以愛護同仁，避免浮言，豈僅為國寶公諸社會，慰中外之矚望而已也。」（1950 年 1 月 6 日朱家驊致函賈景德）

　　1950 年 7 月 17 日兩院共同理事會舉行會議，朱家驊提議，「清點兩院

存臺文物，以明責任」，當時就案通過。1950 年 10 月 26 日兩院共同理事會常務理事會，決議先行抽查並「通過《國立故宮中央博物院共同理事會抽查院館存臺文物辦法》」（全 26 條），同時並決定抽查委員如下：

> 理事會理事　　羅家倫　李濟　丘念台
> 專家委員　　　董作賓　黃君璧　孔德成　勞幹　高去尋
> 當然委員　　　李敬齋（理事長）
> 　　　　　　　杭立武（理事兼聯管會主任委員）

並推定羅家倫、李濟為召集人。「不過實際參加點查進入庫房工作的，幾乎都是專家委員。」（莊靈）1951 年 6 月 15 日全體抽查委員在聯管會庫房舉行第 1 次會議：決定 16 日開始工作，分成兩組，每組至少有委員 2 人以上到場，始能開箱檢查。抽查標準為 1.最重要之文物；2.文物本身易於損壞者；3.箱件已破者；4.在臺已開箱過者。至 9 月 8 日止。抽查包括故宮 560 箱，中博 420 箱，中圖 31 箱，計遷臺文物共 1,011 箱。「抽查結果良好，箱內文物與清冊符合，破傷亦極少。」1951 年 10 月 4 日抽查委員會召集人理事羅家倫在兩院共同理事會大會臨時會報告說：

> 此次抽查結果，知保管情形良好，保管人員能以古物為生命之一部分。
> 尤以杭理事〔立武〕對於古物，尤具熱忱。1937 年間，曾於警報聲中，
> 將古物運往四川，1949 年又運來臺灣，備極辛勞。其餘各職員亦極能負
> 責，謹代表各位抽查委員表示敬意。

另據譚旦冏稱：中博組「第 1 次抽查，箱內損傷，以文玩一項為最多，銅器、瓷器兩項最為嚴重，破壞原因：1.由於包紮不仔細；2.箱小器大；3.箱小器多；4.久未開箱，旅程過長，以致填塞材料，失去彈性，箱內發生撞擊；5.同一箱之物品，輕重不等或品質不類；6.原已有傷，此次運臺，更加嚴重。抽查後均予分別補救。

1952 年 7 月 3 日兩院共同理事會第 2 屆第 1 次會議決議，該項抽查工

作繼續點查。爰從 1952 至 1954 年度，將所有存臺文物，分年賡續點查，逐箱清查一遍。

　　　　1951 年度　1951.06.16—09.08　　　　1952 年度　1952.07.28—09.25

　　　　1953 年度　1953.07.01—09.20　　　　1954 年度　1954.06.28—09.16

抽查委員還有王雲五、高鴻縉、陳啓天、陳雪屏、李錫恩、蔣穀孫、屈萬里、謝壽康。「由於點查委員往往分批輪流進行工作，來時都住在招待所。」（莊靈）至 1954 年 9 月 16 日，「經過 4 年時間，文物全部清點檢查，結果良好。其中有與清冊稍有出入者，均能查出其原因；瓷器等易於破傷的文物，損傷亦頗輕微。尤其抗戰期間，水陸輾轉播遷，乃難免的事。」譚旦冏提及：〔中博〕「破損大部分皆係原 1933 年在北平裝箱時所註（原註），如『傷殘』、『鑲嵌有脫落』、『配件不全』，尚無新破損者。」

　　依那志良《故宮四十年》載：經 1951—1954 年點查故宮共 2,972 箱〔運臺文物重新編號，每箱件冠以「院」字，從院字第 1 號至 2972 號〕238,952 件，其中圖書 1,334 箱 157,603 件 157,602 冊又 692 頁；文獻 204 箱 28,920 件（因為沒有標準，或以 1 捆為 1 件，或以 1 箱為 1 件，起居注、實錄則以 1 冊為 1 件，後來重新整理計算。）1954 年清點完成，編製了《國立故宮中央博物院理事會點查兩院存臺文物點查清冊》，此後成為盤點時原始清冊。

　　截止 2007 年 8 月 2 日故宮典藏文物數量統計：北平故宮運臺文物 597,423 件，中博 11,562 件，合計 608,985 件（92.88%）；其他單位移交 1,651 件（0.25%），新增 45,051 件（6.9%），總計 655,687 件。

（七）北溝陳列室

　　1957 年 1 月，美國政府的分支機構「亞洲基金會」（The Asia Foundation）補助新臺幣 68.8 萬元，興建一座文物陳列室及附屬工程竣工。聯管處聘中圖組顧華為陳列室主任。小型陳列室佔地近 600 平方公尺（180

餘坪），為鋼骨水泥磚造西式平房，分隔為 2 間展覽室，可供陳列 2 百餘件
文物；還有存放衣物與出版品出售處各 1 小間，另有故博組及中博組辦公
室各 1 間。並由政府撥款 26.8 萬元修建聯外道路、大鐵柵門、訂置陳列櫃
3 種 26 座等；於是於 1957 年 3 月 24 日舉行預展，部長張其昀特前往致
詞。25 日開幕，25－31 日連續開放一星期。自 4 月 4 日起每星期四至六日
開放，開放時間 9:00－17:00。參觀券先在臺中市振興路 44 號發售，陳列
室概不售票。自是每 3 個月更換展出文物乙次。每日限售參觀券 100 張。
參觀券每張 5 元，軍警學生票 3 元，團體票（20 人以上，須先函洽商）2
元。說明書每冊定價 2 元。（國立故宮中央博物館聯管處，1957.03.26）

（八）文物展覽

　　1961 年由中美兩國元首（蔣中正、甘迺迪）擔任展覽名譽倡導人，美
國媒體鉅子亨利・魯賓遜・路思義（Henry Robinson Luce，1898－1967。
有譯：亨利・魯斯。東海大學路思義教堂，即為宣揚福音並記念其父 Henery
Winters Luce 而建）為贊助人。路思義為《時代》（Time）、《財星》（Fortune）、
《生活》（Life）等雜誌創辦人，由其「路思義基金會」（Luce Foundation）
出資，一項「中國古藝術品展覽」，展出故宮文物 214 件，中博 39 件，共
計 253 件。從 1961 年 5 月 28 日起，至 1962 年 6 月 17 日止，分別在美國
華府國家美術館（The National Gallery of Art）、紐約大都會博物館（The
Metropolitan Museum of Art）、波士頓美術館（The Museum of Fine Arts,
Boston）、芝加哥芝加哥美術館（The Art Institute of Chicago）、舊金山迪揚
博物館（The M.H. De Young Memorial Museum, San Francisco）等 5 個城市
的博物館，巡迴展出，共展出了 253 天，參觀人數據統計多達 47 萬 5 千多
人，實為北溝時期的一樁大事。展出首站在華府，故宮莊尚嚴、李霖燦（1913
－1999），華府弗利爾美術館（Feer Gallery of Art）中國書畫部主任高居翰
（James Cahill，1926－2014），駐美大使館政治參事賴家球（1919－1969）

等參與規劃和整理。最早倡議本次赴美展覽的王世杰曾說:「這次展覽也可以提醒世人,自由中國正在挽救其文化傳統及恢復失土奮鬥。」

1961 年 2 月 2 日起,展品在運美之前,先在臺北市,假省立博物館舉行文物出國前展覽一週(1961.2.2—2.8)。文物返國後,1962 年 8 月 11 日起,又在北溝庫房展覽室展出,為期 10 天(1962.8.11—8.20)。

聯管處時代,還有其他國內外的展出,也都收到相當大的文化宣揚效果。

(九)文物攝照

1962 年兩院文物在美巡迴展出結束後,弗利爾美術館(1923 年創設,擁有大量中國精品收藏)中國藝術部主任高居翰提出選提攝照兩院文物 6 千張的計畫。1963 年至 1964 年,高居漢同一位攝影師前來,在專家王季遷(1906－2003;1959-1963 正在故宮看畫),聯管處李霖燦的陪同下,閱覽了故宮的收藏,逐件攝成影片,分藏密西根大學及北溝,「備登記流傳及供給國內外人士參考研究之用。」1964 年 9 月出版《國立故宮中央博物院聯合管理處與美國弗利爾美術館合作攝照文物影片所攝文物總目錄》小冊。

(十)文物遭損

文物遭損

1961 年 7 月 27 日兩院聯管處應美國新聞處專員包世壯(Charles W. Bergstrom)申請,在北溝由美新處所派工作人員拍攝古物彩色電影,不料於工作時美新處自備的電線走火燃燒。當場工作人員中博麥志誠於緊急中搶救文物出門時,與(美)雷輝(Lafey)相撞,致將中博所藏乾隆窯琺瑯彩瓶一對(俗稱古月軒,編號 J.W. 1061-38 和 1062-38)中的一支(J.W. 1062-38)撞破,(羅家倫,1961.11.21)裂為 3 塊,其仔細併合後,其頸腹

部的裂縫見有兩處極小的缺口，其所缺的碎片，當時墜落地面已成碎末不
能粘補。（高仁俊報告）。美方極力開脫責任。包世壯函稱：「在我以為此係
偶然之事，正如我們美國人所謂「上帝的行為」（Acts of God）。」
（Bergstrom，C.W.，1961.09.11）1961 年 11 月 21 日端木〔愷〕律師意見
書，其重要結論為「此不幸事件，發生於剎那之間，迄已多日，真相難明，
恐追查無益。」1961 年 11 月 22 日第 6 屆第 1 次常務理事會議決 6 項：摘
錄如 1.麥搶救文物不能課以責任，雷於緊急時入室意在協助搶救亦難追究
其責任；2.孔主任委員引咎自責請辭本會不予考慮；4.短期內設法增加熟
諳外語人員及優良攝影技術人員各一名；6.聯管處在一個月內根據羅理事
報告及建議擬訂完善可行的照相規則與外人參觀規則報請常務理事會另訂
會期討論實行。（國立故宮中央博物院常務理事會會議紀錄，1961.11.22）
1961 年 12 月 8 日兩院聯管處院呈報教育部古月軒瓷瓶破損經過情形，祈
核備。（國立故宮中央博物院聯管處，1961.12.08）教育部據以將經過報奉
行政院 1962 年 3 月 5 日臺五十一教字第 1317 號令准備查。（行政院，
1962.03.05）

　　1963 年 3 月 22 日下午，工作人員進行例行檢查時，發現庫房頂部一
個書箱上似有水迹，經打開箱子，滲漏水滴，浸濕了裏面的《四庫全書薈
要》，有幾冊被水泡濕，沾粘在一起。孔德成引咎辭去聯管會主任委員乙職。
經全部書箱檢查，僅 23 冊受潮。所有的工作人員都認為簡陋的庫房，才是
真正文物受損的原因，光是認真負責是不夠的，於是興建正式博物館的想
法漸成共識。

　　1964 年 3 月 27 日，教育部因「國立故宮中央博物院聯管處主任委員
（兼主任）孔德成先生因被選為本屆理事會常務理事准予辭職。遺缺以副
主任委員何聯奎先生繼任。副主任缺聘莊尚嚴先生充任仍兼故宮博物院古
物館館長及組主任。」（教育部部長黃季陸手諭，1964.03.27）

三、浴火鳳凰

（一）臨繪敦煌壁畫及蒐藏捐歸故宮

　　1950 年 1 月，張大千應印度全印美術會（The All-India Fine Arts & Crafts Society）的邀請，赴新德里舉行「大千畫展」（1950.1.16-17）。他將所贈臨繪敦煌壁畫借了回去，攜帶至印度展出。展覽由當時駐印度大使羅家倫主持揭幕，使外人瞭解敦煌壁畫並未受印度佛教藝術的影響，是具有獨特風格。展覽完畢，由張氏帶至巴西，1968 年始託由駐巴西總領事毛起鵕轉運回國，1969 年 1 月 20 日捐歸故宮，由總統府秘書長張羣代表張大千致贈，故宮管理委員會主任委員王雲五代表受贈，總統頒贈張氏「葆粹報國」匾額一方。這批畫總共收 62 件，包括敦煌莫高窟、安西瑜林窟壁畫摹本 61 件；及元代莫高窟六字真言（分用 6 種文字環刻於佛像的左、右和上方）碣舊拓本。故宮即於該日起，將全部壁畫摹本與拓片同時展出兩個月，並編印特刊乙冊。「此特刊凡 10 葉，除列目逐件說明外，且選印摹本 14 幀，讀者珍若拱璧。」（蘇瑩輝）1983 年 4 月，故宮復將該 62 件出版《張大千先生遺作敦煌壁畫摹本》，活頁函裝式（可供單頁裝框懸掛），以廣流傳。其內容可分為 3 類：1.各類佛及菩薩像、男女供養者像（含獨幅畫、羣像），其時代包括北魏、西魏、隋、唐、宋、西夏、元朝；2.藻井、龕楣等裝飾圖案，包括北魏、西魏、隋、初唐、盛唐；3.佛教故事，長卷連環畫及莫高窟碣墨拓本。有彩圖及「摹本說明」1 函 2 冊。

　　其後，張大千將早於 1943 年春所完成的「敦煌石室記」（初稿），贈予故宮，是他「紀錄敦煌各洞形式、尺寸與夫壁畫、雕塑的所在部位置扎記成書」（蘇瑩輝）。原稿脫稿後遲遲未見問世，反倒是「自序」先出。故宮

入藏後，原稿經蘇瑩輝標點後付梓。故宮特於 1985 年 4 月，大千先生捐館二週年，出版了《張大千先生遺著漠高窟記》，以追念一代畫壇宗師。本書終使序文與原著合璧。

1979 年 4 月 12 日張大千屆滿 80 歲在臺北立下遺囑，將他收藏的古書畫文物，遺贈故宮，摩耶精舍遺贈政府機構。1983 年 4 月 2 日張大千過世，其家屬遵照遺囑辦理。經清點有「古人名畫 69 件，法書 6 件，合為 75 件。其中名畫有早至隋唐五代者 10 餘件，宋畫 20 多件，均為珍品。其他尚有古硯、奇石、古絹等文物 19 件，洋洋大觀。」（黃天才）1983 年，故宮特舉行展覽，將展品編輯成冊，於 7 月出版了《大風堂遺贈名跡特展圖錄》。1991 年 11 月傅申（Shen C.Y.Fu）為沙可樂美術館（Arthur M. Sackler Gallery）策展「血戰古人——張大千回顧展」（1991.11.24-1992.04.05；紐約亞洲學會，1992.04.29-07.19；聖路易市立美術館，1992.08.28-10.25）編了一本展覽圖錄 *Challenging the Past：the Paintings of Chang Dai-chien.* （Washington,D.C.：Arthur M. Sackler Gallery, Smithsonian Institution, 1991），在該書〈附錄〉（pp. 308-309）列出 23 件藏於世界各地由張大千偽造的古畫，其中有 5 件是臺北故宮藏品，係張大千故世後，為家屬捐獻故宮的古畫者。「傅申又在所捐獻故宮的 75 件中，認為有 11 件雖是古畫真蹟，但原作上並無作者署名題款，而是張大千依據畫上的筆墨章法，分別冒用歷代書畫名家的名款，並摩仿其筆跡而題上去的。」（黃天才）消息傳來，引發極大的震撼。張大千「遊戲」之作，惹非議。

（二）教育電影組回教育部

1950 年 8 月，教育部呈經行政院核准，將教育電影組人員，全部調部工作。

（三）國圖復館

從南京將圖書文物遷來臺灣，確實不容易。當時「南京撤退時，許多機關首長只能帶出幾個左右親信，若想搬運物資，員工反抗，碼頭工人拒絕裝卸」。國圖館長蔣復璁及押運館員，功不可沒。

蔣復璁於 1917 年 3 月曾在北京大學預科德文班受教於留德的朱家驊（朱時 26 歲）。1929 年 1 月蔣復璁參加在南京所召開的「中華圖書館協會」第 1 次年會，適遇朱家驊。1930 年 7 月正興建浙江省立圖書館，蔣復璁經浙江省政府委員兼民政廳廳長朱家驊及教育廳廳長陳布雷的推薦，獲浙江省政府會議通過，由該省教育廳派赴德國進修圖書館學兩年，但公費不足，旋獲得德國「洪博基金會」（Humboldt-Stiftung）的獎學金，始告成行。1932年 11 月學成回國，時浙江省圖書館已開幕。1933 年 1 月朱家驊時任教育部長，蔣復璁被派去籌設中央圖書館，擔任籌備處主任。蔣深受朱知遇。但是，國圖在聯管處時代，蔣復璁與部長杭立武原本就「勢同水火」，人又滯留在香港，在珠海書院任教席一年，1951 年 5 月始自港來臺，應臺大之聘，在中文系執教，講授國文；1952 年 10 月皈依天主教，課餘之暇，研治宋史及天主教義，到了 1954 年 8 月教育部部長張其昀命蔣復璁籌備恢復國圖。

據昌彼得憶往：「中央圖書組押運同人 6 人，是李濟口中批評的老弱婦孺。一直遭受『杭幫』的欺凌，王省吾、儲連甲因此憤而辭職。我之所未辭者，因我離京時，蔣慰堂館長與屈翼鵬主任一再叮嚀，務必以善本書為重。」「1949 年間，館中派了侯俊德，此人老成忠厚，工作認真，因庫房照顧有人，我就不願再與杭幫人物比鄰而居。」爰搬家上班通勤。

可知國圖在本時期處於寄人籬下的困境。

1954 年 9 月，國圖在臺北南海路復館，北平圖書館內閣大庫輿圖 18箱，也奉教育部 1954 年 12 月 14 日令移交給國圖，1955 年 3 月 1 至 2 日，

經教育部派專員章益修監交,在北溝庫房辦妥移交手續,但因該館尚無館舍,仍存於北溝庫房;祇是由中央博物組庫房移到中央圖書組庫房。時北溝善本書庫,僅留特藏組主任昌彼得一人,掌 12 多萬冊善本書,分裝 600 多箱。那時候,昌彼得編了善本書目 3 冊、宋本、金本圖錄各乙冊、明人傳記資料索引乙大冊,其他小本的,如宋元本聯合目錄、高麗本聯合目錄等。另外就祇有從南京國圖跟著善本書隨船來臺的呂起森(1916—1998)搬動箱子和打掃庫房。每當國圖讀者借閱善本書時,呂起森即須奔波於臺北與霧峯之間,負責善本書出庫、運送和歸庫工作。

　　1966 年 3 月 10 日國圖將善本書全數攜回臺北南海路館舍;並北平圖書館運臺善本,暫置展覽室及講堂,並以原興圖室為辦公室。

(四)歷史博物館成立

　　1956 年 3 月 24 日來臺豫籍人士王敬齋同意將原河南博物館運臺文物 38 箱(大部分是河南新鄭、輝縣及安陽殷墟出土者)移存歷史文物美術館,寓宣揚中州文化之意;1956 年 4 月 24 日教育部令歷史文物美術館:「查河南古物一批,暫由故宮中央博物館聯合管理處代為保管,茲為利用上項古物起見,經洽准河南旅臺人士之同意,交由該館陳列,該項古物主權,仍為河南省所有,並由原管理人張克明協助保管。」聯管處將其代管的 38 箱古物移交該館,並於 5 月 5 日完成點交(監交人教育部參事郭蓮峯);同年教育部並將聯管處存放戰後日本歸還部分戰時掠奪我國文物 51 箱 237 件分 2 批亦交予典藏(2 月 29 日監交人督學周或文、5 月 4 日監交人郭蓮峯),奠定該館館藏基礎。由於河南文物極多數是修路挖掘出土,再經輾轉搬運,如陶、銅等器物,已破碎成片,面貌全非。幸得物色專家,歷時多年,逐件修補,恢復原狀。

　　1957 年 10 月 10 日,國立歷史文物美術館改稱國立歷史博物館。1993 年 12 月 15 日教育部同意該館進行全館館藏的清點。1999 年,河南運臺古

物監護委員會出版《河南省運臺古物圖錄》乙冊。

（五）大成至聖先師奉祀官府裁撤

孔德成隨政府來臺，在臺中後火車站附近復興路作為奉祀官府臨時辦公室，由自由路省立臺中圖書館之後的臺中新生報宿舍遷入；1959 年臺灣省政府教育廳出資在臺灣省農學院（中興大學前身）建孔府官邸，將奉祀官府與官邸分在臺中兩地。1998 年裁撤奉祀官府，祇留下奉祀官銜；文物由雪心文教基金會董事長鄭勝陽在臺中市立德街成立「孔德成先生文物館」。

1955 年 1 月聯管處因國圖復館遷出，教育部改組為「中央運臺文物聯合管理處」；同年 11 月 12 日因撤銷教育電影組，電教器材由教育部收回，教育部又公布改組為「國立故宮中央博物院聯合管理處」。除委員會外，僅設故博、中博、總務三組。1956 年 8 月杭立武就任駐泰國大使，主任委員由教育部改聘孔德成繼任。

（六）故宮復院

緣自陳誠出任第 2 任行政院院長之初，就考慮將故宮中博兩院遷建臺北。鑒於臺北交通便利遠勝於臺中，故宮文物蜚聲國際，外人來臺觀光者，無不以參觀故宮文物為首要目標。1960 年 9 月，行政院設置「國立故宮中央博物院遷建小組」（召集人王世杰），在外雙溪東吳大學對面陽明山下，原有一座小山，是日據時代防空司令部，其地羣山環抱，戰時最為隱蔽安全，平時交通亦便，經商得行政院同意，即以外雙溪為院址，並將之闢為文教區。預定建築經費 6200 萬元，其中 3200 萬元為美援贈款、3000 萬元為政府撥款。遷建小組又組成「土地徵收及築路分組（召集人馬紀壯），及「設計分組」（召集人黃朝琴）。全部建築設計由大壯事務所建築師黃寶瑜

（1918—2000）主持，興建一全新的故宮博物院。新館建築面積約 2,100 坪（7,204 平方公尺），是一座宮殿式的 4 層樓宇。背倚山林，環境優美。正館背後另設山洞（委由臺灣電力公司籌劃），為了避免地下水滲透，開挖在標高 50 公尺以上的山腰，洞長 180 公尺，寬 3.6 公尺，作拋物線形，洞門入口有長 26 公尺之廊橋與正館 3 樓相連，備必要時輸送展陳新品入洞。洞之出口則在正館左後側的山坳，有車道與正館可通。

1961 年 9 月外雙溪院址基地開始由軍方進行開山整平工程。1962 年 5 月 5 日實體建築工程開標，由建築無限公司得標承作，6 月 9 日舉行「國立故宮博物院奠基典禮」，1962 年 10 月因手續未備停工擱置，1963 年 10 月遷建小組決定將建築工程交由臺灣省政府公共工程局接辦。1964 年 3 月初山洞庫防土石方工程率先動工，6 月初實體建築工程恢復動工，1965 年 8 月全部建造完成。聯管處為方便聯繫協調並辦理遷運等事項，於臺北士林成立臺北臨時辦事處，由譚旦冏、周鳳森分任正副負責人。

1965 年 8 月行政院公布《國立故宮博物院管理委員會臨時組織規程》以「整理、保管、展出故宮及中博籌備處所藏之歷代古物及藝術品，並加強對中國古代文化藝術之研究」為設立宗旨。管理委員會隸屬於行政院。中博籌備處在臺人員暫列入故宮編制，俟大陸光復，連同教育部委託故宮代為保管運用的遷臺文物，一併恢復原建制。管理委員會置委員 25-35 人，由行政院長聘任之，任期 2 年，內政、教育兩部部長及行政院祕書長為當然委員。又置主任委員 1 人，常務委員 5-7 人，惟內政、教育兩部部長為當然常務委員。行政院函聘第 1 屆管理委員 35 位，8 月 21 日召開第 1 次會議，推選王雲五為主任委員；王主任委員隨即提名蔣復璁為故宮院長，經該會無異議通過。9 月 5 日第 2 次會議審查通過蔣院長所提副院長何聯奎、莊尚嚴及各單位主管名單，並議決設置展覽委員會，執行展覽陳列與來賓接待等相關業務。9 月 21 日蔣院長赴北溝主持第 1 次院務會議，積極推動聯管處文物交接、北遷以及揭幕展出事宜。

1965 年 11 月 12 日 國父誕辰紀念日下午 4 時，舉行「中山博物院」

落成典禮，並慶祝國立故宮博物院臺北新館揭幕。落成剪綵由行政院院長嚴家淦主持，揭幕由主任委員王雲五主持。孫科應邀主持2樓中央大廳　國父銅像的揭幕儀式。揭幕當日展出各類文物1,573件，分置於6間陳列室、8處畫廊。次日，故宮正式對外開放。北溝兩院文物，經1965年12月9日至21日遷運，一共運了8次，全數遷運故宮新建築；至於圖書部分，因無庫容納，暫仍留存北溝。在新館山坡下，至善路邊，有一座物資局倉庫，經故宮與臺灣省政府商洽，以北溝庫房、陳列室等房屋與之交換，獲得同意，經略事修善整頓後，充作臨時倉庫，乃於1966年2月將北溝所留存的圖書箱件陸續北運存貯，到3月6日全部運達。並歸還前向臺中糖廠所借振興路土地並贈予地上建物。兩院共同理事會到第7屆亦告結束，另成立故宮博物院管理委員會。

1968年5月15日蒐藏圖書開放閱覽，並同時揭幕「中華歷代圖書特展」。凡是文史及藝術研究者，以及大專學生在3年級以上肄業，所修課程屬於中國文史哲學或藝術方面的均可申請閱覽證。

自1949年8月成立聯管處臨時機構以來，至此遂告全部結束。莊尚嚴在1965年冬即將搬離北溝前，用毛筆題寫所居白色石灰牆面上一首《別北溝洞天山堂題壁》的告別七言長詩：

小隱霧峯十六載　人生能有幾十年　山川人物都可愛　安居樂業信前緣
背負羣峯列屏障　面對蕉林萬甲田　我來蒿茅山之腰　佳木蓊蔭屋椽
野鳥自啼花自落　秋雲常聚月常圓　年年重九登絕頂　歲歲脩禊曲水邊
晨興曳杖同散步　行健共習太極拳　客來小酌三兩杯　人去臨池四五篇
一朝緣盡將遠別　臨別依依苦流連　人生到處應何似　行雲流水聽自然
隨寄而安尋常事　天鈞安泰任周旋

乙巳冬月六一翁

四、百廢待興

　　二戰末期，日本統治下的臺灣受到美軍劇烈的轟炸，使得臺灣主要城市、機場、港口、交通要道、民生工業等，受到嚴重的破壞。由於飽受戰火蹂躪，光復初期，呈現滿目瘡痍，百業待舉的荒涼景象。當時臺灣的經濟情勢是生產不振、民生物質缺乏、外匯不足、國防支出浩大、財政赤字、物價上漲、人才斷層，人力、物力、財力都極為短缺，重建之路，可稱困難重重，端賴政府前瞻性的規劃，以恢復因戰爭受損的各行各業的機能，與重新累積資本為重心。鑒於電力與交通對經濟與產業的重要性，儘管處於困境，但在非常急迫的情勢下，戰後初期，電力的恢復及交通運輸的整修，立即全面展開，先求使能勉強維持運作為原則，再圖逐步的改進與增強。因為日本以「臺灣農業」支持「日本工業」的政策，臺灣農業基礎較好，美軍轟炸又不以農村為對象，損失較輕，所以以修復遭破壞或荒廢的水壩和水利灌溉系統為先。全力生產外銷，以農林產品為主，爭取外匯結存。

（一）美國援華

　　1948 年 4 月 2 日美國國會通過《1948 年援華法案》（China Aid Act of 1948），作為《1948 年援外法案》（Foreign Assistance Aid of 1948）的一部分，列在該法的第 4 章（Title IV），此與「歐洲復興計畫」（European Recovery Program，即 The Marshall Plan） 屬於同一法案。1948 年 7 月 3 日外交部部長王世杰與美國駐華大使司徒雷登（John Leighton Stuart，1876-1962）在南京簽訂《中華民國政府與美利堅合眾國政府間關於經濟援助之協定》（《中美經濟協助協定》）。美國政府承諾以贈款及貸款兩種方式，提供中華

民國各項經濟援助，其直接的目的：1.穩定經濟；2.節省外匯基金的消耗，並求國際收支的平衡；3.促進工商生產以奠定經濟復興基礎。這就是通稱的「美援」。為有效運用美援，隨即我國政府通過了《行政院美援運用委員會組織規程》，在上海成立「行政院美援運用委員會」（「行政院美援會」）（Council for U.S. Aid；CUSA），由行政院院長翁文灝擔任主任委員。1948年7月美國在上海成立「美國經濟合作總署駐華美援分署」（「美國駐華美援分署」；Economic Cooperation Administration，Mission to China），分署長為賴普瀚（Roger Dearborn Lapham，1883—1966），並分別在廣州、南京、北京、天津、青島、臺北設辦事處，將援助的重點放在「食品及日常生活（商品）」、「工業重建」、「農業復興」等3方面。時任臺灣省交通處處長、行政院美援會委員嚴家淦（1905—1993）建議，在分配到工業部門的援款中劃撥一部分用於臺灣，當年9月間，計有臺灣糖業公司100萬美元、臺灣電力公司250萬美元、臺灣鐵路局150萬美元，先後獲得第1批美援。

　　由於國共內戰，美國認為國民政府缺乏效率、落伍、貪汙、極權統治，顯示不滿、失望或厭惡；內戰正酣，國軍節節失利，援助國民政府重建的資金，或將隨中共武力占領而遭竊用，反資助了共產黨；對中共的發展及其與蘇聯的關係，意存觀望，因此抱持「靜待塵埃落定」（wait until the dust settles）的袖手旁觀政策，使《援華法案》的形成及實施的過程，充滿曲折複雜，依《援華法案》的撥款並未全數抵達，影響成效。

　　1948年10月1日「中國農村復興聯合委員會」（「農復會」；The Joint Commission on Rural Reconstruction）在南京成立，美援額中1/10，交由該會應用於農村復興計畫。由中美兩國總統分別任命委員蔣夢麟（1886—1964）、晏陽初（1890—1990）、沈宗瀚（1895—1980）、穆懿爾（Raymond Tyson Moyer，1899—1993）、貝克（John Earl Baker，1880—1957）等5人。大陸軍事大逆轉，1948年12月農復會隨政府自南京遷廣州。1949年4月中共攻佔南京，時美國駐華大使館反而滯留在南京，有意與中共接觸，以伺機開創對華外交新局面。1949年8月大使司徒雷登被美國召回。「美國

經合分署」因要撤離，暫由穆懿爾兼攝。美援中止，農復會穆懿爾、貝克雖已奉美國政府的命令，隨時可撤離，但 1949 年 8 月仍由廣州遷臺北辦公（在今中山南路立法院，時為臺灣省農林處辦公室）。雖是農復會總部遷臺，但因穆懿爾也來臺，延續了美援主辦機構「美國駐華美援分署」在臺。致不久美援又告恢復，使得不需要再經由美國國會同意成立新主辦機構的程序，處臺灣財政面臨崩潰之際，美援及時來到，穩住了局面。案 1949 年 2 月 8 日中央銀行副總裁劉攻芸告訴周宏濤「目前全國黃金存量，運到臺北 260 萬兩、廈門 90 萬兩，放在美國 38 萬兩，上海目前僅存 20 萬兩、承兌支用 40 萬兩，以及敵偽珠寶約 1,100 條，準備運到香港貯存；此外還有數千萬銀元。」10 月 28 日總裁蔣中正召集非常委員會第二分會時，特別報告「臺灣國庫的存金目前為 152 萬兩，約等於 7,500 萬美元，如果換算為銀元約為 1 億 5 千萬銀元，如以每月 4,500 萬消耗計算，約至次年 3 月會耗盡。」1950 年 7 月，中央銀行所存黃金不及 50 萬兩；但要維持 63 萬部隊，平均每月須撥付近 18 萬兩黃金。迄 1951 年 11 月 7 日及 1952 年穆懿爾、貝克始先後離臺返美。

（二）美援資助

　　1950 年 2 月 14 日中共和蘇俄簽署了「中蘇友好同盟條約」，中共對蘇聯採取了「一面倒」的政策；6 月 25 日韓戰爆發，美國政府決定把臺灣納入西太平洋防禦體系，防止共產主義的擴張；6 月 27 日美國第七艦隊巡弋臺灣海峽。以當時的局勢來看，美國認為保持臺灣地位的穩固及內部的安定，有助於美國的國防安全，因此美援再度繼續。

　　「軍援」部分，由美國國防部於 1951 年 5 月 1 日在臺灣所設的「美軍軍事顧問團」（Military Assistance Advisory Group）負責（為派出約 500 人之單位），第 1 任團長是少將蔡斯（William Curtis Chase，1895—1986），向美國太平洋司令部總司令（Commander-in-Chief Pacific Command）彙報

工作。該顧問團對中華民國國防部制定作戰計畫，改編、重新裝備和重新訓練軍隊方面，提供諮詢和援助，致力於尋求軍事穩定。

「經援」部分，1951 年起，透過「美國駐華美援分署」，由「行政院美援會」聘請美國懷特工程顧問公司（J.G.White Engineering Corporation of New York）擔任工程顧問公司，其工程師的聘用及工作委派，則由上開中美兩個機關共同核定。1962 年 8 月 1 日該公司結束，「行政院美援會」另成立「行政院美援會工程顧問組」（Engineering Consulting Group，CUSA）；隨著 1953 年 9 月 1 日「行政院美援會」改稱「行政院國際經濟合作發展委員會」（「經合會」），又改名「經合會工程顧問組」：1973 年又改為「經濟部工程顧問組」。

懷特公司首派經理狄寶賽（Valery Sergei de Beausset，1915－2009）來臺擔任負責人（自 1950 年至 1957 年）。1951 年 10 月美國《援華法案》由《共同安全法案》（Mutual Security Act of 1951）取代，其中負責執行「經援」的機構，也隨之改名為「美國共同安全總署駐華安全分署」（Mutual Security Agency，Mission to China）。依 1953 年「美國共同安全總署」對國會的報告，「美援」的目標有三：1.控制通貨膨脹，維持臺灣經濟穩定；2.提供美軍顧問團所建議當地軍事設施的資金；3.改善臺灣自給自足的能力，藉計畫援助促成經濟發展，使減少或停止援助。

美國對外援助事務的中央機關，歷經多次改組。1953 年 8 月，「共同安全總署」改名為「美國國外業務總署」（Foreign Operations Administration）；1955 年 7 月再改名為「美國國際合作總署」（International Cooperation Administration）；1961 年 10 月又改名「美國國際開發總署」（Agency for International Development）。但駐華美援機關都維持在新的機關名稱之後，用「駐華安全分署」名稱，直到改稱「美國國際開發總署駐華美援公署」止。在臺歷任分署長分別為施幹克（Hubert G. Schenck）、穆懿爾、卜蘭特（Joseph L. Brent）、郝樂遜（Westley C. Haraldson）、白慎士（Howard L. Parsons）等。而美國對臺灣的「經援」，凡 15 年，大約可分

為下列 3 個階段：

　　第 1 階段，1951 年至 1955 年，贈與性（grant）階段；全部的美援都是贈送；改善臺灣物質供應、減輕通貨膨脹的壓力，穩定經濟情勢。

　　第 2 階段，1956 年至 1961 年，贈與和貸款並行階段；從強調穩定經濟，轉向推動經濟發展。美國贈與性質的援助，由「美國國際合作總署」主管；生產性開發計畫，自 1957 年所設「開發貸款基金」（Development Loan Fund）貸款。該基金提供美國友好的開發中國家一種低利長期資金，使其可進行一些不易取得貸款的經濟發展計畫，以協助該國的經濟發展。

　　第 3 階段，1962 年至 1965 年，貸款性援助階段；美援方式大部分改為貸款。以貸的第 11 年起，分 30 年無息償還。

　　1964 年 5 月 28 日，美國國務院發表聲明，鑒於臺灣已經達到自立程度，美國政府將於 1965 年 6 月 30 日結束其對臺經濟援助。國務院宣稱：「自從 1949 年以來美國政府已對中華民國的軍事與經濟援助共 36 億美元，其中軍援占 22 億美元，開發總署與其以前各機構的援助 12 億美元，以及《480 公法》農產品 2 億 5 百萬元」。 另行政院經濟設計委員會出版 *Taiwan Statistical Data Book, 1977* 乙書，統計「自 1951 年至 1965 年我國接受美國經濟援助達 14.822 億美元」，平均每年約是 1 億美元（美元與新臺幣匯率，以 1959 年至 1961 年為最高，USD1＝NTD40）。「它相當於臺灣平均每年國民生產總值 6.4%，相當於臺灣 40%的資本積累。在對外貿易方面，美援支付大約 34%的貨物和服務進口」，解決了當時我國外匯資金不足的困境；加以又軍事援助（主要援助軍品如艦船及飛機及軍需品等），增強了國防力量，直接減輕了民間部門的國防經費負擔，使得社會穩定。我國積欠美方貸款，於 2004 年 1 月全部清償完畢。美援的項目非常龐雜，包括基礎設施建設在內，其中還有教育計畫及師資訓練、人員進修，對臺灣的經濟發展有舉足輕重的影響。

　　美援對我國政府而言，在政治、外交、經濟困境中，美國提供援助的時機，可稱為「及時雨」，尤其是第 1 階段，具有資金疏困的作用，提供了

我國迫切需要的外匯，協助我國建立發展現代工業及農業良好的基礎。各級政府機關機構優秀的公務員及民間企業界卓越人士，運用資金；國人的勤奮、節儉、奮發圖強，使得臺灣得以「1.增加物質供應和消除通貨膨脹；2.促進農業發展；3.推動工業成長；4.發展基礎設施建設；5.培養人力資源」。美援這段期間，是臺灣經濟從穩定中求發展的重要支柱，其所挹注的資金、技術與設備，對臺灣社會的重整與轉型貢獻良多，奠定臺灣經濟起飛的基礎。尤有進者，很快地掃除了日本占據臺灣 51 年來的足跡，使臺灣經貿、文教、科技、安全等各方面都向美國傾斜，與美國合作。

五、圖書館事業重建

溯自 1923 年（日大正 12）4 月 6 日，臺灣總督府頒布《公立、私立圖書館規則》，使臺灣公共圖書館的設置，有了法源依據。1927 年（昭和 2）12 月 12 日，臺灣圖書館協會在臺北成立，推動設立圖書館，各地方圖書館先後紛紛成立。至 1943 年（昭和 18）止，公共圖書館已有官立臺灣總督府圖書館及地方公立圖書館（州廳、市街庄）89 所、私立圖書館 4 所，共 94 所。以當時全臺人口約 600 萬，公共圖書館總藏書量僅 32 萬冊左右，其中以官立圖書館 195,948 冊為最多，其餘各地方圖書館藏書自數百冊至萬餘冊不等。除官立及少數州廳市立圖書館外，一般街庄立圖書館（82 所、占 88.17%）均屬小型閱覽室，通常在提供閱覽服務和開辦巡迴書庫上，可稍見成效。

當時臺灣最大的公共圖書館是臺灣總督府圖書館。案 1908 年（光緒 34；明治 41）耗資 2880 萬圓，全長 297.3 公里的縱貫鐵路竣工，同年 10 月 25 日日本皇室閑院宮載仁（1865—1945）親王將蒞臺中主持儀式，舉辦竣工紀念祝賀會，接待內外地的貴顯仕紳，總督府決定藉此機會廣為介紹臺灣情形。當時在臺北城內書院町二丁目一番地（因登瀛書院而得名，今

司法園區）是臺灣總督府的行政核心，許多行政機關設置於此。投資數萬圓動工的彩票局廳舍也在規劃之列，可是因逢總督府被迫中止發行彩票，為了應付盛典的舉行，彩票局暫且作為博物館之用而着手準備開館；該年10月23日「臺灣總督府民政部殖產局附屬博物館」啓用。1913年（大正2）4月1日在臺北新公園內（今二二八和平紀念公園）原天后宮所在地，籌建（由民間集資）的「故兒玉總督暨後藤民政長官紀念館」動工，舉行上樑式；1915年（大正4）3月25日建築竣工，4月18日落成，6月該建物贈送轉移與附屬博物館。同年8月9日總督府圖書館在彩票局開館；8月20日附屬博物館搬遷至新公園該紀念館，更名為「臺灣總督府民政部殖產局附屬紀念博物館」（今國立臺灣博物館）。

　　1928年（昭和3）3月6日臺北帝國大學設立，次年起造「圖書事務所」為圖書館建築的濫觴。至1945年（昭和20）該臺北帝大圖書館已有館藏47萬4千餘冊，是臺灣的圖書館館藏量之冠，超過總督府圖書館加上臺灣各地方圖書館館藏的總和。

　　依《臺灣總督府圖書館概覽》所載「藏書統計表」，該館在1942年（昭和17）時，共195,948冊，其中和漢書（日、中文圖書）183,344冊，洋書（西文圖書）12,604冊。館藏以總類圖書為最多，計51,957冊（26.5%）；其次歷史、地誌類31,510冊（16.1%）；文學、語學類30,590冊（15.6%）；法制、經濟、社會、統計、殖民類25,764冊（13.2%）。以日文圖書為主，西、中文圖書次之。館藏中文資料以臺灣文獻資料的蒐藏約有300種1,000餘冊；還有中國各省地方志等。

　　1943年（昭和18）11月25日美國第14航空隊（Fourteenth Air Forces）飛越臺海轟炸新竹機場，這是美軍首度戰術性空襲臺灣。1944年（昭和19）總督府圖書館開始疏散19萬餘冊圖書，分別存置在新店大崎腳、大同區大龍峒保安宮、龍山國民學校、中和庄南勢角簡大厝等4處；只有兒童室的圖書、查禁圖書以及一些沒有價值的書刊共約7萬冊，不及疏散，留在館裏。1945年（昭和20）1月11日美國第五航空隊（Fifth Air Force）開始

對臺灣進行戰略轟炸，依據總督府警務局防空課的記載：「臺灣神宮、遞信部、總督府圖書館分別於 5 月 5 日和 6 日遭到〔B-24〕攻擊」（杜正宇）劉金狗、黃得時也稱：「5 月初旬的某一天，盟軍飛機大舉轟炸，在總督府後面的建築炸得體無完膚，圖書館也夷為平地。」總督府圖書館雖遭炸毀，但所幸疏散圖書，得以保全，但也形成日後有藏書而無館舍的窘境。

（一）公共圖書館

　　1945 年 10 月 25 日，日本政府正式簽降，臺灣光復；11 月 15 日臺灣各級政府機關正式由中華民國政府派員接收，臺灣開始重建公共圖書館。依《臺灣省接管計畫綱要》，各級圖書館的設置、地點與經費，接管後以不變動為原則。1945 年 12 月初，全臺共設 8 縣 9 省轄市及 2 縣轄市。首先成立臺灣省行政長官公署圖書館，簡稱臺灣省圖書館（今國立臺灣圖書館），接收臺灣總督府圖書館及南方資料館，因博愛路原館舍被炸毀，原址又無法利用，遂暫遷至臺北新公園臺灣省立博物館一樓展開工作，一側作為閱覽室，另一側為書庫，並將中正路（今忠孝西路）臺灣省人壽保險公司（原日人千代田生命保險相互會社臺灣支部）撥作該館南方資料研究室辦公室；另成立臺灣省立臺中圖書館，係接收臺中州立圖書館而設。縣市鄉鎮圖書館的設置，依臺灣省圖書館 35 年 10 月出版的《圖書月刊》披載〈臺灣省各縣市圖書館近貌〉乙文載，縣市立圖書館計有：基隆市立圖書館、臺北市立城北、松山圖書館、新竹縣立圖書館、臺北縣立宜蘭圖書館、臺中縣立清水圖書館、彰化市立圖書館、嘉義市立圖書館、臺南市立圖書館、屏東市立圖書館、澎湖縣立圖書館等；鎮立圖書館：臺中縣有鹿港、草屯、大甲、員林、東勢、田中、竹山等 7 處，新竹縣有中壢、大溪、竹南、頭份、後龍等 5 處。另臺東縣及高雄市尚在籌備中；臺南、高雄、花蓮 3 縣暫附設於民教館內。

　　1947 年 4 月 22 日臺灣省政府成立，臺灣省圖書館及臺灣省立臺中圖

書館先後改隸省政府教育廳,前者並更名為臺灣省立臺北圖書館。1948 年
7 月增設臺灣省立臺東圖書館;縣市圖書館陸續設置,截至 1949 年秋,17
縣市中僅臺中市、臺南縣、臺東縣尚無圖書館設置。1950 年 8 月,重新劃
分臺灣省行政區域為 16 縣 5 省轄市 1 管理局,截至 1953 年 11 月,除臺
中市及雲林、臺南、臺東 3 縣外,均已完成設置縣市立圖書館。

依 1951 年 12 月 6 日臺灣省政府制頒《臺灣省各縣(市)立圖書館組
織規程》、1952 年 12 月 5 日教育部公布《各省市公私立圖書館規程》及 1953
年 9 月 24 日總統公布《社會教育法》,圖書館係「儲集各種圖書及地方文
獻供眾閱覽為目的,並得舉辦各種社會教育事業,以提高文化水準」為設
立宗旨的社會教育機構。但此時公共圖書館所接收的各地藏書多是日文,
中文書籍甚少。雖然各館都想購買些中文書籍,但因經費拮据,難立即
收效。

溯自 1945 年 8 月以後,臺灣省圖書館乃將疏散書籍,選擇急用實用者,
陸續運回,加以整理。整理最繁瑣的工作,是將原依《臺灣總督府和漢圖
書分類法》日、中文書籍混合編排歸類的書,先行分開,改編分類號,才
能使讀者利用中文圖書。因所藏中文圖書少,時臺灣出版中文書幾無,甚
至印刷廠亦缺中文鉛字,該館乃派員前往上海採購中文圖書。1946、1947
兩年內,購入《四部叢刊》、《圖書集成》、《萬有文庫》、《中學生文庫》、《大
學叢書》等,另對抗戰前國內出版新書亦大量蒐集;該兩年內計增加中文
書籍 2 萬餘冊,經常訂購雜誌計中文 150 餘種、西文 8 種,報紙中文 29
種、西文 3 種。其後囿於購書費,圖書年增量不足 3,500 冊。

一個公共圖書館的藏書,為使讀者的知識和技能,與時俱進,需要入
藏內容新穎的書刊。值此時期,如意欲購買外國出版書刊,既需外匯;
臺灣的出版事業,也正處戰後重行恢復,艱苦奮發之際,圖書館新書
刊的增加,實為困難。

依據 1947 年 10 月 13 日臺灣省教育廳報送該省省縣市立圖書館圖書雜

誌報紙調查表，如下：（中國第二歷史檔案館）

名稱	職員數	圖書總數	本國書本數	外國書本數	雜誌總數	本國雜誌數	外國雜誌數	報紙總數	本國報紙數	外國報紙數
臺灣省圖書館	49	262,070	67,408	194,663	231	210	21	26	23	3
省立臺中圖書館	20	34,972	6,440	28,531	37	35	2	18	18	
臺北市立圖書館	9	9,892	2,031	7,861	170	152	18	8	8	
新竹縣立圖書館	4	5,613	1,448	4,165	65	62	3	5	5	
臺中縣立圖書館	2	1,259	451	808	3	3		4	4	
彰化市立圖書館	2	10,081	874	9,207	69	67	2	6	6	
臺南市立圖書館	5	26,097	720	25,379	26	24	2	8	8	

　　時臺灣的圖書館多因戰爭破壞殆盡，臺灣原有日據時代所遺留下來的日文圖書也不符時代的需要。1949 年 12 月 1 日，聯管處中央圖書組奉教育部令，將運臺的普通書刊 150 箱自臺中縣霧峯鄉庫房移運臺北，暫借臺灣省立臺北圖書館（125 箱）及臺大圖書館閱覽利用，以解燃眉之急。

　　1949 年 12 月 9 日中央政府遷臺北市，在介壽館辦公。1950 年，省立

臺北圖書館博愛路原址奉臺灣省政府令同意准國防部借用，且言明借期至反攻大陸勝利止。

依 1952 年 3 所省立及 14 所縣市立圖書館，共有藏書 437,241 冊，其中以省立臺北圖書館最多為 247,365 冊（56.57%）；縣市立圖書館僅 133,837 冊（30.61%），其中以臺南市、新竹縣較多，超過 2 萬冊。就語文分，日文 243,708 冊（55.74%）最多、中文 149,710 冊（34.24%）為次、西文 43,823 冊（10.20%）。1963 年 1 月省立臺北圖書館遷入中正路（今八德路）新生南路口三角地帶新館舍 1 樓（全 4 樓於 1966 年全部落成），2 月 1 日起展開工作，依該館「1964 年 6 月館書一覽」〔依其所載數字重新加總統計〕，包括各類（金陵大學圖書館編印《中國圖書分類法》10 大類）圖書、待編書籍、待編小說、待編雜誌、合訂本報紙、地圖合計，共有 310,112 冊；如以文字分，仍以日文書為多 137,043 冊（44.2%），中文 91,131 冊次之（29.4%），西文 81,938 冊又次之（26.4%）。可見我公共圖書館重新建設中文藏書，倍至辛勞。

（二）學術圖書館

一個學術性圖書館自需館藏圖書資料完備，無論新舊出版，多應備有。國立中央圖書館、中央研究院史語所、國立故宮博物院、國立中央博物院籌備處等機構的圖書文物從大陸遷來臺灣，適時充裕了臺灣的研究資源，奠定日後使臺灣能成為國際的漢學研究中心的館藏基礎。

中央研究院院士周法高（1915－1994）在 1976 年 11 月撰〈漢學研究的回顧與前瞻〉乙文，增補了他在《漢學論集》所撰〈臺灣公藏文獻資料鳥瞰〉，在那篇文章裏，列舉當時重要公家收藏：

1. 臺灣有世界最豐富的未刊布的中國近代史檔案；
2. 臺灣擁有世界最有價值的中國藝術史資料；
3. 臺灣擁有世界最豐富宋元明善本書；

4. 臺灣藏有大量方志，其稀見者較美國所藏為多；
5. 臺灣藏有世界上最豐富的明實錄資料；
6. 臺灣藏有自由世界最豐富的金石拓片；
7. 臺灣藏有世界最豐富的殷墟安陽的考古資料；
8. 臺灣藏有大規模的俗曲資料；
9. 臺灣藏有世界最豐富的臺灣高山族（原住民族）資料和臺灣考古的資料等 9 項的重要文獻資料，其中前 8 項都屬自大陸運存臺灣者。

（三）美援僑教計畫與新圖書館教育

　　教育是「美援」中重要的計畫。1952 年美國共同安全總署駐華安全分署成立教育組（The Section of Education）主要工作在推廣職業教育、科學教育、僑生教育、圖書館教育等，首任組長為布朗（H.Emmett Brown，1897－？），任期是自 1952 年至 1957 年。第 2 任組長是 Harry Schmid，任期自 1957 年至 1963 年。

　　美國自中共建國以來，就擔心在東南亞各國具有經濟實力的華人族羣被中共利用為東南亞擴張勢力的工具。華府希望臺灣成為「自由中國」的象徵，來導引東南亞華人以臺灣為其嚮往的國家。1954 年，美國副總統尼克森（Richard Milhous Nixon，1913—1994）巡迴訪問東南亞各國之後，更倡議協助當地華人青年來臺灣就讀高中、大學，接受「民主、自由、反共」教育，學成後返回僑居地，可以傳播「自由思想及民主生活」，以對抗當地共黨勢力的蔓延。強調臺灣是中國傳統及現在文化的真正代表，爭取華人青年來臺，而不去中國大陸升學，不但可以獲得東南亞華人對國民黨政府的向心力，提升自由中國的國際聲望，也可增加美國在遠東的影響力。自 1951 年至 1965 年，統計有 20,078 人來臺就學，其中美援提供約 7,000 名獎學金補助。

　　政府自 1954 年起，在美援中撥款推動僑生升學計畫，這就是「美援僑

教計畫」。該計畫由教育部特設「僑教工作小組」主其事。臺灣各大學為配合僑教計畫，擴建圖書館館舍，增購圖書設備，自 1954 年起至 1960 年止，共接受美援計新臺幣 3 億 1 千餘萬元及美金 100 萬餘元。1956 年 8 月，美國畢包德師範學院（George Peabody College for Teachers，1875 年創立，1979 年 7 月 1 日起成為 Vanderbilt University 第 9 個學院）圖書館學研究所所長、美國圖書館協會（American Library Association；ALA）教育組主席費士卓（William Ambrose FitzGerald，1906－1989）應「美國國際合作總署駐華安全分署」教育組顧問之聘來臺，擔任圖書館事業的顧問。他在分署辦公，但臺大圖書館為方便他隨時來指導，就在總館為他設置辦公室，他來館時常隨伴一位助手馬永海（後來任職於 Los Angeles Public Library Chinatown Branch）。費士卓於 1958 年 9 月回國，繼續擔任原職。他在臺的兩年間，除補助各大學充實外文圖書，資助國圖及臺大、政大、臺師大、成大、中興等多所大學擴建、新建圖書館工程外，最重要的是培養專業的圖書館員。

　　費士卓認為當時絕大部分圖書館員都沒有受過專業訓練，缺乏圖書館服務的基本觀念，所以應該要即時推動短期的圖書館講習會。中國圖書館學會（「學會」）曾於 1956 年 7 月 1 日至 9 月 30 日辦理了第 1 期圖書館館員講習班。他認同專業講習，因此提出由安全分署與教育部合作，將美援經費撥一部分到圖書館使用，委託學會辦理講習，支應講師鍾點費和學員報名費，舉辦「教育部暑期圖書館工作人員講習班」，增進圖書館人員專業知能。先後辦理了 5 期，誌其辦理日期起迄，地點，部聘正副班主任，結業學員數如下：

　　1957 年 7 月 17 日－9 月 14 日，臺大，王省吾、陳晉賢，60 人。

　　1958 年 7 月 15 日－9 月 14 日，臺大，王省吾、陳晉賢，59 人。

　　1959 年 7 月 12 日－9 月 12 日，臺師大，陳晉賢、藍乾章，60 人。

　　1960 年 7 月 10 日－9 月 10 日，臺師大，陳晉賢、藍乾章、王振鵠，
　　　　60 人（初級班 53 人；高級班 7 人）。

1961 年 7 月 24 日－9 月 2 日，臺師大，藍乾章、王振鵠，40 人。

1962 年講習班停辦一年，教育部為追蹤成果，特舉辦「圖書館工作人員講習班追蹤輔導會議」，在臺北、臺中、臺南舉行，由王省吾、藍乾章、王振鵠、章益修共同辦理，召集曾於 1957 年至 1961 年間結業學員。10 月 27 日在臺師大圖書館有 86 人；10 月 28 日在中興圖書館有 18 人；10 月 30 日在成大圖書館有 26 人，共 130 人參加會議。1963 年起，學會不再獲得「美援」支持，研習會就採以收費方式繼續辦理迄今。

費士卓也曾提議在臺大設立圖書館學系，使在臺師大社會教育學系圖書館組之外，催生了圖書館學正規教育。當時他和美國大使館文化參事羅威（Pardee Lowe）作出建議。1957 年 4 月 17 日臺大校長錢思亮（1908—1983）在第 402 次行政會議上提議增設圖書館學系，由教務長張儀尊及圖書館館長蘇薌雨（1902—1986）報告與有關機關聯繫的經過，決議：原則通過增設圖書館學系，俟員額及經費固定後，再行開辦。4 月 28 日臺大第 1956 學年度第 2 次校務會議，也通過本案。5 月 14 日臺大第 405 次行政會議上，就本案決議由教務處擬具詳細辦法，再交由行政會議討論。經臺大圖書館閱覽組主任賴永祥推動，1960 年 12 月 11 日學會第 8 屆年會，美國圖書館協會（ALA）國際關係室主任（Director，International Relations Office）斯旺克（Raynard Coe Swank，1912－1995）應邀在會中致詞，強調在臺灣應速辦一所完善的圖書館學校，ALA 願意給予最大的協助。斯旺克返美之後，隨即通知臺大表示：洛克斐勒基金會已同意撥款 38,850 美元給 ALA 來協助臺大圖書館學教學，ALA 會派一位專家至臺大。於是 1961 年 4 月 17 日臺大第 566 次行政會議通過，宣布「圖書館學系設於文學院內，自 50 學年度開始招收新生」；6 月 20 日教育部准予設立，招收 25 名。實際上第 1 年招生考試錄取 18 人、保送 1 人（北一女居蜜），實收 19 人，畢業時，增為 23 人。洛克斐勒基金會的撥款能由該系支配的實為 1 萬美元，賴永祥幾全數用在向海外購書，成立系圖書室；其餘款項為 ALA 聘請美籍客座教授及 ALA 辦公之用。ALA 聘請明尼蘇達大學圖書館研究所所長

（Director, Library School, University of Minnesota）白寧豪（David Knipe Birninghausen，1916—2001）來臺擔任客座教授兼顧問，於 1962 年 8 月 16 日偕夫人抵臺，1963 年 6 月任滿。白寧豪離開時，介紹歐思林（Karlis Lotars Ozolin，1923 — 1997；Librarian, Augsburg College, Minneapolis, Minnesota）來臺，應聘為該系副教授，由美國在華教育基金會（U.S. Educational Foundation in the Republic of China，學術交流基金會的前身）贊助下，於 1963 年 9 月 12 日抵臺，1964 年 7 月 1 日離臺。

　　在費士卓的安排之下，自 1956 年 8 月起，由美援技術協助計畫項下，教育部保送圖書館人員赴美國考察研習。進修名額 1 年 1 位。在培養臺灣第一代圖書館人才赴美的培訓計畫中，推薦辦理僑生升學的 4 所大學——臺大、臺師大、政大、成大圖書館負責人，賴永祥、王振鵠、趙來龍（1916—2008）、呂迺正，及藍乾章先後前往美國田納西州那士維爾（Nashville，Tenn.）畢包德師範學院圖書館學研究所攻讀圖書館學。他們回國後，各自曾擔任圖書館館長、圖書館學系主任、教授等職，培植了不少的第二代圖書館專業人員，對我國圖書館事業貢獻頗大。

　　第二次世界大戰結束以前，日本認為只要增進圖書館人員管理圖書館的技術，便能勝任圖書館的業務，所以並無圖書館學校的養成教育之設，祇有短期圖書館學研習班。圖書館員養成在圖書館實務工作中，屬師徒制。日本戰敗，日人遣送回國，除自大陸遷臺極少數畢業於文華圖專、上海圖書館學校、國立社會教育學院圖書博物館學系者外，臺灣並無專業培養的圖書館員。費士卓媲美韋隸華女士（Mary Elizabeth Wood，1862－1931），開臺灣現代圖書館學專業教育之先，對臺灣圖書館事業，卓有貢獻。

第三章 遷徙與館舍建築

前　言

　　1954 年 6 月 1 日教育部部長張其昀（1901－1985）就職。1954 年 10
月楚崧秋任總統府侍從中文簡任一級祕書、新聞言論祕書，他「憶 1955
年夏日，時任教育部長、史地學人張其昀曉峯先生，因公私關係語我：『清
幽的臺北植物園緊側有一空曠公地，部方擬充分運用，建一藝文中心，包
括藝術、圖書及博物諸部門，你以為如何？』當答：『北市日見繁榮，國民
知識逐年提高，此等文教場所，亟感需要，倘經費勉可支應，宜越快速、
寬敞、充實一些為好。』他說：『識者多持此類意見。』」

　　張部長體認到歐美先進國家，除了不斷提升精進各級教育外，對於社
會教育也很重視。各國主管教育的機關會在首善地區選擇適當的位置，規
劃闢建大型園區，將各具社教特色的主題建築物集中呈現，除充分發揮其
社教功能外，也自然形成一處可供瀏覽的景點。此時臺灣的政局因國際局
勢的變化而安定下來，1953 年 9 月 24 日總統明令公布《社會教育法》，同
年 11 月 12 日總統蔣中正發表了《民生主義育樂兩篇補述》；為推動民生主
義的文化建設，有感於臺北市文教設施極少，僅有新公園（今稱二二八和
平紀念公園）裏的一所臺灣省立博物館，及其借用該館館舍的臺灣省立臺
北圖書館，於是張部長「園區」的概念，就這樣適時的提出，經鍥而不舍
溝通與協調，最終獲致中央支持，准予在臺北植物園東首撥出一區土地施
工興建，因該地段恰在南海路上，「南海學園」名稱應運而生。張部長任內

（至 1958 年 7 月止）的 4 年內，在南海學園，恢復了國立中央圖書館（「
國圖」），創設國立歷史博物館、國立臺灣科學館、國立臺灣藝術館、國立
教育資料館、教育廣播電臺、中國文化研究院。其他，還設有臺北縣「板
橋學園」、「蘆洲學園」。前者，設國立藝術專科學校、國立華僑實驗中學、
臺灣省國民學校教師研習會、臺灣省中等學校教師研習會、中華教育電影
製片廠、中華科學儀器製造廠；後者，在國立道南中學附近，設國立建築
研究所和私立體育研究所，後因張部長離職，也就隨之停辦。依張部長的
規劃，南海學園注重社會教育的充實與發展，而以文藝復興為最高目標；
板橋公園注重基本教育的實驗工作，而以民族復興為最高目標。以上兩處
基地，實相輔相成，合為一個整體。（張其昀）

> 那時張其昀在部長任內，教育部的預算極少，經費不足時，只得接受
> 民間捐款，而被批評「公私不分」。館舍落成之後，各館內容難以充實，
> 又招來指責為「好大喜功」。但是張部長以毅力與恆心，戮力於公，確
> 因設「南海學園」，開創各種文化社教機構，而對國家的教育、學術、
> 文化、藝術界，做出卓越的貢獻。就好像及時的甘霖，使沙漠奇蹟似
> 地蔚為綠洲園地。

一、教育部南海學園

當時，在南海學園的範圍內有兩棟日本時代遺留建築物，一為臺灣省
政府撥借的臺灣省國語推行委員會辦公處所，原係建功神社，建於 1928
年（昭和 3）。一為歸臺灣省林業試驗所（「林試所」）經管，卻借予臺灣郵
電總局當作員工眷舍，形成一座形形色色的大雜院，破舊不堪，原係殖產
局開設的臺北商品陳列館，展售臺灣農特產並與日本商品交流，建於 1917
年（大正 6）。教育部將前者規劃為國立中央圖書館，後者為國立歷史文物

美術館。

（一）國立中央圖書館

1954 年 8 月 1 日教育部令蔣復璁恢復國立中央圖書館；該月張部長約臺灣省政府教育廳廳長劉先雲及蔣復璁到南海路參觀植物園，為國圖及歷史文物美術館訪尋館址。先由國語推行委員會正門入，此門當時還是神社的舊門，有兩廊及日本神社，決定作為國圖館址。9 月復令國圖恢復建制，准蔣復璁復館長原職，並接收「國立中央博物圖書院館聯合管理處」的「中央圖書組」所保管的圖書文物和原國立北平圖書館清內閣大庫輿圖 18 箱。10 月國圖先於教育部旁臺大醫學院大禮堂內辦公，展開各項工作。但館藏善本圖書仍留存霧峯北溝書庫。1955 年 9 月 18 日，國圖遷入國語推行委員會的辦公處所，展開了國圖南海路服務的時期。

（二）國立歷史文物美術館

國立歷史文物美術館之設，以中華歷史、文物、美術三者合一為宗旨，乃就原商品陳列館改建。這一由日人仿照中國古式（晉唐）建築的老舊木造兩層樓，多年失修，蕭然四壁，後面為林試所植物園荷花池。於是，先由交通部部長袁守謙協調將 54 戶員工眷屬的既有住戶，全部遷出。接著再協調林試所讓出。1955 年 12 月 4 日教育部聘包遵彭（1916－1970）為籌備處主任，撥 5 萬元應用，張部長期許在 100 日之內開幕。籌備處爰在 1956 年 3 月 12 日 國父逝世紀念日開館。依張部長原本規劃該館為存放於臺中霧峯故宮、中博文物北上展覽的場所，但此建議卻不為兩院共同理事會採納（王宇清）；惟臺北市為中央政府所在地，中外觀瞻所繫，需要有一象徵中國文化的地址。因為人物力惟艱，又所給籌備時間急迫，乃將南海路違章建築拆除，恢復整齊，街道煥然一新。該棟木造樓房內外酌予修繕，

整棟樓房外觀未動，仍是原有建築，僅舊樓上樓下兩層布置展覽廳，木製樓梯頗狹窄，上下時感覺擁擠。開館之初，由於陳列展品多屬圖片、建築模型和若干文物複製品，配合一部分實物，被譏為「真空」館、「四大皆空」。於是張部長、包遵彭等人奔走，以交、撥、捐等方式徵集該館文物。1956年4月24日教育部將聯管處代管原河南博物館運臺文物38箱移存歷史文物美術館陳列；並將聯管處存放戰後日本歸還部分戰時掠奪我國文物 51箱237件亦交予典藏，奠定該館館藏基礎。

1957年10月10日該館定名為國立歷史博物館（「史博館」），同時着手規劃館舍擴建工程。初步計畫興建古物、美術、工藝3個陳列館，惟政府預算實在有限、只得採逐年施工方式進行。1958年10月、1959年3月，分別添建落成畫廊及鋼筋水泥的古物陳列室各一座，以供展覽珍貴古物之用；建築費40萬元，由教育部社教經費內支付。至此建設工作業告初步完成，可供有系統的自殷商時代開始分期或分類展覽。

此後，自1961年至1967年，年年增建或擴建，將原有木樓，逐步改建，如完成國家畫廊（于右任為匾題耑）、教室、研究室、展覽大樓、陳列室、行政中心等，陳列空間，較之初建館時，已增7倍。1970年展覽大樓及國家畫廊擴建，由建築師林柏年設計。博物館大門係模仿漢代風格門闕興建，門前左右坐著一對石獅；館舍已成為揉合了明、清風格，紅磚綠瓦、雕梁畫棟的6層中國傳統式建築物。該館第14任館長廖新田稱：

> 1958年10月畫廊建成，是當時臺灣第2家公立展覽空間，僅次於中山堂畫廊，而故宮是在10年之後才在臺復院開幕。本館畫廊首先以兩檔張大千及溥心畬書畫展，開啓了本館書畫的權威地位，自此延續不輟。隔年，隔壁的國立藝術教育館畫廊改建完成，南海學園乃成為當時臺北重要的文化地標。1963年2月，本館國家畫廊成立，號稱是「自由中國第1座符合國際標準的國家畫廊」，第1檔展覽是「全國水彩畫展」。自此，歷來優秀藝術家莫不以能在國家畫廊展覽為榮。

　　史博館是為美術社會教育的任務而設，該館設國家畫廊，就是經常要辦理美術展覽。史博館是民眾與美術等文化物件相遇的場所。漢寶德〈國立歷史博物館之發展〉乙文，提到：

> 世上少有國立歷史博物館初創時的情況，既沒有豐富的收藏，也沒有經費與計畫，只緣於創設時的理想就大膽開始進行了。在當時，創館的張其昀部長與首任館長有心要在微薄的基礎上，設立一個國家博物館。想想看，在政府的手上，有大量的寶藏存放在倉庫裏，屬於當時尚沒有館舍的故宮博物院，國家需要一個推動文化工作的機構，卻沒有任何着落。有什麼辦法？只有無中生有，創造出一個國立博物館來，擔當此一任務。以當時的情形看，需要多大的魄力。歷任館長要肩負多大的責任。

　　惟在史博館未改建前，總統蔣中正曾蒞臨參觀，「看到河南新鄭出土春秋時代銅器等件，感到如此精華國寶級文物放在史博館日式木造館舍陳列，表示為安全起見宜存放故宮博物院陳列展覽。這麼一來，為了移交手續，弄得新任故宮院長蔣復璁與史博館館長包遵彭之間幾乎變了臉。」「蔣復璁將該批古銅器陳列在玻璃櫃內，櫃上端均標明展品係史博館寄存陳列。」

　　國圖和史博館兩館因逢國家財政困難，無力籌款，對兩館所需工程款，每年分期撥付，極為有限。乃就原建築物，依其應有的功能予以逐年改建增建，「拆一間，修一間」，全館閱覽、展覽仍然全年開放，緩緩進行。1956年至1958年間，教育部又陸續籌劃興建了國立臺灣藝術館、獻堂館、國立臺灣科學館、國立教育資料館、教育廣播電臺。南海路一時形成南海學園文教區。

（三）其他教育文化機構

依中研院近史所《蔣復璁口述回憶錄》，蔣復璁說道：「將國語推行委員會的辦公處所撥借給中央圖書館。房舍並不大，而且地居植物園內，屬禁建區，但前面寬闊，適宜建造一座能比美美國國會圖書館的建築。未料幾年後，前面寬闊的土地為教育部張其昀部長調借用來先後建造了科學館、藝術館，甚至在中央圖書館之旁還建造了一座獻堂館，使國圖只有侷促在原建功神社舊址一片土地上而無法伸展。這時我的心情相當鬱悶。」另方面，國圖取得國語推行委員會的辦公處所作館址，此事，自不能獲得該會委員何容（1903－1990）、洪炎秋（1902－1990）的諒解。

國立臺灣藝術館

國立臺灣藝術館（原名國立藝術館；1985 年 10 月又易名國立臺灣藝術教育館），於 1957 年 3 月 29 日青年節正式成立；作為國立藝術專科學校的實習場所，兼為各種藝術，如美術、戲劇、舞蹈、電影等的活動中心。建築經費 150 萬元，由教育部與臺灣省政府教育廳各負擔半數。館舍外觀為復古的中國式宮殿造型，門前環繞白石雕欄。大門增砌宮殿式屋簷廊柱，畫棟雕樑，與現代洗石子牆混搭。內高 3 層，周圍成 6 角形。中間正廳為小型實驗劇場，呈階梯形，擁有座位 700 餘席，場外四周休息處可作展覽迴廊之用。1963 年改建，增設了 2 樓的席位，並擴增了 2 樓兩側的辦公空間。

獻堂館

獻堂館為紀念林獻堂而建，係張部長與林獻堂基金會商議，該會乃集資 100 萬元捐助給教育部，在南海學園原臺灣省國語推行委員會舊址興建，於 1957 年 10 月 10 日國慶日落成，10 月 25 日臺灣光復節開幕。「獻堂館為凹字層樓，其上圍白石短欄，作石刻，仿武梁祠，人物車馬，古代冠裳，躍然顯現。正門玄關處朱柱石礎，於整個建築的紅櫺綠瓦，交相輝

映，古趣盎然。」案武梁祠位於今山東省嘉祥縣的武梁墓前，建立於 151 年（東漢桓帝元嘉元年），祠內三面牆壁和屋頂雕刻着栩栩如生的畫像。圖像正是表達「東漢人心目中『宇宙』的組成部分」（巫鴻），「天界」，屋頂，採用如祥瑞形象、上天徵兆圖像；「神仙」，山牆，神仙世界，如西王母及其仙境等圖像；「人間」，牆壁，採用人類歷史，如車馬圖、水路陣戰圖、孔子見老子圖等為著稱。

　　張其昀初任部長時所籌設的「國立中國文化研究所」即設在館內，作為中國文化研究及國際文化交流中心。國際學人來華考察及通訊詢問，由該所負責聯繫，並發行英文版《今日中國月刊》（*China Today Monthly*）與《中國文化季刊》（*Chinese Culture, A Quarterly Reivew*）。1958 年 7 月梅貽琦繼任部長，採緊縮政策，研究所予以裁撤。

　　此外，獻堂館內還曾於 1957 年 9 月 28 日教師節設立國立音樂研究所，為臺灣最早的音樂研究機構。由鄧昌國（1923－1992；其父鄧萃英，1885－1972）任所長，計大偉（1923－2006；其岳父林佛國，1885－1969。應北京師範大學求學時期日文教授洪炎秋的鼓勵下，1947 年 4 月 1 日自滬抵臺，畢生為臺灣音樂教育貢獻所學）任社會活動部主任兼祕書。共成立了 5 個附屬團體，依序為 1.青年音樂社，總社長計大偉、總幹事邱慶彰、副總幹事林二（1934－2011）、顧問李抱忱（1907－1979）。另成立臺中分社及臺中合唱團，社長蘇中敏、副社長桂希賢、總幹事吳岩、副總幹事封金城和吳聆理、顧問李明訓。還有新竹分社及新竹合唱團，社長蘇森墉、A 團指揮計大偉、B 和 C 團蘇森墉，發行《音樂雙周刊》；2.中華弦樂團，團長兼指揮鄧昌國、副團長司徒興城、總幹事張寬容、顧問（日）高坂知武（1901－1997）；3.中華青年合唱團，總幹事許引經、指揮計大偉；4.青年管樂團，指揮邱慶彰、副指揮林二；5.中華實驗國樂團，團長鄧昌國、副團長闕大愚、副團長兼總幹事黃體培（1927－1976）、指揮李鎮東。他們固定練唱練奏的地點分別是中國青年反共救國團臺北市青年服務社鄒容堂、臺大醫學院禮堂、北一女禮堂、基督教臺北青年會、臺灣省鐵路局福利會、

臺大學生活動中心及新竹信義街謝婦產科醫院 3 樓（醫師謝家仁）、新竹女中大禮堂（校長孟淑範）。1958 年 2 月發行《音樂之友》月刊。1959 年 7 月 5 日特聘許常惠（1929－2001）、莊本立（1926－2001）分別為西樂、國樂研究員。1960 年 7 月 15 日以完成階段性任務，奉令結束，相關人員轉任國立臺灣藝術學校。消息甫經披露，各界一陣錯愕，咸以為如此結束，殊屬可惜。

獻堂館也曾先後成立國立中國醫藥研究所籌備處（1957 年成立籌備處；1963 年 10 月 22 日於新店市北宜路正式成立）及國立教育資料館（1958 年 2 月 15 日社會教育司司長劉先雲兼任館長，該館即由臺灣省立師範大學遷來暫借辦公至新館成）。繼之為中華民國孔孟學會使用，自 1961 年該會成立迄 2017 年又改撥為教育廣播電臺為止。

國立臺灣科學館、國立教育資料館

1954 年 6 月，教育部成立「科學教育委員會」。1954 年 12 月 30 日，張部長為響應蔣總統將 1954 年定為「科學年」的號召，在教育部中華獎學金基金會成立會致辭，宣布香港德明中學校長陳樹桓（陳濟棠三子）捐款新臺幣 100 萬元，用於自由中國的教育文化事業，為發揚科學實驗精神，即以此款供建築國立臺灣科學館（「科學館」）之用；建築經費不足的 200 萬元，由教育部社會教育經費中撥充外，臺灣省政府也支應了一部分，建築費用計高達 300 萬元。設備費一部分出於教育部預算，一部分出於捐助。科學館原設計為 7 層樓，「其下 3 層為 8 角形，上 4 層仿北平天壇，圓頂。內部通路、採光、空調，略採歐西形式，容積既大，一切裝飾又復古色古香。」「正門前皆環植白石雕欄，拾級而上，頓生仰止之感。」

稍早，還有臺灣教育資料館之設，該館緣起於 1952 年教育部鑒於視聽教育的重要，與聯合國教科文組織簽約，由該組織來華設立技術援華處，並派（美）歐輔仁（E.F.Overend）前來擔任教育部顧問，教育部並聘請嚴慶潤擔任其祕書兼翻譯，商借臺灣省立師範學院（「師院」）工教大樓教室一間，展開工作。歐輔仁與嚴慶潤還在師院教育系開設視聽教育課程，由

學生選修，從此 Audio-Visual Education 即定名「視聽教育」。兩年後歐輔仁服務期滿在其返國前，迭與美國共同安全總署駐華安全分署教育組布朗（H. Emmett Brown）會商，希望對視聽教育工作能繼續而不斷，獲得其贊助，遂於 1955 年 8 月成立臺灣教育資料館，主要負責推動視聽教育及蒐集相關資料。正逢師院建築圖書館，經費短絀，遂由行政院美援會與教育部商定教育資料館館址設於師院圖書館東側，建築費由美援會負擔。成立後由美援會聘請視聽教育顧問艾丁（Dr. Noeting）協助，教育部爰將所存電影片撥交該館應用，於是添置器材充實設備，規模稍具。美援會的協助教育資料館原定 3 年，其後將由我國政府負擔經費。

適教育部部長由張其昀接任，張部長鑒於二次大戰後，歐美日等先進國家，基於需要紛紛設立教育資料中心，用為教育問題的研究、改進暨教育資料的服務、推廣，1956 年乃將教育資料館改為國立，將原置師院的教育資料館，易名為視聽教育館，作為國立教育資料館的一個部門，負責全國性視聽教育的推動，這是我國設立最早的視聽教育館。

國立教育資料館與國立臺灣科學館（1962 年更名為國立臺灣科學教育館）於 1956 年 5 月 1 日同日借用板橋臺灣省國民學校教師研習會（板橋公園）宣布成立，暫撥該會一部分房屋為辦公室及展覽室，正式館址，尚在建築中。教育部爰予修正科學館原設計，規劃科學館在第 1 至第 4 層；國立教育資料館洽定在科學館第 4 層平頂大樓上興建第 5 至第 9 層圓形大廈，頂層為教育資料館附屬單位教育廣播電臺暨教育電視廣播電臺所用，建築設備費 240 萬元，臺灣省教育廳和行政院美援會經費各半，全棟遂成為 9 層鋼筋水泥大樓，矗立於南海路上。

依《原科學館立面風格特色》記：「本建築立面風格，大體可分三部分：1－4 樓以象徵石材的斬假石牆面形塑厚實沈穩『臺基』意象。5－7 樓以朱紅傳統木構玻璃窗與螺旋坡道形成『屋身』。採琉璃瓦頂塑造『重簷攢尖頂』的屋頂意象。正面以大型階梯直上 2 樓搭配正門上方出挑的木構樓閣，模擬向上朝觀的入口意象；屋身四周續以仿石望柱鉤欄，整體呈現中國北方

『官式建築』風格。」

　　科學館於 1957 年 4 月擇定南海學園興建館舍，1958 年館舍下層工程告竣，1958 年 10 月 10 日開幕。及至 2003 年才遷建士林區士商路，2004 年元月 15 日開幕，同年 6 月 1 日起正式營運。原址移文化部國立臺灣工藝研究發展中心，委由建築師徐裕建規劃整修，作為該中心臺北當代工藝設計分館，規劃 7 層樓層，剩餘的空間為行政辦公及會議室，整修費用計 2.1 億元。

　　教育資料館於 1958 年 6 月 1 日興工。1958 年 2 月 14 日洽定先在南海學園獻堂館辦公，並奉教育部令籌設教育廣播電臺。至 1959 年 3 月 24 日館舍落成，4 月 4 日兒童節遷入新館舍辦公，各項業務，逐次展開。1961 年 9 月興建電梯工程完工啟用（小型電梯，可容納 5 人），至此辦公大廈更臻完善。1986 年 9 月國圖遷往中山南路新建館舍，其所遺舊址，奉教育部核定，撥由教育資料館使用。館長陳嘉言稱：「該館舊址，屋舍儼然，美侖美奐，固其餘事，其對本館最切要者，為其位居平地，建築完善。」2011 年 3 月 30 日該館整合為教育部國家教育研究院教育資源及出版中心。2011 年 6 月 9 日該館所使用原國圖舊館改由國立臺灣藝術教育館使用。

教育廣播電臺

　　1957 年教育部為推廣廣播教育，提供機會均等教育，決定籌設教育專業電臺。該臺於 1957 年 12 月正式開始籌建工作，教育部核撥新臺幣 50 萬元，在教育資料館 9 樓設立教育廣播電臺，購置一千瓦發射機一部，開始試播，1960 年 3 月 29 日正式開播。嗣因業務日形擴展，遂於南海學園獻堂館右側另建新臺址，置 2 層樓房舍及機房。其後，該 2 層樓房因颱風過境，電臺機房及辦公室部分傾倒，經教育資料館申請行政院美援會教育計畫經費 95 萬元，配合南海學園建築形式，原地興建為綠瓦屋頂地上 4 層新建物，自 1963 年 7 月 24 日遷入啟用迄今。1998 年 10 月改制，稱國立教育廣播電臺。

教育電視廣播電臺

　　1956 年教育部呈請行政院核准民營電視臺興建，同時進行教育實驗電臺的申請，1960 年奉行政院批准。1962 年元旦教育部責成教育資料館設「教育電視實驗廣播電臺籌備處」，並先行成立電視實驗臺。由行政院美援會及行政院國家長期科學委員會（該會於 1959 年 2 月 1 日成立，由中研院評議會與教育部共同組成，中研院院長和教育部部長分任主席、副主席。首任為胡適、梅貽琦）補助經費。1961 年 11 月 14 日國立交通大學電子研究所自製 50 瓦電視發射機在該館 7 試播成功。1962 年 2 月 14 日，配合「第 4 次全國教育會議」的揭幕而開播。1963 年 12 月 1 日，教育電視廣播電臺正式成立，臺址設於教育資料館 7 至 9 樓。1970 年教育部與國防部合作，該臺奉令結束，移併成立中華電視臺。

　　各館都「能體現中華正統象徵的北方宮殿大型建築，形塑出強調中華文化形式符號與現代建築技術結合的『現代中國建築』風潮」。中國古典式建築形式，鄰連櫛比，美奐美侖，形成「南海學園」園區文化建築的特色。這是「中國古典式樣新建築」元素在臺灣呈現，都為知名建築師設計，如 1955 年利群建築師事務所陳濯、李寶鐸、欒梓遷（國圖）、1957 年石城建築師事務所（臺灣藝術館）、1959 年盧毓駿（臺灣科學館、教育資料館）、1964 年永利建築師事務所沈學優、張亦煌、任偉恩（歷史博物館）等。中國古典式樣新建築，在意識型態的用來做為一種道統的表現。

　　張其昀曾說：「世界大都市，其公園往往與文化機構毗連，今臺北市植物園與南海學園互相配合，使一般學生與民眾，有左右逢源相得益彰之樂趣，此亦近年教育建設中比較令人滿意者。」

　　由於各館創館時，國家財政困難，館長領導館內同人篳路藍縷，慘澹經營。由創建而成長，誠可謂歷盡艱辛。「南海學園」一時間成為國內最具知識、教育、文化氣息的社教園區。

二、南海學園國圖館舍

（一）日本殖民地建築

日本明治維新以來，在科學、文化、藝術等各方面，效法西方；政府和大學大量聘請國外學者專家到日本任職。1877 年（光緒 3；明治 10）工部省附屬大學的「造家學科」（後稱東京帝國大學建築科）延攬了英國人康德（Josiah Conder，1852－1920）來校任教。在此之前，日本一直沒有訓練建築師的正式教育課程。康德來到日本時年方 24 歲，引進正統的西式建築，培育日本建築師。他曾設計建造在上野公園內博物館（後曾改稱「帝國博物館」、「東京帝士博物館」；二戰後改稱「國立博物館」）、三菱邸園（舊岩崎邸）現存的西洋館和撞球室等。在他聘期 7 年內（1877－1884）指導畢業的同學共 21 人，如辰野金吾（1854－1919）、曾禰達藏、片山東熊、佐立七次郎、久留正道等，影響了日本新一代建築師的建築思維與設計手法。康德聘期滿，任工部大學教授。日本政府鼓勵建築師到臺灣開展事業。在日本統治的 50 年，臺灣從未出現建築師個人設計事務所，大都集中於臺灣總督府營繕課（該機關曾多次改制），由該課主導設計走向及「樣式」風貌，發展出具臺灣特色的殖民地建築。

時日本深受到西方歷史「樣式建築」的影響。「樣式建築」係泛指在 19 世紀建築歷史樣式的復興潮流中，由英法等國開始大量使用古典建築語彙的建築風潮，其中包含新古典、哥德復興、新巴洛克等樣式。其後隨日本建築師來臺，也為臺灣引進該「樣式建築」的風貌。後藤新平自詡了解臺灣人的民族性，以唐駱賓王詩「不睹皇居壯，安知天子尊」，以為宏偉的官衙，亦有收服民心之便。殖民時期的建築物即以「壯」「尊」見長，一座

一座的雄偉壯觀的建築，逐漸矗立在「臺北城內」。所謂「城內」係日本人盤據之處（今中正區、大安區），如本町（重慶南路）、京町（博愛路）、大和町（當時臺北城中心）、榮町（衡陽路）、表町（館前路）等；與「城外」大稻埕（今大同區、中山區）、艋舺（今萬華區）等為臺灣人久居之地。「城內」「城外」市街的景觀有別。1901 年 8 月 25 日（光緒 27；明治 34）第 2 代臺北車站啓用，正門（前站）開在「城內」表町通（館前路）。到了 1923（大正 12）3 月 6 日才有規模較小的後車站（裏臺北驛），方便「城外」大稻埕出入。大正時期「臺北城內」的新建築即使在日本國內也望塵莫及，配合市街景觀，被譽為「日本最新的城市」。以各官廳建築最為突出，如臺灣總督府（今總統府）、臺北州廳（今監察院）、總督府專賣局（今臺灣菸酒公賣局）、總督府博物館（今國立臺灣博物館）等，官廳一改中國「坐北朝南」為「向北向東」的原則，寓「北望日本」「迎接旭日」之意。今天的凱達格蘭大道、仁愛路，即是表徵這種帝國意識的「都市中軸線」。

（二）建功神社建築

　　這個神社在用途上原就不祭祀日本神道神祇，而是以日本據臺以來對臺灣有貢獻的人物為對象，屬於護國神社；不分臺、日，不分地位高低，均被祭祀（合祀）。包括所謂「1895 年（明治 28）以降，於臺灣戰死、準戰死、殉職、準殉職、殉難者」。在建築上，有別於日本和臺灣其他所建造者，為時任臺灣總督府民政部土木局營繕課長的日本建築師井手薰（1879－1944）設計，總工費 12.8 萬。

　　井手薰畢業於東京帝大建築科，在 1910 年（宣統 2；明治 43）辰野金吾推薦下前往臺灣，擔任輔助森山松之助（1869－1949）的臺灣總督府廳舍設計工程。次年轉任臺灣總督府土木部營繕課囑託，課長是野村一郎（1868－1942）。1923 年 10 月 1 日（大正 12）任土木部營繕課課長。1924 年 5 月 1 日（大正 13）任總督府官房營繕課課長。他的其他的作品有臺北

公會堂（今中山堂）、臺北幸町教會（今濟南基督長老教會）、總督府高等
法院（今臺北重慶南路司法大廈）、總督府高等學校講堂（今臺師大禮堂）
等。他任課長期間，使臺灣殖民地建築設計風格及「樣式」出現了重大轉
變，逐漸脫離當時流行的古典主義及洋館風格，開始展現他主張的在地思
想與講究風土美學的形貌，形成現代主義折衷「樣式」、「興亞帝冠式」建
築。後來他催生了臺灣建築會，發行《臺灣建築會誌》，對臺灣建築的發展
影響深刻。

　　建功神社位於南門町植物園內武德殿和商品陳列館之間，周圍綠林環
繞，四周學校分布密集。從空間配置來看，神社採長直的中軸線，由外而
內，依序分別為參（拜）道（為唯一的出入口，形成單一軸向的進出方向）、
鳥居、神橋、神池、手水舍（設淨手水池，備供洗手漱口）、拜殿，及位於
最深處的本殿；分布於中軸線左右者，分別為有控室（休憩所）、社務所、
倉庫、神饌所、渡廊等附屬空間。建功神社的建築主要就係分布在後半部，
過了鳥居，緊接著渡過神橋後，就進入了建築物的主要區域。此區參道也
改成為石板舖設，有別於進入鳥居前舖設細軟石，以材質變化提示進入了
主要的參拜區域。本區內的配置採中軸對稱，主體建築以圓頂為中心，左
右兩邊延伸。建築前方的中央是一個長方形的水池，水池兩側有兩條獨立
的迴廊。位於中軸位置上的包含圓頂建築內的拜殿、主殿以及前方的水池。
因為採用鋼筋混凝土為建築材料，本殿為木構建築，仍保留日本傳統神社
的建築，使得雖然格局上仍然保存着神社應有的形制，但實際建築已融入
許多不同的成分，雜揉和、漢（臺灣式）、洋的折衷建築樣式。如神社正面
聳立著高約 6 公尺的鳥居，採用類似漢式牌坊造型，還加上許多裝飾；拜
殿採用亞歐交界地帶常用的穹窿為頂，穹窿下緣有一圈的小開口，會隨著
時間的不同有光線自不同角度散入；以及本殿和拜殿設於同一建築物相
連，都是獨一無二的。

（三）國圖館舍

　　國圖復館，蔣復璁復職，爰延攬舊部，原北溝同人顧華為採訪組主任、任蘭（文華圖專畢業）為編目組主任、昌彼得（1921－2011）為特藏組主任、蘇瑩輝（1915－2011）為簡聘編纂（隸特藏組，一度兼祕書）；除昌彼得仍留守北溝（因善本書庫仍在北溝，一直到 1966 年 3 月始遷臺北）外，先後調往臺北南海路新館。爰南京同人儲連甲（國立社會教育學院圖書博物館系畢業）自臺北女子師範學校回館，擔任總務組主任；王省吾因任職陽明山國防研究院、藍乾章（1915－1991，文華圖書館專科學校畢業）任職臺大圖書館採編組主任，1959 年轉任中研院傅斯年圖書館主任，都不克再回館服務。

　　蔣復璁之所以選擇的國圖館舍，係看中正前面寬闊，適宜建造一座能媲美美國國會圖書館的建築。但部長張其昀另有南海學園的規畫，使國圖只有侷促在原建功神社舊址上逐年擴充而無法伸展。時教育部盡全力支應科學館建築經費，國圖也就祇能自行努力設法籌措。該神社於 1928 年 7 月 14 日舉行鎮座儀式，舊有的房屋既多殘破，亦過狹隘，並不能容納日益遞增的圖書及配合閱覽交換工作的開展。復館之初，國圖先驅逐白蟻，並自 1956 年起即從事館廈的重建，經費籌措不易，利用政府每年撥給有限的修繕費、設備費，再謀求美援單位及國內外基金會的補助，如國際合作總署駐華安全分署教育組 2 筆，各 50 萬及 19 萬 8 千 4 百元、長期發展科學委員會 100 萬、嘉新基金會 10 萬、售出國語推行委員會一個宿舍給教育資料館得價 15 萬元。採循序漸進，在不影響開放閱覽及各單位業務的原則下，次第展開。初則是修葺，繼之以添建，更進而予以改造擴充，聚沙成塔，不到 10 年，規模奠定。

　　蔣復璁的國圖建築理想有二：「一為國立圖書館要能表現中國文化；一為中央圖書館要有相當規模，合於圖書館的建築。要實現理想的建築，自非有充分的經費不可，本館既無巨額的款，實現自是困難。但理想是事實

之母，使理想成為事實，第一先要計畫，按著計畫，一步一步地做，逐步也可完成，這是本館採用的方法。」

1956 年 2 月 20 日，國圖先修復廂房兩座，作為中西文參考室，該日先暫開放西文閱覽室；3 月 1 日開放中文閱覽室，6 月 4 日開放青年閱覽室；11 月 21 日中西文閱覽室合併，擴大青年閱覽室，並另闢參考室及期刊閱覽室。

1957 年 10 月，國圖添建平房兩座，前面作為中西期刊閱覽室，後面辦公。繼而修復大廳，作為普通閱覽室。

1958 年改建原有書庫，將一層改為二層。閱覽室內左右加建書庫各一層。閱覽室旁西邊添建長方形平房一座，增衛生設備廁所及書庫一間。附加迴廊及花圃，增加環境的優美。

1959 年 8 月興建門廳大樓，1960 年 5 月落成，內闢有善本閱覽室，並附藏書庫。國圖始自臺中北溝書庫提善本複本書 16,000 餘冊，及普通本線裝書萬餘冊，運存臺北，以便利讀者閱覽。

1962 年 4 月，重建正廳大閱覽室及兩翼二樓辦公廳奠基興工，1963 年 1 月竣工。大閱覽室完成，蔣館長撰了一副楹聯，榜於兩柱：

百萬冊辛勤搜集，多付秦灰，今屈指數來，珍存漢簡唐鈔，宋刻明槧，
皆瑯環秘笈，歷劫不磨，努力好古敏求，堪喜斯文猶在。
十餘年慘澹經營，盡成陳跡，又從頭做起，粗備歐美典籍，東西輿圖，
是知識寶藏，開卷有益，效法知難行易，必教失土重光。

1964 年，續動工興建五層書庫亦告竣工，至是國圖館廈在蔣復璁苦心擘劃下，集腋成裘，終於全部擴建完成。國圖共佔地 4,720 平方公尺，建築物基層面積為 2,322 平方公尺，全部總面積則為 4,764 平方公尺。時館中設有大廳閱覽室、善本閱覽室、普通參考室、期刊室、官書室、音樂美術室、法學室、科學資料室、輿圖室、展覽室、會議室、講堂、大書庫（裝

設電梯）等設施。爰將一所神社建築，修造成一個實用的圖書館。蔣館長嘗稱「日據時代之建功神社，作為館址，經數年之力，改變修造，成為現代之中央圖書館，七拼八湊，計費 300 萬元。對中央圖書館而言，已非易事；在按中央圖書館之標準而言，相差甚遠。」蔣復璁「對於任內始終未能為中央圖書館建造一所合乎水準的館舍，實不無遺憾。」

　　二次大戰後，神社參道大門及兩側石燈籠皆已拆除，鳥居及兩側邊廊道皆已不存；外觀現今入口前之水池與欄桿（玉垣）仍為原物。國圖建築，保留了神社本殿，外表作了一些加工。門前有一荷花池，門廳為紅柱金瓦2 層樓式宮殿建築，整座建築立於 50 公分的基臺上。原殿前手水池兩旁休憩所，增改成一口字形建築。口字正中央為露天中庭。走過中庭又為立於50 公分基臺的閱覽大廳，挑高 10 米，既深且廣；中央上方為穹頂，係將原圓頂式屋頂改變成覆黃瓦的圓形攢尖頂，因而樣貌被認為與北京天壇的祈年殿相似，民眾暱稱為「南海小天壇」。環大廳則為樓中樓式的 2 樓，以參考室為主，大廳後為大書庫。整個建築採用四合院式中國古典宮殿風格。可稱雖然原來神社建築，已無遺跡可尋，但若細觀，從現存建築內部的圓頂與前方的水池，大體仍可察其原貌的一斑。國圖雷叔雲、林呈潢在 1986年該館將遷新館時曾撰〈履痕憶舊址〉 成新詩 4 首，茲錄其中 2 首，以誌其建築：

·之一·

市聲遺落在南海路盡頭

行過藝術館與科學館間長狹的天空

行過筆墨如簾的亭

行過砌雲的橋

圖書館便昂然獨立

瓦黃

柱紅

·之二·

柱插入泥土

簷指向天際

朝裏暮裏　氣象萬千

椰影斜在迴廊深處

細品

屋瓦　藻井　斗拱　壁飾

門鈸　短橋　荷風　游魚

　　　　窗綠　　　　　　　　　　　別是一番古典的婉約

　　　　一種屬於中國的品味

　　　　在這各灰淡的城市中或許是個傳奇

三、南京和重慶館舍

（一）南京館舍

　　國圖自籌備處成立以來，就不曾依據本身的需要，興建館舍。1933 年 4 月 21 日國圖租定沙塘園 7 號之新建民房乙所，開始籌備工作。1933 年 7 月 14 日籌備處「呈教育部具報籌備工作及計畫」，即提及「發展全國圖書館事業，使命所寄，規模自宜宏大，以為百年之計。」「故建築館舍，實為不可或緩之事」。8 月 28 日中華圖書館協會在北平舉行第 2 次年會，通過決議案，「請中英庚子賠款董事會速撥款建築中央圖書館」。惟國家多事，中央財政枯窘，教育經費尤屬困難；籌備處 9 月 5 日乃去函中英庚款會（董事長朱家驊，總幹事杭立武）尋求補助，並同時提出中英文建築計畫書、建築草圖、工程師估價單，備供審查。1934 年 5 月 30 日，中英庚款會通過，准撥國幣 150 萬元為國圖的建築費用；當年先撥 15 萬元，以後就息金支配標準及比例，分年撥付至足額為止。國圖有了建築館舍所需經費。

　　此時，籌備處又接辦了中央研究院出版品國際交換事務；成立印刷所，乃增租蓁巷樓 23 號民房。1935 年因仍不敷使用，爰退租蓁巷樓，改租臨近沙塘園雙井巷 12 號民房。遂將總務組、圖書組的部分、交換處、印刷所發行部遷入。籌備處暫分兩處辦公。隨後，因急需先行開放閱覽，以應首都各界之需，1935 年 11 月 28 日國圖呈准教育部，並即函請中英庚款會，

於補助國圖建築費項下，暫時墊借購屋費 65,600 元及稅契費 2,000 元，購得成賢街 48 號原中研院總辦事處舊址。1936 年 2 月 5 日，遷入辦公。1936 年 9 月 6 日，籌備處正式開放閱覽。由於成賢街館舍原就不是圖書館建築，並不足以發揮圖書館的功能；且占地 6 畝餘，規模較小，祇是暫供棲身的權宜措施，因此仍繼續尋覓館址，籌建新館。

籌備處在爭取建築經費時，於 1933 年 12 月即去函教育部轉南京市政府，「為預備將來建築計，請早圈官地 30 畝為基礎」，並「勘得明故宮遺址古物陳列所之旁之廣大隙地，頗合於蓋造館舍，請市府標簽圈定」。1935 年 7 月，復勘得中山門內中央政治區域鄰近中央博物院旂地，劃為建館基地，經南京市政府派員按址測繪，計總面積達 93 畝，預估收購所需青苗拆遷費等，計銀 34,000 餘元。惟中英庚款會認為勘定館址較為偏僻，各界使用不便，請教育部轉知籌備處另覓適合地點。1935 年 10 月 17 日，籌備處重新勘得市中心區國府路（今長江路）以北、國立音樂戲劇院之西，46 畝多土地為建館基地。該地內有屬天主教會所有空地 34 畝，原則上不能買賣，祇能交換，經雙方會同南京市地政局勘定花露崗及桃柳莊空地 35 畝，以資交換；另民有之空地房屋予以徵收價購處理。

1937 年 2 月 1 日，教育部公布《國立中央圖書館建築委員會組織規則》（全 9 條），翌月並聘請戴傳賢（兼委員長）、朱家驊、段錫朋、何廉、錢端升、羅家倫、梁思成、袁同禮、雷震、蔣復璁等 10 人為委員。同年 3 月 9 日及 5 月 4 日召集兩次委員會議，決定建築設計計畫由梁思成、袁同禮、蔣復璁會同草擬；通過《徵選建築圖案章程》（全 29 條），準備開始辦理徵圖事宜，館舍將在是年秋興工建造。可惜土地徵收和徵圖手續尚未完畢，而七七事變發生，全面抗戰開始，建館乙事遂告擱置。

1937 年 8 月 15 日，日機空襲南京，籌備處奉命停止開放閱覽，並選擇重要圖書 262 箱移送南京朝天宮的故宮新建庫房，並疏散辦公處於北城空曠處民屋；11 月 18 日，國圖奉命隨同教育部西遷，因艙位有限，僅能從中擇要攜出圖書 130 箱，運往下關輪埠，開始離京，1938 年 2 月才抵達

重慶。

（二）重慶館舍

　　國圖遷移重慶之初，以重慶乃為全國政經中心，西南文化薈萃之地，但卻無規模完備的圖書館，即計畫籌畫建立重慶分館以應需要，1938 年 4 月 10 日，經呈准教育部同意即日籌建。同年 8 月 1 日，教育部核定《國立中央圖書館重慶分館建築委員會組織規則》，該委員會設委員 5 人，即教育部代表、中英庚款會代表、四川省教育廳廳長、重慶市市長及國圖籌備處主任。8 月 23 日舉行第 1 次委員會議，出席者有蔣志澄、杭立武、陳禮江、蔣復璁等 4 名委員，決定建館基地由重慶市政府指撥新市區兩浮支路第一苗圃全部分地；建築費由中英庚款會前撥的補助建築費項下暫行墊支。會中並決議由基泰公司進行設計，就地取材，用石頭及巨木，代替鋼骨水泥。建築圖說於該年 8 月 30 日陳報教育部備案，隨即發包，由洪發利營造廠以 78,000 元得標。1938 年 10 月 1 日，重慶分館工程開工。1941 年 1 月中旬館舍落成，耗資 17 萬餘元，2 月 1 日起開放閱覽，7 月 1 日增開夜間閱覽，使開放時間自上午 8 時至下午 9 時。

　　該分館為一所兩層樓房，中間 3 層為閱覽辦公樓，後面 5 層為書庫，計有展覽室、兒童閱覽室、行政辦公室、圖書庫、期刊室、採訪及編目辦公室等，乃將分散各地的辦公室、閱覽室、藏書等陸續遷回。這是國圖第 1 座依圖書館機能所規劃興建的分館館舍，也是抗戰期中在戰時首都最像樣的一棟建築。擁有可藏書 30 萬的書庫、閱覽座位 400 席及展覽室。國圖重慶分館在抗戰期間成為西南各省圖書館的中心，而陪都舉行的文化活動，如各種展覽及學術會議，都在此分館舉行，而被稱「戰時文化之宮」。

　　1941 年 12 月購買重慶市兩浮支路李孟凡土地及租用市中土地為建築宿舍基地。

　　在重慶分館興建同時，籌備處先在重慶市區川東師範學校大禮堂辦

公，並設參考閱覽室，服務讀者；後撤至江津縣白沙鎮上松林鄧姓民房。復與四川平民教育促進會江津實驗區合作，借用該會白沙鎮大觀山所建築新屋，於 1939 年 8 月成立國圖白沙民眾閱覽室，內附兒童閱覽室；嗣後重慶分館落成，該平教會收回房屋，國圖另租白沙鎮中興路繼續開放至 1944 年 3 月止。

1945 年 8 月抗戰勝利，同年 10 月 20 日該重慶分館移贈國立羅斯福圖書館。

1945 年 9 月 28 日國圖復員接收封存成賢街舊有館舍，也接收頤和路陳羣（1890－1945）「澤存文庫」館舍，成立閱覽室服務讀者。1947 年 4 月成賢街閱覽大樓新建工程完工，可容讀者 200 餘人。

復員回京，原議新館建築事，仍繼續進行。1946 年 10 月 2 日開始辦理徵購花露崗土地事宜；1947 年 3 月 19 日辦理徵收土地議價。還未及完成土地徵收，又因戰亂播遷來臺。

四、臺北中山南路館舍

遷臺後，國圖疏散到霧峯鄉北溝鄉下，縮編為中央圖書組；直到 1954 年 8 月才獲准在臺北南海路復館。1977 年 3 月 1 日王振鵠繼任為第 6 任館長。1978 年元月第 1 次館務會議即就所擬「國立中央圖書館新館建築計畫草案」進行討論。

（一）文化建設和取得建地

1977 年 9 月 23 日，行政院院長蔣經國向立法院提出施政報告，說明政府將繼十大建設完成之後，繼續進行十二項建設，其中的「文化建設」是「建立每一縣市的文化中心，包括圖書館、博物館、音樂廳。」這是當

初文化建設的主要內涵。國圖鑒於 1954 年在臺北南海路復館，以當時物力維艱，就日據時代在植物園的神社原址改建，其後，雖經歷年來陸續添建，因受地形所限，全部面積增至 1,879 坪（6,200.98 平方公尺），但仍不敷典藏及閱覽的需求遠甚，極力主張將該館遷建也要列入文化建設，終獲得教育部部長李元簇的支持。1978 年 1 月 6 日行政院核定國圖遷建計畫，是項計畫列為文化建設之一項。

　　1978 年 1 月 7 日，教育部和臺北市會同簽報行政院，依該公文主旨：「國圖現址狹隘，擬予遷建，以應圖書典藏及社會人士閱覽需要。」並說明了國圖書現況與臺北對於大規模圖書館的需求，決定於市政府在信義計畫區內無償撥地 3,000 坪供國圖遷建之用，規劃新館面積約 1 萬坪，分設閱覽、展覽、演講、會議等文教活動空間，使國圖成為國家文獻典藏與世界漢學研究的中心。遷建國圖所列初步概算為新臺幣 4 億 3 千多萬元，第 1 年（1979 年度）先行編列 1 億元。同年 1 月下旬報奉行政院同意土地與經費照列。

　　1978 年 6 月，市長林洋港調升為臺灣省政府主席，由李登輝繼任。市政府表示信義計劃區內土地重新規劃，不再以原來的經濟與文化活動為主，而改為政治與經濟活動；將包含臺北市政府和臺北市議會在內，因此沒有空間再容納國圖。經教育部次長施啓揚和王館長，一起去拜會李市長，請他繼續協助。李市長召集祕書長馬鎮方及有關單位研究後，決定臺北市政府要改到信義計畫區內，於是將在中山南路原來市府大樓預定地的一部分給了國圖。這個區域是位於中正紀念堂正門對面的一塊地，南北向全長 163 公尺、寬 62 公尺，面積 3,057 坪（10,108 平方公尺），位於中山南路以西、貴陽街以南，西鄰弘道國中，南接師院附小，貴陽街以北則為外交部。臺北市政府於 1979 年 8 月 6 日函通知撥用，並經同年教育部報奉行政院核准撥用。稍早，1978 年 8 月國圖遷建委員會第 3 次會議，決議：「造型應表現我國獨特之風格與精神，但不必拘於傳統形式。」換言之，國圖基地面對中正紀念堂及文化中心（兩廳院）均是中國傳統式建築物，但國

圖造型不必拘於傳統形式。1981 年 8 月行政院審核設計時鑒於現址與道路過近，與對面中正紀念堂建築的不易配合，指示應加深基地縱深以配合景觀。1981 年 9 月，李市長應國圖的需求，又增撥約 650 坪土地，使該館建築往後挪移，和人行道有些距離，可以有比較開闊的空間和景深。從中山南路西側算起增加進深 13 公尺，也使得國圖遷建用地擴充為長 163 公尺、寬 75 公尺，面積達到 3,705 坪（12,225 平方公尺）。

（二）遷建委員會與遷建計畫書

　　1978 年 3 月教育部核定「國立中央圖書館遷建委員會組織要點」，該委員會由部聘邀學者專家 17 人擔任委員，並由部長指派政務次長擔任委員會召集人，俾研擬國圖遷建計畫，遴聘建築師，以及策畫與督導其他有關遷建事宜。李部長邀聘委員為朱滙森、施啓揚、王華林、張效三、傅美華、王振鵠（以上係教育部有關單位人員）、蔣復璁、屈萬里、陳品全（以上圖書館界）、喻肇川、賀陳詞、茅聲燾、漢寶德（以上建築專家）、施金池、成堅、陳宗熙及荊鳳崗（以上臺北市政府及市議會）。指定朱滙森為主任委員。由國圖廣徵各方意見並分析未來館務發展需求，草擬「國立中央圖書館遷建計畫書」。1978 年 3 月 28 日上午舉行第 1 次會議，決議成立一個中央圖書館遷建工作小組，推請王館長擔任小組負責人，進行一切籌建工作。1978 年 5 月 6 日、8 月 4 日分別第 2、3 次會議，討論「遷建計畫書」（國圖祕書室蘇精主稿）及有關遷建用地與建蔽率。1980 年 5 月第 4 次會議討論遷建工程設計比圖辦法，另由工作小組簽請部長核聘建築顧問 1 人，俾供諮詢。「遷建計畫書」 經多次修正，1980 年 8 月遷建委員會乃告定稿，內容包括 7 章：計畫緣起、國圖的任務、國圖的組織、國圖的館藏、國圖的發展目標、新館建築設計原則（凡 41 條）、新館建築內部配置與面積等，用以呈現國圖各項空間利用的需求，提供作為公開登報徵求新館遷建工程設計圖時，建築師進行設計的依據。

（三）新館遷建書

根據《國立中央圖書館組織條例》及國家圖書館的功能，為發揮國家典藏中心、參考諮詢中心、全國目錄中心、出版品國際交換中心及圖書館事業輔導中心的職能，並適應未來 30 年之需要，新館內部空間分為圖書典藏、參考閱覽、行政管理、資料處理、文教活動、輔導工作等 6 區，以及附屬的公共服務設施。內部配置分為：1.圖書典藏：全部書庫可容納圖書250 萬冊；2.參考閱覽：採分科管理，開架陳列方式配置。各專科參考閱覽室可容讀者 2,300 人；3.社教活動：講演、會議、在職訓練、展覽等，可容納文教活動民眾 2,000 多人；4.資料處理：依流程配置。另設電腦中心、漢學資料及服務中心、中央控制室等。

（四）經費籌編與公開徵圖

國圖的遷建經費，最初於 1978 年度列入文化建設時，編列的概算為 4億 3346 萬元，含建築及設備費 3 億 9000 萬元、人事費 846 萬元、業務費3500 萬元，從 1979 至 1983 年度分 5 年在中央政府預算中編列。因為建築用地變更在中山南路，增加了私有土地收購、公有土地地上物拆遷補償，除增列土地費外，並增列建築師酬金、工程管理費用等，所以 1982 年度重新修正編報概算，4 月 24 日奉核定預算為 10 億 2500 萬元，包括遷建總工程費 9 億 7400 萬元、土地費 5 千 100 萬元，分年編列預算執行。最後實際支用經費，依據已結算各項工程，及土地結餘，全部剩餘 1 億 1824 萬元繳還國庫。

1980 年 5 月遷建委員會第 4 次會議決議國圖新建工程的設計以公開徵圖為宜。1980 年 9 月 11 日至 20 日，開始公開登報徵圖，接受建築師應徵競圖登記，經審查合格者達 21 家；截止於 12 月 20 日參加競圖者 8 件，分兩階段評審。1981 年 1 月 15、16 日第 1 階段競圖評審，在教育部政務次

長李模、部長朱匯森接連主持下，由教育部聘請建築及圖書館的專家學者（漢寶德、賀陳詞、夏鑄九、潘冀、王秋華、Percival Goodman 及蔣復璁、王振鵠）、政府機關代表（李模、王章清）組成的評審小組，分別進行初評和複評，決議第 1 名從缺，第 2 名兩件，分為柏森建築師事務所及吳增榮建築師事務所，第 3 名 1 件，為沈祖榮建築師事務所。並決議由第 2 名的設計者各就作品修正，或重新設計，於 3 月 7 日前送達再行評審。所有應徵作品並自元月 18 日在國圖公開展覽 1 星期。1981 年 3 月 16 日舉行第 2階段評審，由朱部長主持，選出柏森建築師事務所應徵作品為第 1 名；但附帶決議須依國圖及其建築顧問王秋華的指導繼續修正設計，並應赴日本、美加等國觀摩國家圖書館及著名大學圖書館建築以資借鏡，強化其內涵及造型。同年 7 月 1 日簽約，委任柏森建築師負責新館的設計和監造事宜。國圖求新館設計的完善，請建築師陳柏森、國圖建築顧問王秋華齊赴美、加等國考察觀摩了 8、9 個圖書館建築。

　　新館建築基地面積 3,705 坪（12,225 平方公尺），建築樓高 24 公尺，地下 2 層，地面 7 層，總樓板面積 12,121 坪（40,113 平方公尺，為南海學園館舍的 6.4 倍）。新館結構為鋼筋混凝土結構柱樑系統。除演講廳及國際會議廳為大跨距外，每個模距（Bay）大小為 8.6 公尺×8.6 公尺。基於地震與颱風是臺灣經常發生的大自然現象，在垂直載重的設計，書庫的載重為每平方公尺 650 公斤，密集書庫為 950 公斤；水平力的考量，一般建築設計是以使用 50 年為度。為承受圖書重量，基礎設計基樁支持，盡量避免不均勻沈陷。由於鋼筋混凝土的材質特性，靠近長向中間處有一東西走向的結構伸縮縫。主要建材如外牆材料使用具有質感的人工花崗岩石質面磚，每塊 15cm×35cm×2cm，較適合人的視覺尺度及比例，且與國圖結構構件配合。主天窗採用帷幕牆上舖壓克力玻璃。外窗採用浮士強化複層隔音玻璃。地毯採用組合式方塊地毯 50cm×50cm。

　　1982 年 5 月國圖招商承包建築基地的鑽探及土壤試驗工程並召集有關單位協調地下管道問題，以利工程的順利進行。

（五）實用及優美

　　1983 年 12 月，國圖為配合新館建築，假臺灣師範大學舉辦「圖書館建築設計研討會」，邀請日本慶應大學圖書館學與資訊科學系教授澤本孝久及日本名建築師鬼頭梓來臺，並來到新館工地。鬼頭梓在 20 年內曾有機會設計 14 個圖書館，饒富圖書館建築經驗。依鬼頭梓的圖書館建築哲學，即「書人合一」的境界，以為「開架制產生了找書行為（每人自己找書，自己確認內容，自己取捨需要），即人對於書的作用；反之，也有書對人的呼喚，即書對人的作用。」「人與書的交流場所的景象，最能適切說明現代圖書館的意象。人與書之間相互密切的關係，可以說是圖書館最基本的機能與使命」，「設計圖書館建築工作，就是探討着，應該如何才能適切把握人與書的關係，創出最適的場所。」這個哲學影響了國圖閱覽區內部規劃。依據國圖遷館後第 1 份簡介《邀您共享一席豐碩的知識盛宴─國圖概況》載：

> 這是一座專為國家圖書館設計而建造的圖書館，它的建築設計融合了人文與科技的精神，一方面創造了「人書合一」的研究閱覽環境；另一方面採用現代化設備，以適應資訊時代管理上的需求。它的開放性大空間觀念，不僅便於讀者的利用，更考慮到未來業務的發展。

而「開放性大空間」也與鬼頭梓所提出「無階梯」及「平地板」（沒有樓梯、平坦樓地板），的建築理念相吻合。依國圖建築原設計構想，整個閱覽區全部，就是「你我的大書房」。

　　國圖善本書室是收藏了國圖的寶藏，「在外觀上，善本室設計在進口大廳之正上方，亦即每一位讀者均由善本室下方進入大廳，再到各閱覽空間，因此不論在外觀或空間組織上，善本室成為該館之焦點，加上細膩之細部，實顯國家圖書館之意象。」（陳柏森）

　　國圖基地面對中正紀念堂是中國傳統式建築物，國圖設計係「將主入口置於中正紀念堂公園主軸延伸線上，使與中正紀念堂構成對應端點，活動量大的閱覽空間置於基地北端，以與開啟空間對應，取得良好視野，構成中山南路視覺序列的一環」，再加上國圖外牆石片（淺澄紅色），以其自然、粗糙而略帶陰影，使國圖建築的牆面顯得細緻而生動。復因離道路13公尺，可留出較大的進口庭園，顯出建築物的進深、氣派與門庭廣闊。

（六）地上原住戶的搬遷

　　這塊土地的所有權和居住現狀非常複雜。地上原住戶，有合法住戶、代替合法住戶、私下頂讓住戶、合法違章建築住戶、非法違章住戶、火燒戶、合法租住戶及非法租住戶等約160戶；居住在這塊土地上的人口估計超過1千人，要住戶們順利搬離是相當困難的事。

　　國圖於1980年3月14日邀請臺灣省政府、臺北市政府、外交部、弘道國中等14個單位派員參加地上物拆遷補償內部作業聯繫會議，會中僉認有成立專案小組處理地上物拆遷、補償及安置等事宜。隨即由國圖報請教育部會同外交部，聯署函請臺北市政府成立專案小組。臺北市政府爰組織「臺北市中山南路機關學校用地取得專案小組」，由祕書長馬鎮方為召集人，成員包括市府各單位、教育部、外交部、國圖等選派代表，共推派委員及幹事工作人員近50人。專案小組決定和所有住戶協商地上物拆遷補償條件，邀請有關單位及住戶參加，歷1年又7個月，先後召開協調會議達11次，最後決定基地上的公配眷舍（含火燒戶）拆遷補償標準，按住戶原坪數大小全部給予補償拆遷。此外，現住戶如能於限期內自行拆遷者，另就補償費總金額加發一成的補助費；現住戶如符合配售國宅條例的規定者，市府同意由國宅處優先登記配售國宅；如現住戶願自購較大住宅不申配國宅者，可由臺北市銀行提供一般市民購屋貸款。

　　經多方疏導，大部分住戶依照規定領取拆遷補償金及救濟金，但仍有

少數住戶在期限內拒不搬遷，嚴重影響用地計畫。祇好將應領而逾期未領的現住戶補償金額，依法提存法院；並請臺北市政府辦理拆遷公告，所有地上建物將於限期內全部拆除。1981 年 11 月 29 日凌晨，臺北市政府工務局辦理執行強制拆除工作，動員拆除大隊 180 人、機械 5 部；城中警察分局警力 80 人、另有女警 3 人；區公所支援救護車 1 輛、醫生 3 人、護士 2 人；國圖也派員配合，及留守南海路館舍，爰進行強制拆除，至拂曉地上建物全部拆除完畢。國圖於 1982 年 1 月 22 日完成圍籬工程（計長 510 公尺）。回顧國圖的遷建用地，距 1977 年 12 月市長林洋港同意提供算起，前後曲折，將近 4 年之久。在整批土地中有新登錄地、私有土地、北市府土地，分別依照土地法有關規定，於 1980 年 1 月 19 日起，一直到 1983 年 3 月 20 日始取得土地所有權狀。

（七）招標營建

　　為嚴格控制工程進度、品質與預算，國圖經研商決定，除土地購置費係單獨使用外，工程費用規劃為主要工程、家具設備工程、其他工程 3 大項處理。主要工程分建築、給水、電氣、空調 4 項工程，分別個別招標，以便節省工程經費，縮短工期。家具設備工程分木作第 1 批、木作第 2 批、金屬書儲架、金屬辦公家具、視聽設備、指標設備 6 項工程。其他工程分外水電線補助費（臺電光纖、電纜等）、工程管理費（建築、家具建築師設計監造酬金）、預備金。

　　招標原則如下：1.彈性調整工程類別；2.分標合建，同時施工，嚴格管制進度；3.減少變更，限制追加；4.公開遴選有信譽、規模大、業績優、財務佳的廠商參與投標，尤其是建築工程；5.採合理標決標。

　　依自 1950 年以來，政府財務與工程採購的兩大規範《行政院暨所屬各機關營繕工程及購置定置變賣財物稽查條例》（「稽查條例」）、《各機關營繕工程招標辦法》，規定「低標以內最低標為得標原則」，乃以法令確保最低

標者得標，因而有造成低價搶標，使削價競爭成為投標風氣，或使得工程品質低落情事。國圖為了確保工程品質，杜絕不肖廠商，採取「廠商資格預審制」，分兩階段作業。先由建築師公會所推薦的建築師，會同國圖工程顧問，組成審查小組，進行投標廠商資格審查，就其過去的業績，其中包括財務狀況、工地的管理績效、業主的滿意程度、有無法律訴訟或財務糾紛的紀錄等，再由通過審查的廠商競標，以合理標決標。國圖的第 4 及第 5 原則，雖並不悖規範，「一定金額以上工程」採公開招標；也注重程序，投標文件均依法呈報教育部和審計部核備，但在實務運作上，主政者確實要有所膽識與擔當。例如，在若干主要工程開標時，有稱代表選民來阻止開標；有廠商當場認為有弊端，要求停止開標，時教育部和審計部都派有代表監辦，但是否開標，監辦者希望館方自行決定，甚至要求館方切結負責，始得開標。最後由王館長作出決定：「只要程序合法，一切照原訂程序進行」，最後都順利完成了法定的程序。

　　1982 年 10 月 12 日，教育部部長朱匯森主持國圖新館動工典禮。1983 年 5 月起，新館工程地下室土方開挖運除分 4 次挖運，全部土方挖棄達 6,200 餘車次，於 8 月完成。自 9 月份起，給水、電氣、空調等工程陸續進場配合建築工程施作。建築物結構體於 1984 年 8 月完成，因考慮書庫載重，結構體使用鋼筋數量大於一般同型結構物。其後，遷建計畫雖工程進度、施工先後順序等協調頻繁，國圖經辦同人黃錦豐、林明宏，確實辛勞，但進行順利。

（八）設計監造者和施工廠商

　　國圖設計監造者，及施工廠商舉隅：

　　　　建築設計　　　　柏森建築師事務所
　　　　結構顧問　　　　巨鼎工程顧問公司
　　　　設備顧問　　　　大陸工程顧問公司

音響顧問	Niemoeller Associates（美國‧聖路易）
燈光顧問	Albert M. Koga（美國‧芝加哥）
庭園設計	王小璘
家具設計	王秋華、潘冀
施工廠商	
建築工程	互助營造公司
給水工程	元利水電工程公司
電氣工程	世川工程公司
空調工程	開立工程公司
金屬家具	瑋泰金屬工業公司
木作家具（1）	行政院退輔會桃園工廠
木作家具（2）	勝發木器裝潢公司
金屬辦公家具	優美鋼製家具公司

（九）工程管制

　　主要工程建築、給水、電氣、空調工程等 4 項工程同時施工，各個工程進度、施工先後順序及工程配合等的協調，至為重要。工程進行期間，國圖除派工程小組同人長期駐守外，並配合建築師監造，採取下列措施，以確保工程的順利進行。

1. 工地週間會報：每週一下午 4 時，由監造建築師召集承包商舉行。就上週工程進度提出檢討，並提出下週預定進度表，以為管制依據；另對各承包商的工程配合進行協調。

2. 工程檢驗會報：每月月初，由館長（兼遷建工程小組召集人）召集遷建工程小組會議，建築顧問王秋華及工程顧問技正范國俊出席指導。就承包商上月所完成工程，請承包商就工程圖說，施工照片作施工報告，建築師就監工紀錄、材料檢驗結果作監造報告，國圖工地人員作監察報告。

使遷建工程小組對於工程進度及品質有較深入的瞭解，並對工程作一管制。每月工程檢驗會報合格。始可申辦工程款給付。

3. 工程行政會報：自 1985 年 1 月起，每週二上午 9 時，由館長主持，召集國圖行政人員、工地人員及監造建築師舉行。根據工程人員專業報告及工地週間會報所提出問題，作行政上的裁決，俾迅速作業。

4. 工地協調會報：自 1985 年 3 月 16 日起，每日上午 8 時 30 分，由監造建築師召集承包商駐工地主任及國圖工程小組舉行。就每日上午進度提出檢討。並對各承包商的工程配合問題，進行協商與決議。

　　上開參與各項工程招標、督工、檢驗、協調、會報、驗收等作業的國圖工程小組，成員為總務組主任宋建成、易明克，總務組工程人員蔡萬益、黃錦豐、林明宏等，還有監標監驗會計室主任鄧宗侯。本工程設計監造建築師事務所及 4 項主要工程承包廠商大都派有駐工地主任，國圖工程小組與建築師事務所、建築工程互助營造公司間的施工協調，最為頻繁。在 4 項主要工程尚未正式驗收，其他 6 項家具設備工程又要先後進場安裝施作，都會相互影響已施作工程的維護，如污染、碰撞、損壞等情事；還有人員、車輛等進出管制，這些協調，已非主要工程的監造建築師，而是由國圖的行政及工程人員處理，方能進行。

　　此外，國圖派駐工地人員隨時督促建築師要求承包商依照合約圖說施工，確保工程品質，隨時抽驗，作成紀錄，重要部分並拍照備查。

　　家具工程方面，每項目超過 15 件以上者均得先完成樣品送審，經館長召集國圖各使用單位及行政人員及設計監造建築師王秋華審查合格後，始進行大量生產，原送審樣品併為日後驗收的依據。設計監造建築師並派員前往工廠勘查工程進度及品質及現常施作。

　　由於上述措施，致國圖遷建工程施工品質在一般標準以上，審計部多次派員抽驗，均能符合要求。國圖外構及內部裝修，均能按要求施作。減少在初驗時始發現施工不良，難以補救的困擾。

（十）博愛管制區

　　由於新館用地位於總統府四周的警總博愛管制區（軍方所劃定的軍事管制區）範圍內，臺灣警備總司令部在 1980 年 5 月 28 日以公函回覆國圖，工程的位置同意，但建築物不得延高，屋簷的高度仍不得超過 24 公尺。除此之外，新館各樓層窗戶也訂有限制，時因中山南路係有關單位規畫的預備道路，總統車隊經景福門（即東門）圓環，轉介壽路（今凱達格蘭大道），到總統府，凡面對的方向裝設窗戶均有規定。面向中正紀念堂方向，使用半開式的安全窗戶；面向景福門圓環（國圖北側），因車隊將減速，通過介壽路，必須裝設安全窗戶，加以密封，不能隨意開啓，且每一窗格的大小尺寸不得超過 1 公尺平方，玻璃限用 5 公分厚的不透明壓花玻璃等，以便維安。後者因為建築師一則為觀瞻著想，一則小尺寸不透明壓花玻璃業早已過時而難覓，使用了較大片進口光玻璃，且 6 樓通陽臺玻璃門為清潔及防止颱風因排水孔堵塞，雨水無法宣洩而直接滲入辦公室機房，未予密封，所以未能通過會勘，影響使用執照的獲得。經再三協調，不得其門而入。終由國防部、警備總部等相關機關，開會協商，決定大片光玻璃予以霧面處理，使不透明；另 6 樓玻璃門還要加鎖。鑰匙保管人軍方矚意為館長，經館方與會主任宋建成強力回應，始決議由國圖人事室（二）保管，完工後再報請覆勘。日後，在所取得建物所有權狀上，想不到末行還有小字，注明行政區 6 樓陽臺玻璃門鑰匙由人事室（二）保管的字樣。

（十一）內部規劃及家具設備工程

　　基於圖書館家具要請建築師設計，才能維持整體的風格，新館室內設計及家具設備工程是委託潘冀、王秋華建築師事務所設計監造。國圖各業務單位及行政單位推派代表組成規劃小組，會同建築師進行室內家具的規劃。

　　王秋華建築師將公共空間的家具和設備，除善本區採用紅檜外，均以紅橡木為素材，並以簡化後的中國古典線條詮釋。閱覽室之間及中庭挑空迴廊皆以木質格柵方式界定，以增加空間穿透感並達到管制區隔的功能。木格柵並結合新書展示區、指標系統及館徽的整體設計表達。館內自書架、閱覽桌椅、沙發、植栽盆套等，小至垃圾桶均以完整一貫的造型語彙、系統性的設計規劃呈現。

　　國圖認為圖書館建築要用符圖書館的作業流程和使用需求，如果設計上稍有差錯，輕則作業不便、降低效率，重則功能癱瘓，影響運作。此外，還要提供使用者一個舒適的空間。1985 年國圖特藏組易明克，因是臺大學土木工程的，特調總務組，擔任「新館內部規劃與家具細部設計」的聯繫協調工作。他從 1984 年 9 月到 1986 年 9 月開館，整整 2 年的時間，經常穿梭往來於各業務單位及建築師之間，將各單位的需求予以彙總歸納，提交給建築師作為設計的參考；另將建築師繪製的草圖及設計的理念轉達給各單位，以便討論並建議建築師修正。各業務單位的代表有江綉瑛、李清志、林呈潢、高榮禧、張璉、雷叔雲、薛理桂、嚴鼎忠等。經各單位與建築師之間，經數十次往復討論修正，使同人對「空間感」及設計草圖的認識更清楚，思慮更周密，參與程度也更深入，內部設計及家具圖說終告定案。這使得新館遷建工程，不只是總務組、工程小組，而且還有業務（使用）單位的參與，致新館的室內設計既呈現統一而不失多樣的風貌，又相當符合經營者的使用。家具配置與閱覽空間等規劃，是建築設計的延伸，頗為重要。易明克撰〈圖書館內部規劃與細部設計經驗談〉，列舉規劃設計原則及經驗舉隅，可資參考。

　　臺灣地區炎熱潮濕，不利善本書的典藏，國圖除善本書庫外，也特別注意善本書櫥的設計。本部分的設計構想主要來自特藏組李清志。他在開始設計前便廣為蒐集資料，並在設計過程中與建築師反覆交換意見，最後定稿。在材質方面，採用臺灣紅檜，香氣重，耐濕性強，不易蛀腐。在五金方面，整座書櫥避免使用任何鐵質釘具，以免生鏽氧化。絕大多數接頭

都採用榫接方式，門檻也採用黃銅零件，以避免生銹，影響善本書藏。在對流設計方面，善本書庫控制有恆定的溫度及濕度，為使書櫥內部也能保持此一溫、濕度，在書櫥上端及底部均開有對流孔，在雙面書櫥的中央隔板上也開設大型對流孔，使書櫥內部空氣與外部能經常保持對流，以適合典藏古書。在防塵設計方面，又在內外對流孔上，加設了防塵網，以過濾空氣中有害的塵埃、黴菌孢子等物，及小型昆蟲滲入書櫥。在善本書櫥招標時先特製了一座，以為驗收的標準。國圖很幸運，那時候紅檜即將禁止砍伐，並得師傅李神童親為製作百餘座。全部紅檜實木製造，每座分 5 層，可存古籍約 300 冊。

（十二）服務環境規劃和設計

國圖基地面對中山南路交通頻繁，有相當的噪音，西側為弘道國中的操場位置，也是噪音的來源。由於西側係開放空間，對國圖狹長基地的西曬問題頗為嚴重。為使讀者享有專心且安靜的環境，國圖採用了下列依據建築基地的狀況，作「制宜」的內部規劃與設計：

1. 將配制區劃以書庫、文教活動空間，包圍寧靜的閱覽空間。
2. 將閱覽空間與開敞中正紀念堂的空間相對立，取得良好的視野。「水平延伸的塊體，以重覆垂直細窗分割，造成合於人性的尺度，其實虛的對比，既合乎圖書館的使用功能，也造成國圖寧靜、莊重的感覺。」（陳柏森）
3. 讀者由中山南路經過一道路橋進入閱覽大廳。該路橋以使有阻隔館外馬路噪雜的心理作用。
4. 整個閱覽空間的室內設計地毯磚、欄杆、扶手、臺窗等多用木材收頭，配合木置家具使空間溫和親切。頂層 6 樓閱覽室各置一中庭，增加閱覽室愉快氣氛。
5. 平頂（天花板）置條狀吸音板。同時更由於置書庫於西側，阻擋國中操

場的噪音，也避免陽光中紫外線對圖書有害，所以開窗面少，溫度均用空調，解決了西曬問題。

6. 國圖位於警備總部博愛管制甲區，建築需遵守管制，開窗的限制極嚴。基於安全、隔音、節約能源的考慮，採用雙層膠合安全玻璃。此種玻璃配合外牆隔熱度設計，使國圖空調減少約 400 冷凍噸，達成節約能源及降低以後的維護費。

（十三）營運計畫

　　國圖為因應新館各項新增及擴增業務，1985 年規劃新館的管理與服務，擬訂「國立中央圖書館經營管理計畫」，為今後作業的指標，報部呈核辦理。在該計畫首先揭示國圖的服務具有文化性、教育性、資訊性及推廣性等 4 項特質；及其服務目標和服務要項。

　　其次擬具「今後致力推展之重要業務」：1.配合新館的遷建，充實館藏，提升服務品質；2.推動圖書館自動畫作業，謀全國圖書資訊的共享；3.建立全國統一圖書編目制度，謀圖書事業的合作發展；4.蒐集漢學研究資料，提供研究環境，以促進漢學的研究風氣；5.研究圖書館學術，辦理在職人員訓練，以提升圖書館管理技術與方法；6.推展出版品國際交換工作，以增進國際文化交流關係。其中以圖書館的服務重在圖書資料的保存與利用，故館藏的充實為一切計畫的首要，尤以國家圖書館具有文化典藏的職能，更應注意及此。

　　除此之外，國圖並就圖書資料的徵集與整理，讀者服務與推廣活動，古籍善本的存藏整理與傳布，國內外館際合作的整體發展，全國圖書館事業研究輔導，新館行政管理與設備維護，漢學研究資料的蒐集與服務，未來組織編制與人力發展等各項工作，分別研訂作業目標及施行步驟。

　　國圖新館設計，同人易明克充分體認兩位建築師都很重視提供良好的空間感覺，如建築師陳柏森強調「大開放空間」及「視覺穿透」，使全

館的感覺完整而不支離破碎；王秋華善於發揮木質家具及絨布的優
點，使偌大空間仍洋溢著溫暖厚重的親切感，緩和了大空間原有的森
森肅穆氣象。而使他在開架閱覽室的規劃時，將「人」、「書」、「空間」
三者的關係調和好，以求取一個恰當的平衡。實務方面，考慮讀者動
線、照明、藏書量需求與書架的高度和配置、閱覽席位位置與自然光
源和主動線等。確實達到了安排了讀者鑽研學問「舒適的閱覽環境」，
使其思緒徜徉在透過採光天窗的天光雲影下。

（十四）人力規畫

　　國圖先後於 1983 年 4 月及 1984 年 9 月呈請恢復法定編制員額用人，
擬准增加預算員額 52 人；及至 1985 年行政院核定 32 員。1985 年 5 月國
圖（總務組）陳報新館工警人力及水電概算規畫書，陳國圖初期開放階段，
館舍設備的操作保養維護採自行辦理及招商承辦並行方式，並請增警員 9
人技工 6 人工友 21 人，1985 年 7 月 27 日報奉教育部核定：「館舍設備之
保養維護，同意採取自行辦理及招商承辦並行方式進行」、「同意增加警衛
6 員、技工 8 名、工友 15 名。增加後之員額共計警衛 9 員（原預算流用技
工 3 名歸建）、技工 13 名、工友 20 名。至於增加員額，仍請依規定編列
1987 年度概算送核」。

　　1986 年 1 月 31 日，1985 年高普考新進人員丁香蘭、宋美珍、何瑞萍、
林素甘、許惠娟、張菁砡、鄭玉玲、歐陽芬、劉美鴻、劉雅姿、繆慈玲、
簡耀東等 12 人分發至館報到。王錫璋〈第三個十年慶〉乙文提到，「他們
原來是 2 月 1 日要報到的，但細心的館長發現，如果提早一天報到的話，
這一年他們就有考績了。因此他要人事通知大家 1 月 31 日來報到。」這是
國圖第 1 次有這麼多高普考分發人員一次分發來館，帶來一番新氣象。

（十五）籌措水電費及設備操作維護費

茲為新館啓用初期基本機電操作維護召商承攬每月概估 79 萬 1 千元；水電費每月 120 萬 1,547 元。1985 年 5 月 7 日報奉教育部核定：「有關預估新館維護費、水電費，俟 1985 年度開始後，視實際情形，確實核復後，如無法由預算容納時，再行動支預備金支應。」復 1985 年 7 月 27 日報奉教育部核定：「新館舍開放全年預估水電費需新臺幣 1441 萬 2 千元乙節，宜俟年度進行中，實際發生，確實核算，不敷經費在報部核轉行政院，請款支應。」

即如無法由預算容納時，再行報奉行政院核撥預備金支應。該年預算既有不足，動用了預備金，下年度編入概算，自較容易，有其正當及必要性。

自 1986 年 2 月中旬起，國圖責成各單位進行新館初驗工作，各單位使用空間，由各單位協助辦理查驗施工狀況，公共空間由總務組辦理；各項工程完成初驗後，始能進行驗收，並陳報教育部、審計部派員監驗。驗收之際，也可實地勘查，進行遷館規畫。同時各單位積極進行圖書清點、整理、裝箱等工作以備驗收工作完成後陸續搬遷。

（十六）遷館規畫

1986 年起復積極規畫開館啓用典禮，全館同人總動員。其間，國圖報奉核准設「零星小額工程採購」支出項目，用以補強建館工程各項工程間臨界點部分、空間擺設及因使用上的規劃等新增的需求，且不在建築師原設計及各工程合約內。這種「零星」、「小額」、「雜項」，雖有支出，但及早改進，便利使用，甚具實效。總務組請組內同人時時翻閱書刊、觀看電視新聞報導及留意若干大觀光飯店、百貨公司、中央公務機關及國營事業機

構等,在事務管理及建築維護等方面值得國圖參考的陳列布置和設施。例如引進臺北市羅斯福路臺電大樓樓管中心的概念,將原有總務組「工程小組」隨著工程結束,轉為國圖新廈大樓的管理與維護業務。新建築要有一流的設計、施工、維護,才算是成功的建築物。因為國圖新館榮獲臺北市(1986年度)優良建築設計獎及優良施工首獎,柏森建築師事務所也以國圖的設計案,獲中華民國建築師公會雜誌社頒發第8屆(1986年)臺灣建築獎金牌獎,所以日後館舍的維護至為重要。總務組乃將業務分為原有的事務管理及新興的大樓管理兩大部分,原總務組同人徐彥曜、繆國璋、王定藩、陳世英等,負責原有事務管理工作;工程小組辦理大樓管理。後者,以機電「中央監控室」為重心,從事建築、電氣、電梯、空調、給用水、消防、綠化、安全等事項的管理或操作維護。除了原有工程小組同人外,有了新進同人周瑞聰、林弘裕、湯志華、吳俊柏、李志桓、莊有富等來協助。兩部門同人與清潔、電氣、空調、庭院等操作維護廠商,共同維護新館大樓。1986年8月又新增駐警翁輝雄、蘇玉綱,隸屬人事室(二)(主管黃錫持)。

又如偶見北歐某圖書館用品家具公司商品目錄上,列書架搬書用塑鋼箱,爰利用這個概念,設計長寬高與書架攔書板大小相容的狹長型瓦楞紙紙箱,來置放各書架每層攔書板上圖書後,該紙箱再置於攔書板上;遷到新館時亦就紙箱預定攔書板的位置陳列,再自紙箱中取書上架。於是查閱《標準公報》訂出符合我國「正」字標準需求的瓦楞紙紙箱規格招標。依國圖閱覽組同人遷館搬書的過程及實務經驗,該紙箱設計完全成功,搬書紙箱全在書架上,不用其他陳列的空間,紙箱只要先就位,即可取書上架,流程方便又省事。

他如電視新聞逢有關各種黨政機關開會或頒獎的報導,仔細去看畫面上呈現的場地布置、舞臺布置、國父遺像遺囑和國旗懸掛方式、文字幕等,見到可參考者,還須到現場了解。總務組同人繆國璋曾到陽明山中山樓大廳、貴賓室、會議室、廚房等處觀摩,以廣見聞。將舞臺上置國旗的

旗竿和旗座樣式分別予以照相和丈量，在國圖複製數個，以資演講廳、國際會議廳使用。

　　另就國圖經管財產依規定已逾使用年限者再予勘察，凡不堪使用者，逐年依程序按百分比報廢，毋庸搬遷至新館；仍堪用者造冊，贈送其他公務機關（構）或與未逾使用年限者及館舍，包括與已與結構體結合在一起者，全部移交予國立教育資料館。

　　為配合新館啓用，閱覽組自 1986 年 1 月 15 日至 2 月 7 日，從事參考圖書清點。在主任張錦郎策導下，由唐潤鈿、何秀薇、陳淑芬、劉美鴻、錢月蓮、孫秀玲、程麟雅、邱容妹、朱荑、林瑪娜、塗靜慧、呂明芳等同人協力進行。為考慮讀者閱覽的需要，在最短的期限完成，清點參考書 3 萬冊。各單位莫不進行圖書清點、整理、裝箱等工作，以備搬遷。

（十七）新館啓用典禮

　　國圖主要工程自 1986 年 6 月絡續完工，經辦理驗收後，完成招商承辦空調暨中央控制室、機電設備的操作維護及清潔維護，並將新館全館消毒殺蟲，辦妥搬運招標，分善本及線裝圖書、一般圖書及設備、特殊設備（如電腦設備、縮微設備等）3 大項，分別招標，同時進行。

　　1986 年 7 月 21 日國圖館藏圖書開始陸續搬運至新館，首先搬運普通圖書與善本圖書。

　　1986 年 8 月 1 日國圖行政作業一律遷至新館辦公。9 月 8 日南海路館舍及雜項設備等國有財產移交國立教育資料館。

　　1986 年 9 月 28 日國圖新館在中山南路正式落成，由行政院院長俞國華主持典禮並剪綵啓用，五院院長、部會首長、中央民意代表、大學校長、學術文化界來賓約 500 多人蒞臨。典禮中，俞院長對館舍工程的規劃和進行都相當肯定，稱讚新館的建築、設備、環境都相當完善齊全，是名實相符的現代化國家圖書館，因此中央圖書館新館的啓用，象徵我國的圖書館

事業隨之進入一個新的階段。新館實用與美感兼具，國圖自 1933 年 4 月成
立籌備處以來，經過 50 多年，一直期盼有一所自己的館舍，至此終能實現。
蔣復璁館長曾說：

> 我盼望了 53 年，中央圖書館的新廈居然出現，所以我的高興比任何人為
> 甚，我希望她的完美也比任何人迫切。

　　啓用開館以後，自 9 月 29 日至 10 月 1 日開放 3 天供民眾參觀，將近
12 萬人湧進中央圖書館。1986 年 10 月 2 日起供眾閱覽。又在 20 天之內，
吸引了 3 萬名新讀者。各報章媒體大幅報導；從落成開館之後的 3 個月內，
就有 97 篇文章報導了新館的情況，內容全是鼓勵稱讚和期許。總統蔣經國
致贈了一對端重古雅的仿明永樂窯燒青花蟠龍王球花瓶，祝賀此一個重大
工程建設的落成。

　　新館啓用的次年，館長王振鵠榮獲行政院表揚並頒發三等功績獎章；
在 1987 年 11 月 9 日由教育部部長毛高文頒獎，獎詞中提到：「王館長獻身
圖書館事業三十年，（中略）策畫督導中央圖書館遷建，自請撥土地，規畫
設計，乃至興工，前後 8 年，經緯萬端，困難重重，均能一一克服。新館
自 1986 年 9 月啓用以來，咸認設計新穎，施工縝密，設備完善，服務優良，
不但落實文化建設，提升社教功能，抑且揚譽國際，有助文化交流。」

　　國圖新館遷建工程圓滿成功，可歸納為下列因素：1.將遷建計畫列為
文化建設計畫要項之一；2.訂定遷建計畫書；3.總預算總額一次核定，
再據以分年度編列；4.取得遷建用地；5.預審廠商資格；6.優良的建
築及室內設計（含家具設備）及施工；7.工程品質管制；8.工程款的
支付，採每月按施工數量估驗計價付款一次，完工驗收後結付尾款；
9.籌劃搬遷開館；及 10.最重要者，全館同人在館長的領導下羣策羣
力，都為完成新館遷建工程而全力以赴。

（十八）資訊圖書館

　　國圖自中山南路新館落成啓用後，各項業務開始蓬勃發展。1988 年 9 月 16 日位於臺北市和平東路科技大樓 13 樓國圖資訊圖書館正式開館啓用。

五、第二館舍的爭取

　　自 2000 年起，國圖為紓解業務及館藏快速增加的壓力，開始尋求第二館舍的興建。

（一）中和積穗館舍

　　2006 年 8 月 1 日位於臺北縣中和市積穗營區的國防管理學院，遷至北投復興崗，結束這個地區軍事院校營區的歲月。11 月 16 日國有財產局召開會議，調配國防管理學院積穗營區區內房舍，依地方所提需求，優先分配臺北縣中和市公所、臺北縣警察局中和第二分局，同時為解決中央機關辦公廳不足問題，可申請借用進駐。為利維護管理，將由中和市公所負責發起籌設管理委員會，並僱保全負責區內安全。12 月 26 日教育部函送「國家資產經營管理委員會第 53 次委員會議紀錄」，館長莊芳榮指示國圖研究組速向國有財產局北區辦事處申請該原積穗營區的房舍，以作為書刊典藏的藏書樓。經聯繫得知該營區已有中和市公所、臺灣板橋地方法院檢察署、法務部法醫研究所、行政院環保署、教育部、臺北縣警察局、國立歷史博物館等 6 個單位申請借用。12 月 28 日國有財產局將營區土地點撥交給中和市公所。12 月 29 日，莊館長率主任俞小明、蔡孟宏及嚴鼎忠、邱鴻鈞，前往該營區實地勘查。經考量該營區的管理；營區周圍環境；建物現況；清潔及水電費、管理費用係採借用機關依使用面積的比例負擔；投入修繕

費用等因素，預定借用原官兵休閒活動中心。該中心為二層樓建築，樓地板面積 1,280 平方公尺，為一獨立的建物。2007 年元月 4 日，再度由副館長宋建成、主任鄭秀梅、蔡孟宏和嚴鼎忠、吳昀凌、易明克、林明宏、任在正等人前往勘查該中心房舍現況、規劃用途及預估所需費用；並即向國有財產局提出借用申請。元月 9 日接獲該局回函同意。元月 10 日由宋副館長召開積穗營區房舍規劃會議，議決初步先使用一樓空間，由總務組負責點收、電錶水錶處理、門鎖更換、清潔消毒、保全、消防、門窗封閉、脫落天花板清除收邊、加裝排風機、鐵門等事宜。閱覽組負責第 1 批 1,500 箱書刊及 1,116 本外文報紙合訂本的搬運、包裝封箱以及存放空間的規劃等相關事宜。元月 22 日完成借用手續。不久，中和市長邱垂益規劃將該營區原操場變成民眾運動之用，並開放夜間使用，有關設置照明設備的費用及日後維護和電費，期由進駐單位分攤。這項新需求與國圖依使用面積比例負擔原則不同，況若這樣，依國圖相關預算，亦無法支應。適館長王文陸接任，經建議放棄積穗營區，蒙採行。

（二）藝術暨視聽資料中心

由於館舍使用空間飽和，國圖自 20 世紀 90 年代之初就向教育部請撥第 2 館舍國有土地。2005 年國圖向國有財產局爭取到臺北市延平南路 156 號實踐堂作為館舍。實踐堂原為展演建築，配置有舞臺及階梯等空間，共 4 個樓層，總樓板面積 2,126 平方公尺，於 50 年建造。經國產局說明，由專業機構鑑定結果，建築物雖年久，但「補強後堪用」。國圖將其修繕重整為閱讀服務的圖書館，提供藝術圖書與視聽資料閱覽、參考諮詢等服務，並規劃專題性展覽區、座談區；營造一結合藝術與視聽資料典藏、閱覽並兼具藝文展示與活動的環境。2006 年進行設計標案，2007 年工程標發包期間，適逢全球建築用原材料價格波動，歷 10 次流標作業始決標。又本項改建工程硬體及裝潢竣工，報請臺北市建築管理工程處勘驗，竟費時壹年，

始告核發使用許可。2008 年 10 月 27 日國圖藝術暨視聽資料中心落成啓用。

　　當時北市建築管理工程處勘驗方式並不便民。依國圖本項工程，若有
10 項需改善後再行申請報驗。國圖完成全部工程改善複驗時，該處派
員依流水號所編項次逐項進行，如第 1 項通過，第 2 項仍有瑕疵，則
第 3 項以下即不再複驗。俟第 2 項改善報驗通過後，再繼續複驗第 3
項及其以下各項。如此，曠日廢時。國圖藝術暨視聽資料工程。竟歷
3 任館長，才落成啓用。

（三）南部館籌備服務處

　　2002 年 11 月 29 日行政院南部聯合服務中心「2002 年度第 2 次南部 8
縣市首長會議」，8 縣市首長共同提案，行政院副院長林信義議決國圖於南
部設置分館。2003 年 6 月國圖陳報「國圖設立南部分館構想書」，經教育
部邀集專家審議，並於 7 月 15 日提送行政院審議。在該年 8 月、10 月的
審查會議，行政院人事行政局、行政院研考會對於成立籌備處均持反對意
見，建議毋需另設籌備處，為行政院採行。

　　2004 年南部 8 縣市首長再度提案，行政院副院長葉菊蘭議決重新研擬
具體規劃案報院辦理。國圖依行政院及教育部指示評估設置的必要性及其
他替代方案，續提「國圖設立南部分館計畫書（草案）」。2004 年 10 月組
成選址小組，前往 7 縣市 9 處基地，評選結果以高雄市內惟埤文化園區為
最優、臺南市兵工配件廠次優，惟本項選址作業，僅作為日後是否建館的
參考。

　　2005 年 7 月、2006 年 3 月，國圖就「國圖南部分館設置評估」、「各級
圖書館區域配置及未來發展」、「備選方案及成本效益評估」等議題，修正
「國圖設立南部分館計畫書」陳報行政院審議。

　　2005 年 12 月，因面臨典藏空間的不足，國圖與政大、臺師大、臺大
倡議共同建置聯合館藏中心，合作並集中典藏罕用書刊資源。2009 年國圖

等 4 機構聯合向教育部提案於臺師大林口校區合作建置「聯合館藏中心」，
惟本案所需經費相當龐大，未獲得教育部支持。

2006 年經建會於審查「國圖設立南部分館計畫書」時，提議國圖宜就
全國性交通便利、土地取得成本較低的地點，結合檔案管理局，共同設置
「國家典藏園區（中心）」的構想。

2007 年 3 月 22 日教育部部長杜正勝與行政院經建會副主委張景森，
就國圖興建典藏館舍案，獲致兩項結論：1.高鐵臺南歸仁站區設置國圖總
館和典藏館（國圖中山南路館舍改作為北部分館），園區整體規劃部分請經
建會洽行政院公共工程委員會主政；2.國圖南部分館另於高雄覓地評估後
興建，以國際視野發展人文藝術社會科學（非英語系）為主軸。3 月 29 日
國圖陳報「國圖遷建及調整計畫」，5 月 7 日經建會召開審議會議，審查結
果：1.國圖因典藏空間不足，優先推動興建，基於國土整體開發考量，同
意於高鐵歸仁站區興建，本案所需經費，俟修正計劃後再核。2.南部分館
的籌設，用地應由地方政府無償取得，俟土地取得及功能定位等問題解決
後再討論。行政院經建會委託中原大學進行「高鐵學研生態村發展規劃構
想之研究」。然因「高鐵學研生態村」的發展需經政府國土整體運用規畫完
成，自 2008 年至 2009 年因未獲任何研議結果，致國圖總館及典藏館的籌
設計畫宣告暫停。

2007 年 10 月 12 日奉行政院函示以國立高雄應用科技大學舊址作為南
部分館建館用地進行規劃，惟 10 月 22 日該校告知因無法再提供土地供國
圖興建南部分館之用。

2007 年 10 月 25 日教育部社教司司長朱楠賢率相關人員南下高雄實地
參訪，以了解設置南部分館籌備處的可行性。2007 年 12 月 3 日部長杜正
勝指示國圖速提南部分館計畫報部轉院核定後，以國立工藝博物館南館作
為南部分館籌備服務處，並訂 2008 年 2 月舉行揭牌儀式。2007 年 12 月 25
日教育部以臺社（三）字第 0960193950C 函請行政院核定「『國圖遷建計
畫書：南部館』整體計畫」；同時以臺社（三）字第 0960193950A 函國圖

略以：1.所送「國圖遷建計畫書：南部館」陳報行政院鑒核。2.所送「國圖南部館籌備服務處籌設計畫」乙節，核定計畫新臺幣 7,873 萬 9,000 元，同意先行部分補助 2,000 萬元（資本門 1,460 萬元，經常門 540 萬元）辦理掛牌及營運等相關事宜」。國圖特派編輯莊健國主持南部館籌備處成立事宜。茲因時限，國圖全力以赴。2008 年 1 月 29 日教育部函行政院，略以：

> 謹再陳報「國圖南部館計畫書」及修正對應表各乙份，請　惠予核定俾利辦理相關規劃事宜。有鑒於南部地區民眾對於圖書資訊之殷切需求，得於行政院核定本計畫後，借用科工館南館場所，先行成立籌備處，預計於 2008 年 2 月起對南部民眾提供圖書資訊服務。

　　2008 年 2 月某日，教育部部長室以電話通知社教司，國圖南部館籌備處揭牌儀式因未蒙行政院同意取消等語；該司即以電話通知國圖。國圖遂於 2008 年 2 月 25 日公告略以：「國家圖書館南部館籌備處原訂 2008 年 2 月 24 日（星期四）上午 11 時舉行揭幕儀式，因故暫時取消，閱覽室亦無法如期開放使用，不便之處，敬請　見諒。」2008 年 4 月 21 日教育部函國圖「籌備處暫緩掛牌服務」。監察院 2010 年 12 月 16 日公布調查書，認為「『國圖南部館籌備服務處籌設計畫』迄未經行政院核定，詎料該部竟同意核定該計畫，撥助經費，成立籌備處，辦理營運及服務等相關事宜，顯示教育部對程序的遵守視若無睹」,（監察院調查報告）對教育部提出糾正(《監察院公報》)。

（四）南部分館暨聯合典藏中心

　　當教育部將決定南部分館落址高雄市之際，2008 年 3 月 18 日經建會舉行相關會議，臺南市市長許添財親自北上強力要求重新會勘評選。爰再組成選址小組，由教育部社教司朱司長、國圖館長黃寬重陪同 9 位選址委

員勘察高雄都會公園、高雄市內惟埤文化園區、臺南市兵工配件廠、高雄
大學等 4 處園區，於 5 月將選址報告陳報經建會。經建會會鑒於典藏總館
將選址於規劃中的高鐵臺南站學研生態區，建議以高雄都會公園為南部館
館址。惟後來經建會基於國土整體運用規劃及南部產業發展等考量，將其
納入「愛臺 12 項建設」一併研議後再決定是否繼續進行。

　　依據 2009 年教育部「立法院審議中央政府總預算所提決議、附帶決議
及注意辦理事項辦理情形報告表（2009 年度）」立法院對國圖南部館案審
查決議略以：「臺南市兵工廠於 2005 年 1 月被評選為國圖南部分館之優先
基地，然相關單位卻遲遲未定案。此案耽擱已逾 5 年，請教育部儘速定案
以臺南市兵工廠做為國圖南館設址地點。」教育部回覆辦理情形：「本部為
達區域資源整合及便利南部地區進行學術研究，提升區域研究水準，有關
是否籌建國圖南部分館及典藏總館部分，將併同經建會研議結果、圖書館
體系與圖書資源相關配置、研擬配套措施後一併考量。」2011 年因政府辦
理組織改造工作，教育部函示南部分館興建計畫緩議。

　　2012 年 6 月 13 日教育部函示為瞭解國圖南部分館及典藏總館興設計
畫是否有繼續推動的必要，請國圖組成評估小組，續就興建南部館或其他
空間規劃可行方案進行分析後送部憑辦。國圖館長曾淑賢先後分別於 2012
年 7 月 2 日、8 月 6 日，向部次長、行政院政務委員黃光男簡報。黃政務
委員支持本項國圖館舍擴增規劃案，結論 1.本案有助於提升國家軟實力，
增進國民競爭力，原則支持辦理，惟請積極爭取公共建設預算支持；2.建
議國圖將改造現址、設置南部分館、遷建新館等 3 案併同評估辦理，且在
評估過程中，應積極無償取得用地及產權；及 3.本案需向行政院經建會申
請公共建設預算的支持。2012 年 11 月 8 日國圖函報教育部《「國圖再造，
文化領航」國圖卓越建設計畫》，之後，國圖一再應教育部要求提出該計畫
修正案，及至 2015 年 5 月 8 日教育部再函復，提「國家級圖書館法定職責
與南部分館擬達成的政策目的，兩者的關聯性及必要性」、「資訊科技進步，
是否需有一大型實體圖書館才能發揮文獻傳遞服務中心及其他圖書館相關

功能」、「有關南部分館興建的必要性，請從圖書館大環境的改變，知識流
通性的變化等面向，詳予進行評估、考量」等意見，請國圖聲明、調整。
終未能有結論。

　　2016 年 9 月 5 日教育部召開「國家圖書館前瞻發展建設計畫專案會
議」，國圖曾館長向教育部部長及次長，進行簡報。

　　2016 年 10 月 14 日立法院第 9 屆第 2 會期第 6 次會議，「對行政院長
施政報告質詢」，院長林全、部長潘文忠被質詢。委員陳亭妃質詢，略以：
（立法院公報第 105 卷第 73 期院會紀錄）

　　　臺南一項非常重要的建設，即國圖南部分館。從 2002 年 11 月 29 日行政
　　院南部中心南部八縣市首長會報就決議要設置南部分館。2008 年 7 月 15
　　日經建會函寫道「本會現已將該研究成果納入愛臺十二項建設一併研議，
　　待國土整體運用規劃完成，再研議是否進行」。2010 年 6 月 14 日教育部
　　函復國圖說：「南部分館先緩議」。這 8 年〔案：指馬英九政府〕我們只
　　看到開了一堆無用的會議，不斷請國圖考量南部分館的關連、必要性、
　　圖書館功能、風險分析、財務計畫等等。我們都知道談到這個部分就是
　　搪塞，也就是故意要拖時間，故意不給你。我們已經等了 8 年，真的等
　　很久。部長在 9 月 5 日有邀請國圖向你做專題報告，我們要拜託部長，
　　時間不能浪費太久。因為你做的兩項決議是，第一先釐清該分館的功能
　　定位，第二考量國圖非一般圖書館，先要求建立南部公共圖書館體系，
　　至於南部分館因經費及選址考量，故目前尚在研議有沒有興建的必要。
　　天啊！部長這句話好像又走回頭路了。重點是它一定要興建，至於它的功
　　能是可以討論的，可是不要再討論要不要興建的必要性，這樣等於是去
　　回頭路。院長，這對南部的教育文化真的非常重要，真的要去做，而且
　　要往前推。

　　　林院長回應：「我們來檢討國家圖書館的功能要如何強化，至於您剛才

關心的問題，我會請教育部儘快做出結論並跟您做個說明。」

2017 年 1 月 12 日行政院祕書長函教育部指示：「有關國圖南部分館之設置，請儘速會同臺南市政府規劃並研提籌建計畫列院」；同函說明如下：「依 2016 年 12 月 28 日本院研商臺南市政府請助事項相關事宜會議結論：本案規劃由臺南市政府提供新營區土地作為基地籌建。」稍早，臺南市副市長吳宗榮帶領教育、文化、都發、交通等相關局處辦理基地現勘後，決定以新營區內文高 11 用地作備選基地，正式向中央表達爭取志願。案內文高 11 用地現為壘球場、網球場、藍球場等設施，面積 5.71 公頃。鄰近國道 1 號交流道及臺鐵新營站，交通便利。

2017 年 1 月 25 日教育部召開「國家圖書館南部分館籌建規劃畫專案會議」，曾館長向教育部部長及次長進行簡報。2017 年 2 月 6 日教育部召開「國家圖書館南部分館暨聯合典藏中心籌建規劃構想會議」，曾館長向教育部部長、次長及臺南市政府進行簡報。

2017 年 2 月 14 日林院長視察國圖南部分館預定地，館長曾淑賢簡報「翻轉・創新・未來　國圖南部分館暨聯合典藏中心規劃構想」。林院長表示希望藉由興建國圖南部分館，讓閱讀資源做更好的分配；也期待國圖南部分館引進最新科技，做好數位典藏、數位化服務等工作，並建構完善設施，營建良好閱讀氣氛，讓民眾樂於前來。並「要求國圖南部分館的建設要拿出最快速度，不能超過 4 年，展現成效，儘早落成」。「經過多年的努力，國圖南部分館暨聯合典藏中心終於確定落腳於臺南市新營區。」（曾淑賢）

2017 年 2 月 23 日教育部召開「第 1 屆圖書館事業諮詢會第 3 次會議」，審查「國圖南部分館暨聯合典藏中心建設計畫（草案）」。國圖再根據與會諮詢委員意見研修計畫，並於 3 月 10 日將「國家圖書館南部分館暨聯合典藏中心前瞻發展建設計畫」提送教育部；教育部則於 3 月 31 日函送行政院。本案分別由國家發展委員會於 2017 年 5 月 10 日召開協商會議；行政院於同年 6 月 23 日及 9 月 13 日召開兩次審查會議。各次會議各部會所提相關

綜提意見，國圖再予以修正計畫。該計畫於 12 月 28 日奉行政院核定。

　　本計畫所包括「國家圖書館南部分館」、「國家聯合典藏中心」兩大主要建設，所需經費為新臺幣 42 億 8,208 萬元，其中教育部支應 1 億 375 萬元，申請公共建設計畫 41 億 7,833 萬元（列入行政院「政府公共建設計畫」經費），建設期程自 2018 年至 2021 年，並自 2018 年 1 月起陸續啓動各項籌建工作。「南部分館」將可達到滿足南部縣市民眾的圖書資訊需求，針對不同年齡、多元族羣的讀者提供服務。並包含圖書資訊專業發展基地、圖書館服務創新育成中心、圖書文獻保存及修復實驗中心、本土兒童及青少年文學史料中心等服務功能。「國家聯合典藏中心」將建置目前全國規模最大的高架密集倉儲和自動化倉儲系統設備（Automated Storage and Retrieval Systems，ASRS facilities），有效運用典藏空間提升服務效能，解決各類型圖書館館藏空間不足問題，並保存全國實體圖書及有價值的數位資源。

　　另國圖於 2017 年 3 月 28 日成立「國家圖書館南部分館暨聯合典藏中心籌建規劃工作小組」，進行相關資料蒐集及研析實務規劃。4 月 26 日國圖報奉教育部核定「先期計畫」。國圖南部分館暨聯合典藏中心先期規劃技術服務委託案，即經招標，於 6 月 12 日決標，由印記聯合建築師事務所進行；於 2018 年 1 月完成先期規劃報告書，予以公開上網，作為有意參加建築設計徵選建築師規劃設計的依據，兼及為國圖後續各項工作推動的參考。

　　2018 年 3 月 15 日「國家圖書館南部分館暨聯合典藏中心委託專案管理案」由誠蓄工程顧問公司得標。6 月 22 日「國家圖書館南部分館暨聯合典藏中心新建工程委託設計暨監造技術服務案」公告招標。8 月 30 日經過競圖評選，九典聯合建築師事務所與 Carlo Ratti Associati 團隊合作，提出「小鎮大圖」理念，獲得首獎。9 月 6 日「本新建工程委託設計暨監造技術服務案」議價，由九典聯合建築師事務所得標承攬；9 月 14 日進行頒獎及簽約儀式，由曾館長與九典事務所建築師張清華進行簽約。9 月 28 日臺南市政府公告「變更新營都市計畫案（文高 11 用地為機關 18 用地）（配合國家圖書館南部分館暨聯合典藏中心），自 2018 年 9 月 28 日起零時起發布

實施生效。」11 月 13 日舉行奠基典禮。自是，本建設計畫案的推動將進
入建築師規劃設計及工程招標營建階段。

徵引及參考文獻書目

三畫

于鎮洲等,《河南省運臺古物圖錄》(臺北縣永和:河南運臺古物監護委員
會,1999)。

四畫

王丰,〈決定將國寶運往臺灣,真的不是蔣介石下令的嗎?〉2016.10.20。
上網日期:2018.01.01。http://baike.baidu.com/tashuo/browse/content?
id=814b65ae4ce1eeb758777633

王丰,《蔣介石父子1949危機檔案》(臺北:商周出版,2014.04)。

王宇清,〈四十星霜話史博〉,載於:史博館編委會,《國立歷史博物館建館
四十周年紀念文集》(臺北:編者,1995.11),頁25-32。

王行仁,〈OCLC中日韓自動化和東西文化交流〉載於:國家圖書館、漢學
研究中心編,《華文書目資料庫合作發展研討會論文集》(臺北:國圖,
2000.03),頁33-44。

王明玲、杜立中、曾彩娥,〈國家圖書館數位參考服務之使用研究〉,《國家
圖書館館刊》2011:1(2011.06),頁65-98。

王省吾,〈追憶在中央圖書館〉,《國立中央圖書館館訊》15:2(1993.04),
頁18-20。

王省吾,〈懷念慰堂先生〉,《圖書館學與資訊科學》17:1(1991.04),頁
45-50。

王秋華,〈中央圖書館新館傢具設計〉,載於:國立中央圖書館編,《國立中

央圖書館遷館紀念特刊》（臺北：編者，1986.09），頁 35。

王振鵠，〈書目與書評兼而得之 祝賀《全國新書資訊月刊》200 期〉，《全國新書資訊月刊》200（2015.08），頁 6－8。

王振鵠，〈師友追憶：圖書館先進蔣復璁先生〉，《傳記文學》106：5（2015.05），頁 80－85。

王振鵠，《書緣：圖書館生涯五十年》2 版（臺北：書緣編印部，2014.07）。

王振鵠、胡歐蘭、鄭恒雄、劉春銀，《臺灣圖書館事業百年發展》（臺北：文華圖書館管理公司，2014.07）。

王振鵠，《臺灣圖書館事業文集》（臺北：國家圖書館，2014.05）。

王振鵠，〈國家圖書館八十年〉，《國家圖書館館刊》2013：1（2013.06），頁 1－10。

王振鵠，〈從書目控制談《全國新書資訊月刊》〉，《全國新書資訊月刊》3（1999.03），頁 1－3。

王振鵠，〈傳承文化使命開創館務新局對全體同人講話紀要〉，《國家圖書館館訊》10：2（1988.05），頁 22－23。

王振鵠，〈我們的責任及未來發展的方向〉，《國家圖書館館訊》9：4（1987.11），頁 2－5。

王振鵠，〈我國圖書館自動化作業之現況及展望〉，《國立中央圖書館館刊》新 15：1/2（1982.12），頁 1－5。

王振鵠，〈「出版品編目」計劃及「國際標準書號」制度——圖書館界與出版界合作進行的兩件事〉，《出版之友》6（1978.03），頁 16－17。

王振鵠，〈現代圖書館的功能〉，《幼獅月刊》46：5（1977.11），頁 38－40。

王梅玲，〈臺灣圖書館學教育史〉，《圖書與資訊學刊》63（2007：11），頁 47－63。

王雲五，《岫廬八十自述節錄本》（臺北：臺灣商務印書館，2003）。

王萍、官曼莉，《杭立武先生訪問紀錄》（中研院近史所口述歷史叢書；23）（臺北：中研院近史所，1990.06）。

王聖思，〈外公徐森玉先生印象－紀念徐森玉先生誕辰 130 周年、逝世 40 年〉，《上海文博論壇》2011：04，頁 11－20。

王潔宇，〈臺灣省立臺北圖書館館史〉，《臺灣省立臺北圖書館館刊》2 （1965.09），頁 1－50。

王錫璋，〈第三個十年慶〉，《國家圖書館館訊》2003：1（2003.03），頁 4 －6。

中央研究院八十年院史編纂會編，《追求卓越：中央研究院八十年》3 冊（臺 北：中研院出版，中研院近史所發行，2008.07）。

中國第二歷史檔案館、周曉、劉長秀、王麗穎選輯，〈故宮文物西遷檔案史 料選輯〉，《民國檔案》2017：1，頁 36－55+35。

中國第二歷史檔案館、劉楠楠選輯，〈北平故宮博物院參加倫敦中國藝術國 際展覽會史料選輯〉，《民國檔案》2010：3，頁 6－14。

中國第二歷史檔案館、劉鼎銘選輯，〈中央研究院歷史語言研究所整理運送 及接收保管明清檔案相關史料〉，《民國檔案》2008:1，40－43+48。

中國第二歷史檔案館、陳曉敏選輯，〈國立中央博物院籌備處 1933 年 4 月－ 1941 年 8 月〉，《民國檔案》2008：2，頁 27－33。

中國第二歷史檔案館編，《中華民國史檔案資料彙編第五輯第三編文化》 （南京：江蘇古籍出版社，1999.09）。

〈臺灣省教育廳報送該省縣市立圖書館實施概況調查表及圖書雜誌報紙調 查表代電〉（1947.10.13），頁 364－369。

中國第二歷史檔案館編，《中華民國史檔案資料彙編第五輯第一編教育 〈二〉》（南京：江蘇古籍出版社，1994.05）。

〈國民黨中央常務會議通過的中央圖書館計畫書〉（1929.05.13），頁 791 －792。

〈蔡元培與教育部、張元濟與袁同禮關於影印四庫全書未刊珍本的往來函 件〉（1932—1933），頁 800—803。

〈教育部有關影印四庫全書未刊珍本的文件〉（1933.04—0.6），頁 804—

814。

中華圖書館協會執行委員會編,《中華圖書館協會會報》,雙月刊,1:1
（1925.06）—21:3/4（1948.05）（南京等：中華圖書館協會）。

〈籌設國立中央圖書館之決議〉,3：6（1928.06）,頁 17－18。

〈全國圖書館發展步驟大綱之決議〉3：6（1928.06）,頁 18－19。

〈中央圖書館之籌備計畫〉,4:6（1929.06）,頁 11。

五畫

包遵彭,《國立歷史博物館創建與發展》（國立歷史博物館歷史文物叢刊；
2）（臺北：中華叢書編委會,1970）。

包遵彭,〈國立歷史博物館的創建與發展〉,《國立歷史博物館館刊》5:5
（1995.12）,頁 6－16。

外交部郭德華（1946.01.28）。電呈關於臺灣圖書館書籍事辦理經過,外交
部〈戰時圖書徵（集）購（一）〉。國史館,數位典藏號 020-990900-0110。

六畫

行政院（1962.03.05）。教育部呈報中央博物院古月軒瓷瓶破損經過請核備
一案,中央文物運臺聯合管理處—理事。國史館,數位典藏號 019—
030403—0015。

行政院（1949.11.24）。故宮、中央博物院、中央圖書館、北平圖書館及中
華電影製片廠等五機構遷臺併為國立中央博物圖書館聯合管理處案。國
發會檔案管理局,檔號：A00000000A/00038/7-8-5-8-1/4。

朱家驊,〈三十年來的中央研究院〉,《大陸雜誌》19：8（1959:10）,頁 19
－25。

朱家驊,〈國立中央研究院簡說〉,《大陸雜誌》8：8（1954.04）,頁 22－
27。

七畫

巫鴻（Wu Hung）著、楊柳、岑河譯，《武梁祠──中國古代畫像藝術的思想性》（北京：三聯書店，2015.05）。

汪雁秋，〈文化交流──國立中央圖書館的出版品國際交換工作〉，《國立中央圖書館館刊》新 26：1（1993.04），頁 167－183。

沈亦珍，〈國立教育資料館成立經過〉，《教育文摘》11：4（1966.04），頁 3。

宋兆霖，〈故宮文物遷臺紀實〉，《故宮文物月刊》410（2017.05），頁 4－14。

宋兆霖，〈從北溝到外雙溪國立故宮博物院在臺恢復建置的經過〉，《故宮文物月刊》396（2016.03），頁 20－14。

宋建成，〈《麟臺故事》中所見北宋館閣的功能〉，載於：王振鵠教授九秩榮慶籌備小組，《王振鵠教授九秩榮慶論文集》（臺北：師大書苑公司，2014.07），頁 83－94。

宋建成，〈王振鵠教授與臺灣圖書館事業〉，《國家圖書館館刊》2014：2（2014.12），頁 181－192。

宋建成，〈徵集圖書文獻建立國家總書庫〉，《國家圖書館館訊》2013：2（2013.05），頁 17－19。

宋建成，〈國家圖書館歷史沿革之探析〉，《國家圖書館館刊》2011：2（2011.12），頁 1－29。

宋建成，〈電子圖書館時代的國家圖書館：國家圖書館遠距圖書服務系統〉，《圖書館學與資訊科學》23：2（1997.10），頁 41－50。

宋建成，〈記國立中央圖書館新館遷建工程〉，載於：王振鵠教授七秩榮慶祝壽論文集編輯小組，《當代圖書館事業論集：慶祝王振鵠教授七秩榮慶論文集》（臺北：正中，1994.07），頁 139－146。

宋建成，〈本館架設區域網路系統促進國內外之資訊交流〉，《國立中央圖書館館訊》15：3（1993.08），頁 45。

宋建成，〈國立中央圖書館的讀者服務〉，《國立中央圖書館館刊》新 26：1

（1993.04），頁 125－147。

宋晞，〈張其昀先生對臺灣文化與教育上的貢獻〉，載於：宋晞，《張其昀先
　　生傳畧》（臺北：中國文化大學，2000.09），頁 55－92。

杜正宇，〈論二戰時的臺灣大空襲（1938—1945）〉，《國史館館刊》51
　　（2017.03），頁 59—95。

李在中，〈北溝歲月故宮、中央兩博物院遷臺后的臺中時期〉，《紫禁城》2014
　　：9，頁 108－113。

李莉茜，〈臺灣地區實施國際標準書號制度概況〉，《國家圖書館館訊》1999:3
　　（1999.08），頁 7－11。

李莉茜，《國際標準書號與出版品預行編目研究》（臺北:文華圖書館管理資
　　訊公司，1996.04）。

李莉茜，〈我國實施國際標準書號作業對呈繳制度的影響〉，載於：祝壽論
　　文集編輯小組，《當代圖書館事業論集：慶祝王振鵠教授七秩榮慶論文集》
　　（臺北：正中，1994.07），頁 493－506。

李莉茜，〈我國標準書號與預行編目制度之實施與展望〉，《國家圖書館館刊》
　　新 26：1（1993.04），頁 67－81。

李莉茜、劉春銀，〈臺灣地區國際標準書號中心資料庫知應用〉，載於：國
　　家圖書館、漢學研究中心編，《華文書目資料庫合作發展研討會論文集》
　　（臺北：國圖，2000.03），頁 33－44。

李國鼎，〈報告杭先生生平事蹟〉，載於:杭立武先生治喪委員會編，《杭立
　　武先生紀念集》（臺北：編者，1992），頁 100－102。

李筱眉，《出版品國際交換研究－中美國家圖書館之比較》（圖書與資訊集
　　成；28）（臺北：文史哲出版社，1999.09）。

李德竹，〈第 47 屆 IFLA 年會紀實〉，《中國圖書館學會會報》33（1981.12），
　　頁 132－135。

那志良，《撫今憶往話國寶──故宮五十年》（香港：里仁書局，2008.01）。

那志良，《我與故宮五十年》（安徽合肥：黃山書社，1984.08）。

那志良，〈故宮文物貯存臺中〉，《傳記文學》38：3（1981.03），頁 81－86。

那志良，〈復員後的故宮博物院〉，《傳記文學》38：2（1981.02），頁 97－
　　102。

那志良，〈故宮文物的復員〉，《傳記文學》38：1（1981.01），頁 51－57。

吳英美、張萬美，〈「檔案管理金檔獎」獲獎紀實〉，《國家圖書館館訊》2008:4
　　（2008.11），頁 30－34。

吳真真，〈電腦在國立中央圖書館的應用〉，《中國圖書館學會會報》35
　　（1983.12），頁 308－310。

吳碧娟，〈認識國家圖書館的遠距圖書服務〉，《教師天地》85（1996.12），
　　頁 52－56。

吳碧娟，〈中華民國期刊論文索引光碟系統獲獎記〉，《國立中央圖書館館訊》
　　16：1（1994.02），頁 3。

吳聰敏，〈美援與臺灣的經濟發展〉，《臺灣社會研究季刊》1：1（1988.02），
　　頁 145－158。

余東卿，〈國家圖書館組織之回顧及展望〉，《國家圖書館館訊》1996：2
　　（1996.08），頁 28。

何培齊，〈國家圖書館與臺南市立圖書館「日治時期臺灣舊籍數位化」合作
　　計畫協議書─兼述其時日本圖書館協會會員臺灣之旅〉，《國家圖書館館
　　訊》2005：2（2005.08），頁 12－14。

八畫

杭立武，〈籌組南京淪陷後難民區的經過〉，《傳記文學》41：4（1982.09），
　　頁 26。

杭立武，〈國立中央圖書館與我〉，《國立中央圖書館館刊》新 16：1
　　（1983.04），頁 4－5。

杭立武口述、程振粵筆記，〈回顧與前瞻〉，《傳記文學》39：6（1981.12），
　　頁 50－54。

杭立武,《中華文物播遷記》(臺北:臺灣商務印書館,1980.11)。

屈萬里,〈國立中央圖書館主辦的臺灣公藏中文人文社會科學聯合目錄編輯
　　工作〉,《中國一周》930(1968.02.19),頁 3、9。

屈萬里,〈國立中央圖書館〉,《教與學》1:1(1967.09),頁 24-29。

屈萬里,〈臺灣現存的珍本圖書和重要學術資料〉,《圖書館學刊(臺大)》1
　　(1967.04),頁 13-20。

屈萬里,〈由共匪焚書談到中央圖書館所藏的善本圖書〉,《幼獅月刊》24:
　　6(1966.12),頁 8-9。

林呈潢,〈國際標準期刊號與應用〉,載於:祝壽論文集編輯小組,《當代圖
　　書館事業論集:慶祝王振鵠教授七秩榮慶論文集》(臺北:正中,1994.
　　07),　頁 533-547。

林呈潢,〈我國國際標準書號制度實施今昔〉,《國立中央圖書館館訊》,11:4
　　(1989.11),頁 1。

林孟玲,〈由 ARBA 看《臺灣出版參考工具書書目:2000-2002 年》〉,《全
　　國新書資訊月刊》2004:9(2004.09),頁 26-27。

林奕秀,〈館舍建築〉,載於:曾淑賢主編,《國家圖書館》(中華民國圖書
　　館事業百年回顧與展望;1)(臺北:五南圖書出版公司,2013.12),頁
　　234-255。(2003.06),頁 197-213。

林桶法,《1949 大撤退》(臺北:聯經出版事業公司,2009.08)。

林耀椿,〈錢鍾書在臺灣〉,《中國文哲研究通訊》5:4=20(1995.12),頁
　　33-43。

昌彼得,《蟫菴論著全集》2 冊(臺北:故宮、中華民國圖書館學會,2009.08)。

昌彼得,〈病榻憶往──宗陶老人自述(2)〉,《國家圖書館館訊》2008:4
　　(2008.11),頁 1-9。

昌彼得,〈病榻憶往──宗陶老人自敘(3)〉,《國家圖書館館訊》2009:1
　　(2009.02),頁 5-9。

昌彼得,〈病榻憶往──宗陶老人自敘(4)〉,《國家圖書館館訊》2010:1

（2010.02），頁 7－9。

昌彼得，〈談故宮博物院所藏宋本書〉，《故宮文物月刊》19：12（2002.03），
　　68-73。

昌彼得，〈蔣復璁以館為家五十年〉，載於：《蔣復璁先生九四誕辰紀念集》
　　（臺北：中國圖書館學會，1991.11），頁 57－61。

昌彼得，〈蔣慰堂先生年表〉，載於：《蔣復璁先生九四誕辰紀念集》（臺北：
　　中國圖書館學會，1991.11），頁 3－21。

昌彼得，〈蔣慰堂先生與國立中央圖書館〉，《中國圖書館學會會報》47
　　（1990.12），頁 1－4。

昌彼得，〈國立中央圖書館簡史〉，《教育與文化》351/352（1967.03），頁 3
　　－7。

周宏濤口述、汪士淳撰，《蔣公與我：見證中華民國關鍵變局》（臺北：天
　　下遠見出版公司，2003.09）。

周法高，〈臺灣公藏文獻資料鳥瞰〉，載於：周法高，《漢學論集》（臺北：
　　正中書局，1965.05），頁 96－108。

周琇環，〈國史館藏外交部檔案簡介〉，上網日期：2017.01.01。
　　http://archives.sinica.edu.tw/wp—content/upload/8-1-2-4pdf

九畫

計安邦，〈從享譽國際「電腦蕭邦」到落葉歸根《相斯海》：林二先生的音
　　樂天地〉，《傳記文學》106：4（2015.04），頁 51－64。

胡述兆，〈我對國家圖書館的一些期望〉，《國家圖書館館刊》2013：1
　　（2013.06），頁 11－17。

胡頌平，《朱家驊年譜》（傳記文學叢書；42）（臺北：傳記文學雜誌社，
　　1969.10）。

胡歐蘭，〈邁入 13 位數碼的 ISBN 新里程——回首我國國際標準書號的來
　　時路〉，《新書資訊月刊》2006:12，頁 4－6。

胡歐蘭，〈四十年來的圖書館自動化作業〉，載於：中國圖書館學會，《中國圖書館學會四十年》（臺北：該會，1995.12），頁 49－72。

胡歐蘭，〈國家書目資料庫發展之趨向〉，載於：祝壽論文集編輯小組，《當代圖書館事業論集：慶祝王振鵠教授七秩榮慶論文集》（臺北：正中，1994.07），頁 435－445。

胡歐蘭，〈圖書館自動化作業〉，載於：國立中央圖書館，《第二次中華民國圖書館年鑑》（臺北：該館，1988.12），頁 81－117。

胡歐蘭，〈國立中央圖書館自動化作業之現況與展望〉，《國立中央圖書館館刊》新 16：1（1983.04），頁 34－36。

《南京圖書館志》編寫組編纂，《南京圖書館志（1907－1995）（南京：南京出版社，1996.09）。

姚谷良，〈景色秀麗設備充實的南海學園〉，《中國一周》548（1960.10.24），頁 19。

俞小明，〈本館與全球記憶網（Global Memory Net）簽訂合作協議〉，《國家圖書館館訊》2007:3（2007.102），頁 40－41。

俞小明，〈國家圖書館與美國猶他家譜學會「臺灣地區族譜數位化」合作紀要——兼談其家譜圖書館〉，《國家圖書館館訊》2005:4（2005.11），頁 26－31。

俞小明，〈國家圖書館 SARS 相關措施〉，《國家圖書館館訊》2003:3（2003.08），頁 26－29。

十畫

海關總稅務司署（1949.02.04）。查關於中研院等 6 機關重要文物及檔案由京運臺免驗放行。國發會檔案管理局，A307510400D/0038/001/01/4108/001。

高仁俊。報告，中央文物運臺聯合管理處—理事。國史館，數位典藏號 019—030403—0015。

唐申蓉,〈我國圖書館事業的現況調查與統計提報系統〉,《國家圖書館館訊》
　　2008：3（2008.08）,頁24－25。

唐申蓉,〈國圖記憶——《國家圖書館館訊》百期回顧〉,《國家圖書館館訊》
　　2004：2（2004.05）,頁10－13。

索予明,〈立武先生與中華文物〉,載於：杭立武先生治喪委員會編,《杭立
　　武先生紀念集》（臺北：編者,1992）,頁176－181。

索予明,〈金匱寶笈話歷劫——記故宮博物院現藏「文獻」及搶護歷險經
　　過〉,《傳記文學》15：6（1969.12）,頁9－14。

索予明,〈故宮文獻專輯——文獻厄言〉,《故宮文物月刊》3：12＝36（1986：
　　03）,頁17－24。

袁同禮,〈中國加入國際交換出版品協約之經過〉,《中華圖書館協會會報》
　　3：3（1925.12）,頁3－20。

耿立群,〈天涯若比鄰,往來無白丁——記漢學研究中心學術服務二三事〉,
　　《國家圖書館館訊》2013：2（2013.05）,頁32－33。

耿立群,〈國圖的傳真機——《國家圖書館館訊》百期憶往〉,《國家圖書館
　　館訊》2004：2（2004.05）,頁6－9。

（日）鬼頭梓講、黃世孟譯,〈圖書館建築之特性與需求〉,《建築師雜誌》
　　10：2（1984.02）,頁46－48。

徐婉玲選輯,〈故宮文物遷臺史料選輯〉,《民國檔案》2015：04,頁45－
　　55。

翁慧珊、簡家幸〈「一九九四大陸圖書展覽」紀實〉,《國立中央圖書館館訊》
　　16：2（1994.05）,頁12－14。

十一畫

許雪姬、張隆志、陳翠蓮訪談,《坐擁書城——賴永祥先生訪問紀錄》（臺
　　北：遠流出版事業公司,2007.08）。

郭明芳,〈「羅斯文庫」廣州舊藏流散考述〉,《古典文獻與民俗藝術集刊》

2013：2，頁 47—76。

郭德華（1946.01.28）。電呈關於臺灣圖書館書籍事辦理經過，外交部〈戰時圖書徵（集）購（一）〉。國史館，數位典藏號 020-990900-0110。

教育部（1949.05.30）。教育部核備中央圖書館已在臺南覓屋展開工作，中央圖書館移交接收案。國發會檔案管理局，A309000000E/0038/502.04/11/0001。

教育部（1949.03.08）。據呈成立臺灣辦事處指復准備查。國發會檔案管理局，AA250100000E/0037/120/003/001/002。

教育部（1948.02）。教育部訓令中央圖書館等決定在臺灣舉行文物展覽會。國發會檔案管理局，A335000000E/0036/511.03/0001/0001/015。

教育部（1940.04.12）。教育部訓令中央圖書館籌備處負責調查現存全國公私藏書，並彙整編輯書目，圖書管理相關業務。國發會檔案管理局，A335000000E/0029/140/001/001/002。

教育部訓令（1934.10.01）。經籌備處等呈變更圖書呈繳程序嗣後呈繳新書分別逕寄，《教育部公報》6：39/40（1934.10.07），頁 14－15。

教育部部長黃季陸手諭（1964.03.27）。主任委員孔德成准辭，中央文物運臺聯合管理處—理事。國史館，數位典藏號 019—030403—0015。

教育部暫時徵集圖書委員會發起人會議紀錄（1938.12.06），外交部〈戰時圖書徵（集）購（二）〉。國史館，數位典藏號 020-990900-0111。

教育部暫時徵集圖書委員會執行委員會第 1-2；4-5；9-13 屆（次）會議紀錄（1938.12.06-1940.04.13），外交部〈戰時圖書徵（集）購（二）〉。國史館，數位典藏號 020-990900-0111。

張其昀，〈南海學園之興建〉，載於：張其昀先生文集編委會、中央黨史會，《張其昀先生文集》（臺北：國史館、中國文化大學，1989.08），冊 18 文教類（三），頁 9563－9565。

張其昀，〈序〉，載於：教育部教育年鑑編委會，《第 3 次中國教育年鑑（上）》（臺北：正中書局，1957），頁 1－3。

張華姿,〈臺灣地區圖書館統計工作介紹及其啟示〉,《統計科普》2012:09,
　　頁 26－28。

張錦郎,〈蔣復璁著《珍帚齋文集》補正〉,《佛教圖書館館刊》50（2009.12）,
　　頁 66－91。

張錦郎、釋自衍採訪,〈論工具書編輯—專訪張錦郎老師〉,《佛教圖書館館
　　刊》34（2003.06）,頁 6－24。

張錦郎,〈包遵彭先生與國立中央圖書館〉,《國立中央圖書館館刊》新 16：
　　1（1983：04）,頁 42－48。

張錦郎,〈抗戰時期的圖書館事業〉,《國立中央圖書館館刊》新 7:2
　　（1974.09）,頁 8－26。

張錦郎、黃淵泉,《中國近六十年來圖書館事業大事記》（臺北：臺灣商務,
　　1974.08）。

張錦郎,〈包遵彭先生與國立中央圖書館〉,載於：包遵彭先生逝世三周年
　　紀念集編委會,《包遵彭先生紀念集》（臺北：編者,1973.02）,頁 160
　　－174。

陳立夫,〈國立中央圖書館在抗戰期間工作偶憶〉,《國立中央圖書館館刊》,
　　新 16：1（1983.04）,頁 2－3。

陳立原,〈建置 SARS 心靈補給站甘苦談〉《國家圖書館館訊》2003:3
　　（2003.08）,頁 30－31。

陳妙智,〈國立中央圖書館國家資訊系統〉,《國立中央圖書館館訊》9:3
　　（1987.08）,頁 10－11。

陳和琴,〈十年來的編目技術規範〉,載於：中國圖書館學會,《中國圖書館
　　學會 50 週年特刊：走過半世紀－與中國圖書館學會同賀》（臺北：該會,
　　2003.12）,頁 137－141。

陳嘉言,〈回顧與前瞻〉,載於：國立教育資料館編,《國立教育資料館建館
　　三十週年紀念專輯》（臺北：編者,1986.05）,頁 1—5。

陳嘉言,〈國立教育資料館之回顧與前瞻〉,《臺灣教育》42（1986.08）,頁

42—43。

陳瑪君,〈政府與民眾間的「捷運系統」中華民國政府公報索引線上新系統簡介〉,《國家圖書館館訊》1996:1(1996.05),頁 29－31。

陳澄瑞,〈國家圖書館「遠距學園」實施公務人員數位學習認證服務簡介〉,《國家圖書館館訊》2008:4(2008.11),頁 35－37。

陳德漢,〈國家圖書館之「教饗樂」——國圖館藏(烏拉圭中國國際圖書館)精粹〉,《國家圖書館館訊》2015(2015.11),頁 27－30。

陳懿行、鄭建明,〈論《國立中央圖書館藏官書目錄》的編置特點和史料價值〉,《圖書館理論與實踐》,頁 82—86。

莊永明,《臺北老街》(臺北:時報文化出版公司,2012.09)。

莊因,〈北溝憶往〉,《止善》22(2017.06),頁 165－168。

莊芳榮、宋建成,〈國家圖書館建築設計的探討:以國家圖書館為例〉,載於:黃世雄主編,《1999 海峽兩岸圖書館建築研討會論文集》(臺北:教育資料與圖書館學季刊社,1999.04),頁 175－185。

莊健國,〈漢學研究中心讀者服務之回顧〉,《漢學研究通訊》25:4(2007.11),頁 47－51。

莊健國,《圖書館數位合作參考服務的理論與實務》(臺北:文華圖書館管理資訊公司,2004)。

莊健國,〈國家圖書館啟用「參考服務園地」系統〉,《國家圖書館館訊》2002:1(2002.02),頁 22－25。

莊健國,〈中華民國期刊論文索引三十周年回顧〉,《國家圖書館館訊》2000:3(2000.08),頁 1－6。

莊健國,〈穩定中成長的「中華民國人文社會科學圖書館合作組織」〉,《臺北市立圖書館館訊》5:2(1987.12),頁 41－45。

莊靈,〈巧借君翁雲山圖(下)〉,《聯合報·聯合副刊》(2019.01.14),D3版。

莊靈,〈巧借君翁雲山圖(上)〉,《聯合報·聯合副刊》(2019.01.13),D3

版。

莊靈，〈不唱山歌，去考古（下）〉，《聯合報‧聯合副刊》（2017.08.23），D3版。

莊靈，〈不唱山歌，去考古（上）〉，《聯合報‧聯合副刊》（2017.08.22），D3版。

莊靈，〈北溝故宮今安在〉，《聯合報‧聯合副刊》（2014.07.06），D3版。

國立中央博物院籌備處（1938.01.12）。函為本處聯合故宮博物院等機關雇用帆船裝運人員及物品赴渝辦公即煩查照予以照料並希轉陳專員公署，運遷文物赴重慶事。國發會檔案管理局，A335000000E/0027/500/001/001/006。

國立中央博物院籌備處（1938.01.14）。現在既經賀主任將運書事宜移歸貴處辦理，即希查照迅予撥船啓運，運遷文物赴重慶事。國發會檔案管理局 A335000000E/0027/500/001/001/006。

國立中央博物院籌備處（1938.01.31）。呈為呈報本院古物業經運存重慶沙坪壩並在重慶市設立辦事處，運遷文物赴重慶事。國發會檔案管理局，A335000000E/0027/500/001/001/014。

國立中央博物院籌備處（1938.04.16）。同上。國發會檔案管理局，A335000000E/0027/500/001/001/016。

〔國立中央圖書館編〕，《王振鵠先生國立中央圖書館館長 1977 年 4 月至 1989 年 7 月》（〔臺北：編者，1989.07〕）。

國立中央圖書館編，《邀您共享一席豐碩的知識盛宴——國立中央圖書館概況》（臺北：編者，1988）。

國立中央圖書館編，《第二次中華民國圖書館年鑑》（臺北：編者，1988.12）。

〔國立中央圖書館、宋建成〕，《國立中央圖書館遷建工作總報告》（臺北：該館，1987.06，油印本）。

國立中央圖書館編，《國立中央圖書館資訊服務系統》（臺北：該館，1986）。

〔國立中央圖書館、宋建成〕，《國立中央圖書館新館驗收啓用經費需求計

書》（臺北：該館，1985.09，油印本）。

國立中央圖書館編，《中華民國圖書館年鑑》（臺北：編者，1981.12）。

國立中央圖書館編，《國立中央圖書館法規彙編（自 1933 年至 1979 年》（臺
　　北：該館，1978.05，油印本）。

〔國立中央圖書館〕，〈國立中央圖書館概況〉，《國立中央圖書館館刊》新
　　5：2（1972.06），頁 1－37。

〔國立中央圖書館〕，〈國立中央圖書館有關法令彙編〉，《國立中央圖書館
　　館刊》新 4：2（1971.06），頁 64－88。

國立中央圖書館（1949.02.19）。為成立臺灣辦事處懇祈鑒核備。國發會檔
　　案管理局，AA250100000E/0037/120/003/001/002。

國立中央圖書館（1946.05.15）。遵令將渝館改為辦事處。國發會檔案管理
　　局，A335000000E/0035/400/003/001/011。

國立中央圖書館（1943.03.26）。查我國確係該約簽字國之一本館兼辦出版
　　品國際交換事宜自應隨時徵集齊全轉贈各與約國以符國際信義由，籌備
　　處組織概況及受贈索贈業務。國發會檔案管理局，
　　A335000000E/0032/500/006/001/012。

國立中央圖書館（1935）。檢附考古學分類表及審定辦法一份擬請審核由，
　　圖書管理相關業務。國發會檔案管理局，
　　A335000000E/0024/140/001/001/003。

國立中央圖書館編目組，〈書目資訊中心研究報告〉，《國立中央圖書館館刊》
　　新 21：2（1988.12），頁 191－208。

〔國立中央圖書館遷建工作小組〕，〈遷建新館籌劃作業紀要〉，《國立中央
　　圖書館館刊》新 16：1（1983：04），頁 30－33。

國立中央圖書館臺灣辦事處（1949.11.30）。聯合管理處接收中央圖書館臺
　　灣辦事處移交之物清冊。國發會檔案管理局，
　　A309190000E/0038/03.18/01/10/047。

國立中央圖書館臺灣辦事處（1949.07.12）。兩院一館在臺事項備忘錄、國

家圖書館。國發會檔案管理局，A309190000E/0038/03.18/01/10/048。

國立中央圖書館館刊編輯委員會，〈館史史料選輯〉，《國立中央圖書館館刊》
　　新 16：1（1983：04），頁 57－104。

〈大學院第一次全國教育會議決議（1928.05.15）〉，見「館史史料選輯」，
　　頁 57－60。

〈中華圖書館協會第一次年會決議（1929.01.28）〉，見「館史史料選輯」，
　　頁 60。

〈教育部派蔣復璁為國立中央圖書館籌備委員令（1933.01.21）〉，見「館
　　史史料選輯」，頁 60。

〈國立中央圖書館籌備處組織大綱（1933.03）〉，見「館史史料選輯」，頁
　　61。

〈教育部派蔣復璁為國立中央圖書館籌備處主任令（1933.04.08）〉，見「館
　　史史料選輯」，頁 61。

〈呈教育部具報籌備經過及計畫（1933.07.14）〉，見「館史史料選輯」，頁
　　61－62。

〈呈報本館籌備處結束日期〉（1940.08.02）〉，見「館史史料選輯」，頁 62。

〈國立中央圖書館籌備期間工作總報告（1940.10）〉，見「館史史料選輯」，
　　頁 63－67。

〈國立中央圖書館復員以來工作述要（1947.09）〉，見「館史史料選輯」，
　　頁 67－71。

〈國立中央圖書館概況〉，《國立中央圖書館館刊》新 16：1（1983.04），
　　頁 105－140。

國立中央圖書館蔣復璁（1941.10.15）。中央圖書館館長蔣復璁呈教育部報
　　告。載於：《中華民國史檔案資料滙編》第 5 輯第 2 編（南京：江蘇古籍
　　出版社，1999），頁 593。

國立中央博物院籌備處（1938.01.12）。函為本處聯合故宮博物院等機關僱
　　用帆船裝運人員物品赴渝辦公即煩查照予以照料並希轉陳專員公署由，

遷運文物赴重慶事。國家發展委員會檔案管理局，
　　檔號:A335000000E/0027/500/001/001/006。

國立故宮中央博物院第 6 屆第 1 次常務理事會議紀錄（1961.11.22），中央
　　文物運臺聯合管理處—理事。國史館，數位典藏號 019—030403—0015。

國立故宮中央博物院第 6 屆第 1 次理事大會紀錄（1961.11.22）。中央文物
　　運臺聯合管理處—理事。國史館，數位典藏號 019—030403—0015。

國立故宮中央博物院聯管處（1961.12.08）。呈報古月軒瓷瓶破損經過情形
　　祈核備由，中央文物運臺聯合管理處—理事。國史館，數位典藏號 019
　　—030403—0015。

國立故宮中央博物院聯管處（1957.03.26）。開放觀光，國立中央博物院、
　　故宮博物院聯合管理處。國史館，數位典藏號 019—030403—0018。

國立故宮博物院編，《故宮跨世紀大事錄要：肇始播遷復院》（臺北：故宮，
　　2000.01）。

國立故宮博物院，《故宮七十星霜》（臺北：臺灣商務印書館，1995.10）。

國民政府訓令渝字第 1146 號（1941.11.13）。國立中央圖書館追加重慶分館
　　經常費 1941 年度概算案，《國民政府公報》1941 渝：414（1941.11.15），
　　頁 6。

國民政府訓令渝字第 150 號（1939.03.28）。教育部請恢復中央圖書館預算
　　案，《國民政府公報》渝字 139（1933.03.29），頁 9－11。

國民政府訓令第 389 號（1933.08.22）。籌備處追加 1932、1933 兩年度歲
　　出各個經常費概算乙案，《國民政府公報》1217（1933.08.24），頁 2。

國家圖書館，《國家圖書館南部分館暨聯合典藏中心建設計畫（核定本》（臺
　　北：國圖，2017.12），上網日期：2018.10.31。
　　file:///C:/Users/neluser/Downloads/計畫核定本.pdf

國家圖書館編，《國家圖書館體質轉變的十年:易名十周年紀錄（1996－
　　2006）》（臺北：編者，2006.04）。

國家圖書館編，《第三次中華民國圖書館年鑑》（臺北：編者，1999.08）。

國家檔案局編,《第 6 屆機關檔案管理金檔獎暨金質獎評獎紀實》(臺北:編者,2008.10)。

國際標準書號中心、〔曾堃賢〕,〈國家圖書館 80 周年慶‧書號中心 24 年的回顧與前瞻〉,《國家圖書館館訊》2013:2(2013.05),頁 35－40。

十二畫

曾淑賢,〈我國國家圖書館國際交換與合作之探討〉,《國家圖書館館刊》2017:1(2017.06),頁 1－64。

曾淑賢主編,《國家圖書館》(中華民國圖書館事業百年回顧與展望;1)(臺北:五南圖書出版公司,2013.12)。

曾淑賢,〈民國一百年展望國圖未來〉,《國家圖書館館訊》2011:2(2011.05),頁 1－5。

曾濟羣,〈國家圖書館的誕生〉,《國家圖書館館訊》2013:2(2013.05),頁 1－3。

曾濟羣,〈回首來時路那燈火闌珊處──記載國家圖書館服務的片段〉,《國家圖書館館刊》2003:1(2003.06),頁 3－16。

曾濟羣,《圖書資訊點滴》(臺北:漢美圖書公司,1997.07)。

曾濟羣,〈國家圖書館自動化的前景〉,《國家圖書館館訊》1997:2(1997.05),頁 1－7。

曾濟羣,〈國家圖書館遠距圖書服務系統〉,《教育部圖書館事業委員會會訊》24(1997.07),頁 2－3。

曾濟羣,〈國家圖書館自動化的前景〉,《國家圖書館館訊》1997:2(1997.05),頁 1－7。

曾濟羣,〈國家圖書館組織法的立法過程〉,《圖立中央圖書館館訊》18:1(1996.02),頁 1－5。

曾憲雄,〈圖書館網路系統整合計畫與目標〉《圖書與資訊學刊》14(1995.08),頁 1－6。

詠仁，〈清檔制度〉，載於《圖書館學與資訊科學大辭典》，上網日期：
　2016.04.21。

　http://terms.near.edu.tw/Detail/1681501/?index=8

黃士娟，〈日治時期臺灣之神社建築風土化的特例——建功神社〉，《臺灣歷
　史學會通訊》8（1999.03），頁 42-53。

黃文德，〈國家圖書館「臺灣研究入口網」簡介〉，《國家圖書館館訊》2006：
　3（2006.08），頁 6-10。

黃淵泉，〈黃淵泉和賴氏分類法〉，上網日期：2016.04.21。

　http://www.laijohn.com/works/work1/experience/Ng,IChoan.htm.

黃淵泉，〈賴永祥教授的學術生涯〉，上網日期：2016.04.21。

　http://www.laijohn.com/interview/Huang.htm.

黃淵泉，《中文圖書分類編目學》（臺北：臺灣學生書局，1986）。

黃淵泉，〈我國出版品呈繳制度〉，《圖書館學刊》2（1972.06），頁 37-58。

黃淵泉，〈國立中央圖書館編目組的工作〉，《國立中央圖書館館刊》新 2:4
　（1969.04），頁 61-64。

黃寬重，〈溫馨的回憶——我在國圖的日子〉、《國家圖書館館訊》2013：2
　（2013.05），頁 10-12。

〔黃德福〕，〈臺灣省各縣市圖書館近貌〉，《圖書月刊》1：3（1946.10），
　頁 20。

辜瑞蘭，〈漢學研究中心的成長與發展〉，《國立中央圖書館館刊》新 26：1
　（1993.04），頁 185-197。

辜瑞蘭，〈第一次全國圖書館業務會議撮要〉，《教育資料科學月刊》4:1
　（1972.07），頁 15-20。

辜瑞蘭，〈國立中央圖書館出版品國際交換處之工作〉，《國立中央圖書館館
　刊》新 2：2（1968.10），頁 69-76。

彭道真，〈國立中央圖書館白沙民眾閱覽室概況〉，《中華圖書館協會會報》
　14:4（1940.01），頁 5-7。

傅朝卿，〈戰後中國古典式樣新建築〉在《臺灣近現代建築專題討論》（臺南市：成大建築所博碩士班 2004 年 2 學期，2005 年春）。上網日期：2014.07.01。http://www.fuchaoching.idv.tw/file/class/ta-06.

傅斯年，《傅斯年全集》第 6 卷（1928－1950）（長沙：湖南教育出版社，2003.09）。

傅維新，〈五十週年館慶感言〉，載於：史博館編委會，《國立歷史博物館建館五十周年紀念文集》（臺北：編者，2005.12），頁 80—89。

程振粵，〈我國歷史文物三度播遷的一頁珍貴史料〉，《傳記文學》11:5（1967.11），頁 55－57。

喬衍琯，〈追憶蔣慰堂老師〉，《國立中央圖書館館刊》新 23：2（1990.12），頁 5－12。

喬衍琯，〈一五一十：15 年圖書館員生涯〉，《國立中央圖書館館訊》11：1（1989：2），頁 24－25。

喬衍琯，〈一五一十：15 年圖書館員生涯〉，《國立中央圖書館館訊》10：4（1988.11），頁 28－29。

喬衍琯，〈「陽明山莊（國防研究院）普通本線裝書目」〉，《華學月刊》11（1972：11），頁 34－37。

十三畫

褚廉方，〈國寶運臺記略〉，載於：杭立武，《中華文物播遷記》（臺北：商務印書館，1980.11），頁 105－107。

楊杞，〈學瓶——民國時期圖書館主辦的期刊欄目〉，《科技情報開發與經濟》2013:6，頁 31－32。

楊崇森，〈承先啓後開創未來我對館務的一些構想〉，《國立中央圖書館館訊》，11:4（1989.11），頁 2－3。

楊樹人，〈朱家驊與中央研究院〉，《中外雜誌》20：4（1976.10），頁 64－66。

楊樹人，〈中央研究院最近的十年〉，《大陸雜誌》16:7（1958.04），頁 4—
　　12。

雷叔雲、林呈潢，〈履痕憶舊址——南海學園時期的國立中央圖書館〉，《國
　　立中央圖書館館訊》8:3（1986.02），頁 418－421。

雷叔雲、吳碧娟，〈國立中央圖書館文獻分析資料庫及其運用——「中華民
　　國期刊論文索引」與「中華民國政府公報索引」〉，《中國圖書館學會會報》
　　35（1983.12），頁 277－307。

雷強、湯更生，〈日內瓦中國國際圖書館與《東西文化》〉，《圖書資訊月刊》
　　13:1（2015.06），頁 135－161。

楚崧秋，〈賀國立歷史博物館五十周年感懷〉，載於：史博館編，《國立歷史
　　博物館建館五十週年紀念文集》（臺北：編者，2005.12），頁 79。

十四畫

漢寶德，〈國立歷史博物館之發展〉，載於：史博館編委會，《國立歷史博物
　　館建館五十週年紀念文集》（臺北：編者，2005.12），頁 65—67。

臺灣省行政長官公署（1945.11.30）。所購羅斯文庫之一部分被英國香港政
　　府扣留電請交涉發還，外交部〈戰時圖書徵（集）購（一）〉。國史館，
　　數位典藏號 020-990900-0110。

臺灣省行政長官公署教育處（1946.02.15）。函請貿易局協助運回羅斯文庫
　　案，臺灣省行政長官公署檔案。國史館臺灣文獻館，
　　典藏號 00301600004001。

臺灣省行政長官公署貿易局（1947.04.18）。電請教育處歸墊督學廖鸞揚在
　　港調查羅斯文庫借款，臺灣省行政長官公署檔案。國史館臺灣文獻館，
　　典藏號 00301600004007。

臺灣省政府（1947.06.11）。轉發國立中央圖書館辦理出版品國際交換事項
　　辦法，《臺灣省政府公報》1947：夏：63（1947.06.12），頁 254。

臺灣糖業股份公司臺中糖廠。（1949.01.13），臺中糖廠租借倉庫契約書，

運臺文物存放保管暨北溝庫房借地營建等在臺諸事。國家發展委員會檔
　　案局，檔號 0038/500/061。

臺灣糖業股份公司臺中糖廠。（1949.01.1□）為函復本廠借用倉庫及空地
　　事項由，運臺文物存放保管暨北溝庫房借地營建等在臺諸事。國家發展
　　委員會檔案局，檔號 0038/500/061。

監察院調查報告。據審計部函報：稽察教育部補助國家圖書館籌設南部館
　　籌備服務處計畫，涉有未盡職責及效能過低情事乙案。上網日期：
　　2017.02.28。
　　File:///C:/Users/chanky/Downloads/0990005990990801679 公布版.pdf

翟強，〈美援與臺灣經濟的起飛〉，載於：盧漢超主編，《臺灣的現代化和文
　　化認同》（紐澤西：八方文化企業公司＝Global Publishing Co, Inc., N. J.，
　　2001.07），頁 3－23。

管理中英庚款董事會，〈管理中英庚款董事會工作報告（1941.11）〉，載於：
　　周琇環，《中英庚款史料彙編》中冊（臺北縣新店市：國史館，1993.06），
　　頁 303－309。

十五畫

鄭玉玲、陳慧文，〈從回溯建檔談日文圖書編目〉，《國家圖書館館訊》2005：
　　1（2005.02），頁 26－29。

鄭玉玲、羅禮曼，〈中國圖書分類法之建檔及應用〉，《國立中央圖書館館訊》
　　11：3（1989.08），頁 36－37。

鄭玉玲，〈國立中央圖書館日韓文作業系統〉《國立中央圖書館館訊》11：2
　　（1989.05），頁 28－29。

鄭名襄、張怡婷，〈專訪國家圖書館辜瑞蘭主任〉，《中國圖書館學會會訊》
　　12:1/2（2004.06），頁 13－21。

鄭欣淼，《故宮與故宮學》（綠蠹魚叢書 YCK;02）（臺北：遠流出版事業公
　　司，2009.10）。

鄭恒雄，〈國家圖書館目錄工作的回憶〉，《國家圖書館館訊》2013：2
　　（2013.05），頁 20－23。

鄭恒雄，〈「當代目錄學」發展之探討──從傳統走向現代〉，《國家圖書館
　　館刊》2008：6（2008.06），頁 1－23。

鄭恒雄，〈國立中央圖書館的技術服務〉，《國家圖書館館刊》新 26：1
　　（1998.05），頁 83－114。

鄭恒雄，〈「全國圖書資訊網路」新系統之規劃與建立〉，《圖書館學與資訊
　　科學》23：1（1997.04），頁 8－19。

鄭恒雄，〈我國國家書目資訊庫之建立與發展〉，載於：祝壽論文集編輯小
　　組，《當代圖書館事業論集：慶祝王振鵠教授七秩榮慶論文集》（臺北：
　　正中，1994.07），頁 493－506。

鄭恒雄、宋建成，〈國立中央圖書館自動化及書目網路現況報告〉，載於：《國
　　立大學院校圖書館自動化規劃第六次研討會會議資料》（臺北：國立中央
　　圖書館，1992.09）。

鄭肇陞，〈國立中央圖書館五十年〉，《國立中央圖書館館刊》新 16：1
　　（1983.04），頁 12－22。

鄭寶梅，〈國家圖書館與數位學習服務〉，《國家圖書館館訊》2007：2
　　（2007.05），頁 10－15。

鄭寶梅，〈共築圖書館終身學習園地──「遠距學園」新課程暨新服務〉，《國
　　家圖書館館訊》2006：2（2006.05），頁 23－25。

鄭寶梅，〈網路教學在圖書館之應用──以國家圖書館遠距學園為例〉，《圖
　　書館學與資訊科學》29：1（2003.04），頁 65－73。

鄭寶梅，〈「第三次全國圖書館會議」綜合報導〉，《國立中央圖書館臺灣分
　　館館刊》7：2（2001.06），頁 34－40。

歐陽哲生，《傅斯年一生志業研究》（臺北：秀威資訊科技公司，2014.06）。

歐陽崇榮，〈漫談中央圖書館第二期自動化〉，《國立中央圖書館館訊》17：
　　1（1995.02），頁 9－11。

歐陽崇榮、楊智晶,〈「資訊網路展」紀實〉,《國立中央圖書館館訊》15：3
　　（1993.08）,頁 23－24。

歐陽道達,《故宮文物避寇記》（北京：紫禁城出版社,2010）。

蔣復璁等口述、黃克武編,《蔣復璁口述回憶錄》（臺北：中研院近史所,
　　2000.05）。

蔣復璁,〈包遵彭先生追憶感言〉,《文史哲雜誌》6：2/3（1990.01）,頁 1。

蔣復璁口述、林淑蘭筆記,〈蔣復璁與圖書館事業（11）〉,《東方雜誌》22：
　　7（1989.01）,頁 74－75。

蔣復璁口述、林淑蘭筆記,〈蔣復璁與圖書館事業（7）〉,《東方雜誌》22：
　　3（1988.09）,頁 72－74。

蔣復璁口述、林淑蘭筆記,〈蔣復璁與圖書館事業（6）〉,《東方雜誌》22：
　　2（1988：08）,頁 71－73。

蔣復璁,〈六十年的圖書館員生活──美國國會圖書館演講〉,《中國圖書館
　　學會會報》37（1985.12）,頁 1－9。

蔣復璁,〈六十年的圖書館員生活──在美國國會圖書館演講〉,《傳記文學》
　　47:5（1985.11）,頁 36－40。

蔣復璁,《珍帚齋文集》5 冊（臺北：臺灣商務,1985.09）。

蔣〔復璁〕序,載於：王振鵠,《圖書館學論叢》（臺北：臺灣學生書局,
　　1984.02）,頁 III。

蔣復璁口述、蔣京記錄,〈我與中央圖書館〉,《國立中央圖書館館刊》新
　　16：1（1983.04）,頁 6－11。

蔣復璁,〈國立故宮博物院遷運古物來臺的經過與設施〉,《故宮季刊》14：
　　1（1979 秋）,頁 37－43。

蔣復璁,〈我與中央圖書館〉,《近代中國》11（1979.06）,頁 162－170。

蔣復璁,〈抗戰四年來之圖書館事業〉,《國立中央圖書館館刊》新 7：2
　　（1974.09）,頁 1－3。

蔣復璁,〈國立圖書館的起源與使命〉,《中國圖書館學會會報》15

國家圖書館故事
——發展史及館舍建築

（1963.12），頁 1－3。

蔣復璁,〈國立中央圖書館當前的問題〉,《教育與文化》12：7（1956.06.28），
　　頁 2－4。

蔣復璁,〈國立中央圖書館〉,《文華圖書館學專科學校季刊》, 7：3/4
　　（1935.12），頁 559－563。

蔣復璁,〈國立中央圖書館籌備之經過及現在進行概況〉,《中華圖書館協會
　　會報》10:1（1934.08），頁 7－9。

蔣經國（1948.06.02）。函蔣中正目前局勢之演變似可作後退之準備望從速
　　密籌南遷之計,蔣中正總統文物/蔣經國家書（四）。國史館,數位典藏
　　號 002-040700-0004-019。

蔡元培,〈國立北平圖書館記（1931.06.25）〉,載於：蔡元培著、高平叔編,
　　《蔡元培全集·第 4 卷（1921－1924）》（中國近代人物文集叢書）（北京:
　　中華書局,1984.09），頁 91－92。

蔡佩玲,〈國家圖書館政府資訊服務現況〉,《國家圖書館館刊》1999：2
　　（1999.12），頁 21－34。

蔡佩玲,〈我國政府統計資訊的搜尋引擎——新到政府統計調查目次服務系
　　統簡介〉,《國家圖書館館訊》1998：2（1998.05），頁 16－17。

蔡佩玲,〈遨遊千萬里、智慧滿行囊——行政院所屬各機關因公出國報告書
　　光碟影像系統〉,《國立中央圖書館館訊》17：4（1995.11），頁 21－23。

蔡佩玲,〈全球最大政府出版品資料庫——中華民國政府出版品線上新系
　　統〉,《國立中央圖書館館訊》17：2（1995.05），頁 24－26。

蔡佩玲,〈中華民國八十一年臺閩地區圖書館統計調查工作概述〉,《國立中
　　央圖書館館刊》27：2（1994.12），頁 3－35。

劉兆祐,〈屈萬里先生之圖書文獻學〉,載於：國立臺師大國文系、國立臺
　　師大文學院,《漢學研究之回顧與前瞻國際學術研討會論文集》（臺北：
　　編者,2006.04），頁 4－24。

劉兆祐,《屈萬里先生年譜》（臺北：臺灣學生書局,2011.12）。

劉兆祐，〈屈萬里先生之文獻學〉，《國家圖書館館刊》2004：2（2004.12），頁 1－25。

劉兆祐，〈屈萬里先生著述年表〉，載於：山東省圖書館、魚臺縣政協編，《屈萬里書信集・紀念文集》（濟南：魯書社，2002.09），頁 409－447。

劉兆祐，《中國目錄學》（臺北：五南圖書出版公司，1998.07）。

劉兆祐，〈琳瑯秘籍，可以療飢——回憶在南海學園的一段日子〉，《國立中央圖書館館訊》11：2（1989.05），頁 30－31。

劉兆祐，〈屈翼鵬先生與國立中央圖書館〉，《國立中央圖書館館刊》新 16：1（1983.04），頁 37－41。

劉兆祐，〈三十年來學術界的智慧結晶——《中國文化研究論文目錄》〉，《中央日報》1982.06.29－30，12 版。

劉兆祐，〈屈翼鵬先生對中國圖書館事業之貢獻〉，《出版與研究》42（1979.03），頁 15－17。

劉先雲，〈十一年來國立教育資料館施政概述〉，《教育文摘》13：3（1970.03），頁 1－3。

劉金狗、黃得時，〈臺北圖書館滄桑談〉，《圖書館學季刊》2（1972.06），頁 94－106。

劉春銀，〈八十年臺閩地區圖書館統計調查〉，《國立中央圖書館館訊》15：1=55（1993.02），頁 13－15。

劉春銀、陳妙智，〈光碟技術的應用在國立中央圖書館〉，《國立中央圖書館館刊》新 21：2（1988.12），頁 155－164。

劉春銀，〈辦理圖書館統計工作之經驗談〉，載於：王振鵠教授七秩榮慶祝壽論文集編輯小組，《當代圖書館事業論集：慶祝王振鵠教授七秩榮慶論文集》（臺北：正中，1994.07），頁 591－600。

劉勁松，〈1928 年全國教育會議關於中央圖書館的創設構想〉，《山東圖書館學刊》2014:3，頁 27－31。

劉振雄，〈「北溝故宮」的記憶及其意義〉，《止善》23（2017.12），頁 61－

104。

劉振雄,〈雲淡風情憶北溝物換星移話故宮——索予明先生訪談筆記〉,《止
　善》22（2017.06）,頁 147－154。

劉維開,《蔣中正的一九四九:從下野到復行視事》（臺北:時英出版社,
　2009.08）。

十六畫

賴德霖,〈一種公民建築的產生:晚清和民國早期中國圖書館話語與實踐〉,
　《近代史研究所集刊》88（2015.06）,頁 95－150。

盧荷生,《中國圖書館事業史》（臺北:文史哲出版社,1986.04）。

盧博文,〈河南省運臺文物經過與現況〉,《尋根》2011.04,頁 82－89。

盧毓駿,〈國立臺灣科學館建築設計旨趣〉,《中國一周》476（1959.06.08）,
　頁 2－3。

盧錦堂,〈呂起森（1916—1998）〉,載於:黃元鶴、陳冠至主編,《圖書館
　人物誌》（中華民國圖書館事業百年回顧與展望;12）（臺北:五南圖書
　出版公司,2014.01）,頁 210—213。

盧錦堂,〈赴北京出席「中文文獻資源共建共享合作會議第一次會議」報
　告〉,《國家圖書館館訊》2000:3（2000.08）,頁 11—14。

盧錦堂,〈辛勤半世故紙堆,不教青史盡呈灰——感念呂起森先生〉,《國家
　圖書館館訊》1999:1（1999.02）,頁 3-4。

十七畫

薛吉雄、邱容妹,〈國立中央圖書館大事記（二）——自 1941 年至 1948
　年〉,《國立中央圖書館館刊》新 14:2（1981.12）,頁 79－85。

繁運豐、許協勝,〈行政院核定國家圖書館南部分館暨聯合典藏中心建設計
　畫〉,《國家圖書館館訊》2018:1（2018.02）,頁 1－2。

繁運豐，〈行政院長林全視察國家圖書館南部分館暨聯合典藏中心預定地〉，
《國家圖書館館訊》2017:2（2017.05），頁 18－19。

鍾雪珍，〈「臺灣文史哲論文集篇目索引系統」簡介〉，《國家圖書館館訊》
2007:2（2007.05），頁 8－9。

鍾雪珍，〈進入知識的寶庫——兒童知識銀行系統簡介〉，《國家圖書館館訊》
2003:2（2003.05），頁 12－15。

鍾博，〈懷念農復會精神〉，《傳記文學》107：2（2015.08），頁 53－65。

十八畫

顏子魁，〈美援對中華民國經濟發展之影響〉，《問題與研究》29：11（1990.08）
頁 85－98。

蕭全政，〈戰後美援對臺灣經濟的影響〉，《政治學報》21（1993.12），頁
121－144。

蕭河，〈運臺國寶今安在滙印成冊歸故國〉，《兩岸關係》2000：2，頁 59－
60。

關國煊、吳洽民，〈杭立武（1903－1991）〉，載於：劉紹唐主編，「民國人
物小傳」，《傳記文學》58：4（1991.04），頁 133-136。

簡家幸，〈國家圖書館開放民眾參觀慶祝本館 63 週年館慶〉，《國家圖書館
館訊》1996:1（1996.05），頁 20－22。

簡家幸，〈閱覽作業邁向自動化－國立中央圖書館閱覽管制自動化系統簡
介〉，《臺北市立圖書館館訊》6:4（1989.06），頁 26－34。

簡家幸，〈國立中央圖書館閱覽管制自動化系統〉，《國立中央圖書館館訊》
11:1（1989.02），頁 14－15。

十九畫

譚旦冏，《中央博物院廿五年之經過》（臺北：中華叢書編審會，1960）。

羅煥光，〈國立歷史博物館歷年大事記〉，載於：史博館編委會，《國立歷史
　　博物館建館四十週年紀念文集》（臺北：編者，1995.11），頁 153－172。

羅禮曼，〈國立中央圖書館之「全國圖書資訊網路」〉，《國立中央圖書館館
　　刊》新 26：1（1993.04），頁 115－124。

二十畫

嚴文郁，〈國立羅斯福圖書館籌備紀實〉，載於：重慶圖書館門戶網站，〈重
　　圖歷史──歷史資料 2〉，上網日期:2018.09.18。
　　http://www.cqlib.cn/?q=node/29

嚴文郁，《中國圖書館發展史──自清末至抗戰勝利》（臺北：中國圖書館
　　學會、新竹：楓城，1983.06）。

嚴鼎忠，〈國家圖書館聘任人員的學術研究──記黃寬重館長的理念與實
　　踐〉，《國家圖書館館訊》，2008：2（2008.05），頁 1－10。

嚴鼎忠，〈書評:《臺灣出版參考工具書書目》─兼論參考資源工具書編制〉，
　　《國家圖書館館刊》，2004：2（2004.12），頁 199－244。

嚴鼎忠，「國立北平圖書館之研究──清宣統元年至民國 38 年」（臺北：中
　　國文化大學史學研究所碩士論文，1991.06）。

蘇桂枝，〈了解與參與：世界數位圖書館（World Digital Library）〉，《國家
　　圖書館館訊》2008：1（2008.02），頁 14－16。

蘇精、周密，〈國立中央圖書館大事記（1）──自民國 22－29 年〉，《國立
　　中央圖書館館刊》新 12：2（1979.12），頁 62－73。

蘇精，〈抗戰時祕密搜購淪陷區古籍始末〉，《傳記文學》35：5（1979.11），
　　頁 109－114

蘇精，〈從換書局到出版品國際交換處──早期中國交換機關小史〉，《圖書
　　館學與資訊科學》4：2（1978.10），頁 180－183。

蘇瑩輝，〈我與圖書館結了不解緣〉，《國立中央圖書館館訊》15：2
　　（1993.04），頁 16－17。

蘇瑩輝,〈中央圖書館往事樕憶〉,《國立中央圖書館館訊》11：1（1989.02），
　　頁 21－23。

蘇瑩輝,〈國立中央圖書館所藏的簡牘與卷子〉,《教育與文化》310
　　（1963.09），頁 27－28。

蘇瑩輝,〈國立中央圖書館的文物拓片〉,《教育與文化》12：7（1956.06），
　　頁 11－13。

蘇瑩輝,〈中央圖書館所藏漢簡中的新史料〉,《大陸雜誌》3：1（1951.7.15），
　　頁 23－25。

二十一畫

顧力仁,《誠與恒的體現：王振鵠教授與臺灣圖書館》,（新北市：華藝學術
　　出版,2019.05）。

顧力仁,〈師友風義：王振鵠教授與當代人物〉,《傳記文學》100：2
　　（2017.02），頁 39－56。

顧力仁,〈王振鵠館長與國立中央圖書館〉,載於：王振鵠教授九秩榮慶籌
　　備小組,《王振鵠教授九秩榮慶論文集》（臺北：師大書苑公司,2014.07），
　　頁 109－137。

顧力仁,《典範的時代和理想的人格：王振鵠館長與國立中央圖書館》,（新
　　北市：華藝學術出版,2014.03）。

西文

Bergstrom, C. W.（1961.09.11）。致兩院函,中央文物運臺聯合管理處─理
　　事。國史館,數位典藏號 019─030403─0015。

Brown, Charles H. "Cooperative Purchasing in China," *Library Journal* 69
　　（1944.03）： 27-28.

Fung, Margaret Chang.（張鼎鍾）*The Evolving Social Mission of the National*

Central Library in China 1928-1966.（Ann Arbor, Mich.：University Microfilms, 1983）.

Putnam, Herbert. Chinese Libraries Appeal for Help. *Bulletin of the American Library Association.* 32：6（1938.06）: 403-404.

Yuan, Tung-li. "Library Situation in China," *Library Journal* 69（1944.03）:235-238.

Zhou, Yuan,and Elliker Calvin. "From the People of United States of American：The Books for China Programs during World War II," *Library & Culture* 32:2（Spring 1997）:191-226.

國家圖書館出版品預行編目(CIP) 資料

國家圖書館故事：發展史及館舍建築 / 宋建成
著. -- 初版. -- 臺北市：元華文創, 2020.02
面；　公分

ISBN 978-957-711-119-7 (平裝)

1.國家圖書館 2.圖書館史 3.館藏發展 4.善本

023.52   108014284

國家圖書館故事——發展史及館舍建築

宋建成　著

發 行 人：賴洋助
出 版 者：元華文創股份有限公司
公司地址：新竹縣竹北市台元一街 8 號 5 樓之 7
聯絡地址：100 臺北市中正區重慶南路二段 51 號 5 樓
電　　話：(02) 2351-1607
傳　　真：(02) 2351-1549
網　　址：www.eculture.com.tw
E - m a i l：service@eculture.com.tw
出版年月：2020 年 02 月 初版
　　　　　2020 年 11 月 初版二刷
定　　價：新臺幣 390 元

ISBN：978-957-711-119-7 (平裝)

總經銷：聯合發行股份有限公司
地　　址：231 新北市新店區寶橋路 235 巷 6 弄 6 號 4F
電　　話：(02)2917-8022　　　傳　真：(02)2915-6275